深圳改革创新丛书
（第五辑）

Innovation Study of the Management Mechanism of
Shenzhen Campus Security

深圳校园安全管理制度创新研究

徐晖 著

中国社会科学出版社

图书在版编目（CIP）数据

深圳校园安全管理制度创新研究 / 徐晖著 . —北京：中国社会科学出版社，2018.5
（深圳改革创新丛书 . 第五辑）
ISBN 978 - 7 - 5203 - 2435 - 9

Ⅰ.①深… Ⅱ.①徐… Ⅲ.①学校管理—安全管理—研究—深圳 Ⅳ.①G474

中国版本图书馆 CIP 数据核字（2018）第 091089 号

出 版 人	赵剑英
责任编辑	马　明
责任校对	王福仓
责任印制	王　超

出　　版	中国社会科学出版社
社　　址	北京鼓楼西大街甲 158 号
邮　　编	100720
网　　址	http://www.csspw.cn
发 行 部	010 - 84083685
门 市 部	010 - 84029450
经　　销	新华书店及其他书店
印　　刷	北京君升印刷有限公司
装　　订	廊坊市广阳区广增装订厂
版　　次	2018 年 5 月第 1 版
印　　次	2018 年 5 月第 1 次印刷
开　　本	710×1000　1/16
印　　张	20
插　　页	2
字　　数	297 千字
定　　价	85.00 元

凡购买中国社会科学出版社图书，如有质量问题请与本社营销中心联系调换
电话：010 - 84083683
版权所有　侵权必究

《深圳改革创新丛书》
编委会

顾　　问：王京生
主　　任：李小甘　吴以环
执行主任：陈金海　张骁儒

总序：突出改革创新的时代精神

王京生[*]

在人类历史长河中，改革创新是社会发展和历史前进的一种基本方式，是一个国家和民族兴旺发达的决定性因素。古今中外，国运的兴衰、地域的起落，莫不与改革创新息息相关。无论是中国历史上的商鞅变法、王安石变法，还是西方历史上的文艺复兴、宗教改革，这些改革和创新都对当时的政治、经济、社会甚至人类文明产生了深远的影响。但在实际推进中，世界上各个国家和地区的改革创新都不是一帆风顺的，力量的博弈、利益的冲突、思想的碰撞往往伴随改革创新的始终。就当事者而言，对改革创新的正误判断并不像后人在历史分析中提出的因果关系那样确定无疑。因此，透过复杂的枝蔓，洞察必然的主流，坚定必胜的信念，对一个国家和民族的改革创新来说就显得极其重要和难能可贵。

改革创新，是深圳的城市标识，是深圳的生命动力，是深圳迎接挑战、突破困局、实现飞跃的基本途径。不改革创新就无路可走、就无以召唤。30多年来，深圳的使命就是作为改革开放的"试验田"，为改革开放探索道路。改革开放以来，历届市委、市政府以挺立潮头、敢为人先的勇气，进行了一系列大胆的探索、改革和创新，使深圳不仅占得了发展先机，而且获得了强大的发展后劲，为今后的发展奠定了坚实的基础。深圳的每一步发展都源于改革创新的推动；改革创新不仅创造了深圳经济社会和文化发展的奇迹，而且使深圳成为引领全国社会主义现代化建设的"排头兵"。

---

[*] 王京生，现任国务院参事。

从另一个角度来看，改革创新又是深圳矢志不渝、坚定不移的命运抉择。为什么一个最初基本以加工别人产品为生计的特区，变成了一个以高新技术产业安身立命的先锋城市？为什么一个最初大学稀缺、研究院所几乎是零的地方，因自主创新而名扬天下？原因很多，但极为重要的是深圳拥有以移民文化为基础，以制度文化为保障的优良文化生态，拥有崇尚改革创新的城市优良基因。来到这里的很多人，都有对过去的不满和对未来的梦想，他们骨子里流着创新的血液。许多个体汇聚起来，就会形成巨大的创新力量。可以说，深圳是一座以创新为灵魂的城市，正是移民文化造就了这座城市的创新基因。因此，在特区30多年发展历史上，创新无所不在，打破陈规司空见惯。例如，特区初建时缺乏建设资金，就通过改革开放引来了大量外资；发展中遇到瓶颈压力，就向改革创新要空间、要资源、要动力。再比如，深圳作为改革开放的探索者、先行者，在向前迈出的每一步都面临着处于十字路口的选择，不创新不突破就会迷失方向。从特区酝酿时的"建"与"不建"，到特区快速发展中的姓"社"姓"资"，从特区跨越中的"存"与"废"，到新世纪初的"特"与"不特"，每一次挑战都考验着深圳改革开放的成败进退，每一次挑战都把深圳改革创新的招牌擦得更亮。因此，多元包容的现代移民文化和敢闯敢试的城市创新氛围，成就了深圳改革开放以来最为独特的发展优势。

30多年来，深圳正是凭着坚持改革创新的赤胆忠心，在汹涌澎湃的历史潮头上劈波斩浪、勇往直前，经受住了各种风浪的袭扰和摔打，闯过了一个又一个关口，成为锲而不舍地走向社会主义市场经济和中国特色社会主义的"闯将"。从这个意义上说，深圳的价值和生命就是改革创新，改革创新是深圳的根、深圳的魂，铸造了经济特区的品格秉性、价值内涵和运动程式，成为深圳成长和发展的常态。深圳特色的"创新型文化"，让创新成为城市生命力和活力的源泉。

2013年召开的党的十八届三中全会，是我们党在新的历史起点上全面深化改革做出的新的战略决策和重要部署，必将对推动中国特色社会主义事业发展、实现民族伟大复兴的中国梦产生重大而深远的影响。深圳面临着改革创新的新使命和新征程，市委市政府打出全面深化改革组合拳，肩负起全面深化改革的历史重任。

如果说深圳前30年的创新，主要立足于"破"，可以视为打破旧规矩、挣脱旧藩篱，以破为先、破多于立，"摸着石头过河"，勇于冲破计划经济体制等束缚；那么今后深圳的改革创新，更应当着眼于"立"，"立"字为先、立法立规、守法守规，弘扬法治理念，发挥制度优势，通过立规矩、建制度，不断完善社会主义市场经济制度，推动全面深化改革，创造新的竞争优势。特别是在党的十八届三中全会后，深圳明确了以实施"三化一平台"（市场化、法治化、国际化和前海合作区战略平台）重点攻坚来牵引和带动全局改革，推动新时期的全面深化改革，实现重点领域和关键环节的率先突破；强调坚持"质量引领、创新驱动"，聚焦湾区经济，加快转型升级，打造好"深圳质量"，推动深圳在新一轮改革开放中继续干在实处、走在前列，加快建设现代化国际化先进城市。

如今，新时期的全面深化改革既展示了我们的理论自信、制度自信、道路自信，又要求我们承担起巨大的改革勇气、智慧和决心。在新的形势下，深圳如何通过改革创新实现更好更快的发展，继续当好全面深化改革的排头兵，为全国提供更多更有意义的示范和借鉴，为中国特色社会主义事业和实现民族伟大复兴的中国梦做出更大贡献，这是深圳当前和今后一段时期面临的重大理论和现实问题，需要各行业、各领域着眼于深圳全面深化改革的探索和实践，加大理论研究，强化改革思考，总结实践经验，作出科学回答，以进一步加强创新文化建设，唤起全社会推进改革的勇气、弘扬创新的精神和实现梦想的激情，形成深圳率先改革、主动改革的强大理论共识。比如，近些年深圳各行业、各领域应有什么重要的战略调整？各区、各单位在改革创新上取得什么样的成就？这些成就如何在理论上加以总结？形成怎样的制度成果？如何为未来提供一个更为明晰的思路和路径指引？等等，这些颇具现实意义的问题都需要在实践基础上进一步梳理和概括。

为了总结和推广深圳当前的重要改革创新探索成果，深圳社科理论界组织出版了《深圳改革创新丛书》，通过汇集深圳市直部门和各区（新区）、社会各行业和领域推动改革创新探索的最新总结成果，希图助力推动深圳全面深化改革事业的新发展。其编撰要求主要包括：

首先，立足于创新实践。丛书的内容主要着眼于新近的改革思维与创新实践，既突出时代色彩，侧重于眼前的实践、当下的总结，同时也兼顾基于实践的推广性以及对未来的展望与构想。那些已经产生重要影响并广为人知的经验，不再作为深入研究的对象。这并不是说那些历史经验不值得再提，而是说那些经验已经沉淀，已经得到文化形态和实践成果的转化。比如说，某些观念已经转化成某种习惯和城市文化常识，成为深圳城市气质的内容，这些内容就可不必重复阐述。因此，这套丛书更注重的是目前行业一线的创新探索，或者过去未被发现、未充分发掘但有价值的创新实践。

其次，专注于前沿探讨。丛书的选题应当来自改革实践最前沿，不是纯粹的学理探讨。作者并不限于从事社科理论研究的专家学者，还包括各行业、各领域的实际工作者。撰文要求以事实为基础，以改革创新成果为主要内容，以平实说理为叙述风格。丛书的视野甚至还包括为改革创新做出了重要贡献的一些个人，集中展示和汇集他们对于前沿探索的思想创新和理念创新成果。

最后，着眼于解决问题。这套丛书虽然以实践为基础，但应当注重经验的总结和理论的提炼。入选的书稿要有基本的学术要求和深入的理论思考，而非一般性的工作总结、经验汇编和材料汇集。学术研究须强调问题意识。这套丛书的选择要求针对当前面临的较为急迫的现实问题，着眼于那些来自于经济社会发展第一线的群众关心关注或深入贯彻落实科学发展观的瓶颈问题的有效解决。

事实上，古今中外有不少来源于实践的著作，为后世提供着持久的思想能量。撰著《旧时代与大革命》的法国思想家托克维尔，正是基于其深入考察美国的民主制度的实践之后，写成名著《论美国的民主》，这可视为从实践到学术的一个范例。托克维尔不是美国民主制度设计的参与者，而是旁观者，但就是这样一位旁观者，为西方政治思想留下了一份经典文献。马克思的《法兰西内战》，也是一部来源于革命实践的作品，它基于巴黎公社革命的经验，既是那个时代的见证，也是马克思主义的重要文献。这些经典著作都是我们总结和提升实践经验的可资参照的榜样。

那些关注实践的大时代的大著作，至少可以给我们这样的启示：哪怕面对的是具体的问题，也不妨拥有大视野，从具体而微的实践探索中展现宏阔远大的社会背景，并形成进一步推进实践发展的真知灼见。《深圳改革创新丛书》虽然主要还是探讨本市的政治、经济、社会、文化、生态文明建设和党的建设各个方面的实际问题，但其所体现的创新性、先进性与理论性，也能够充分反映深圳的主流价值观和城市文化精神，从而促进形成一种创新的时代气质。

自 序

徐晖

《深圳校园安全管理制度创新研究》是笔者对深圳市校园安全管理制度创新实践的研究。本书旨在说明，深圳市校园安全管理在不断创新实践过程中，已经逐渐显现出对传统的"政府管理"单一思路的突破，在主体、保障、手段、方向上都鲜明体现了十八届三中全会公报提出的"社会治理"的特点。至今，虽然还未完全形成系统制度层面的校园安全治理形态，但已经凸显出由"政府管理"到"社会治理"的过渡特征，以及具有这一过渡特征的制度框架。

全书构成的基本思路是，立足于新形势下改进社会治理方式，创新社会治理体制的政策背景，以公共安全、人—机—环境系统工程、危机生命周期风险管理与保险理论为基础，从系统治理、依法治理、综合治理、风险治理四个方面，建立一个符合深圳市校园安全管理创新实践的概念模型，并对其所概括的制度建设情况进行全面评述。最后在审视深圳校园安全管理现状的基础上，提出进一步优化深圳校园安全管理制度建设的未来路径。

本书是笔者第二部关于深圳校园安全管理的著作，也是与前部著作时隔五年的研究成果。金秋十月，是笔者最喜爱的时节。在此季完成全书，付梓出版，应是今秋最美好的收获。感念自己多年来无论是在高校任教、机关任职，还是在博士后工作站研究期间，都会针对不同时期的社会热点、难点问题，开展富有成效的研究工作，始终坚守学术探求精神。尤其是来深工作后，能在快节奏生活、高强度工作之余，笔耕不止。笔者回顾多年来伴随职业生涯的研究历程，感触颇深的一点是，不同类别和不同部门的任职经历，锻造了自己对公共管理研究能够基于理论的指引、数据的分析，发现问题所在，从而提出公共管理政策的制度安排和路径选择及其备择方案。每每看到自己对公共管理工作实务潜心研究后，所提出的对策建议付诸政府的惠民政策，不禁如饮甘饴。

　　在本书即将出版之际，我要深情地向我的先生致谢，感谢他多年来在我求学问道路上所给予的关爱与扶持。我的女儿自立、求进、健康成长，也是我数年如一学以致用的不竭动力。此时，我还要向远在大洋洲任中华人民共和国驻澳大利亚大使馆参赞的曹赛先女士致礼，感谢她在我们共事之时作为分管领导，给予我在情感上的友善和工作上的支持，使我在令人望而却步的学校安全管理部门任职期间，有了心中盛开永不凋零的蓝莲花般的精神力量。我的同事肖伟峰、祁军华、王刚、程锦廷等同志，在工作中对我的鼎力相助，也是成就此书不可或缺的现实支撑。借此，向所有关心帮助我的朋友们，深表谢意！

　　最后，还要感谢生活所给予我的机遇，在学校安全管理部门任职五年间，所思所想，成就了两部著作，或许能给同一领域的研究者些许启发；所学所得，在危急时刻能够自救且能救人。然更重要的是对生命之厚重有了别样的感悟。

　　是为序。

2017 年 10 月于深圳梅林

目　录

第一章　总论 …………………………………………………… (1)
　　第一节　校园安全管理的核心概念 ………………………… (2)
　　第二节　研究的背景、目的和意义 ………………………… (9)
　　第三节　研究方法、研究框架与篇章结构 ………………… (13)

第二章　深圳校园安全管理制度的理论和现实背景 ………… (16)
　　第一节　社会治理理论 ……………………………………… (16)
　　第二节　公共安全管理理论 ………………………………… (19)
　　第三节　人—机—环境系统工程理论 ……………………… (22)
　　第四节　危机生命周期理论 ………………………………… (25)
　　第五节　风险转移与保险理论 ……………………………… (27)
　　第六节　国外校园安全管理的经验借鉴 …………………… (29)
　　第七节　深圳的地方特点 …………………………………… (44)

第三章　深圳校园安全管理制度及其评价指标
　　　　体系的构建 ……………………………………………… (49)
　　第一节　深圳校园安全管理制度创新实践 ………………… (49)
　　第二节　深圳校园安全管理制度的构成 …………………… (55)
　　第三节　深圳校园安全管理评价指标体系的构建 ………… (58)

第四章　深圳校园安全系统管理制度 ………………………… (67)
　　第一节　政府主导机制 ……………………………………… (67)
　　第二节　社会参与机制 ……………………………………… (70)
　　第三节　校园自主负责机制 ………………………………… (76)

第四节　实务：《深圳市学校安全管理标准化规范》………（79）

第五章　深圳校园安全依法管理制度 ………………………（82）
　　第一节　校园安全法的渊源 …………………………………（82）
　　第二节　校园与学生之间的法律关系 ………………………（89）
　　第三节　校园安全依法管理的现实分析 ……………………（97）
　　第四节　深圳校园安全依法管理的法律依据 ………………（99）
　　第五节　深圳校园安全依法管理的工作机制 ………………（113）

第六章　深圳校园安全综合管理制度 ………………………（119）
　　第一节　行政层面的统筹协调与分层负责相结合 …………（120）
　　第二节　规范层面的法律约束与规范约束相结合 …………（120）
　　第三节　建设层面的校舍建设与标准化建设相结合 ………（122）
　　第四节　管理层面的常规管理与隐患排查相结合 …………（125）
　　第五节　文化层面的知识教育与能力训练相结合 …………（127）
　　第六节　评价层面的管理标准与示范评级相结合 …………（132）
　　第七节　保险层面的校方责任险与意外险相结合 …………（135）

第七章　深圳校园安全源头管理制度 ………………………（137）
　　第一节　校园安全危机的预防机制 …………………………（139）
　　第二节　校园安全危机的预警机制 …………………………（141）
　　第三节　校园安全危机的救助机制 …………………………（143）
　　第四节　校园安全危机的恢复机制 …………………………（148）

第八章　深圳校园安全事故风险转移制度 …………………（151）
　　第一节　学生安全事故的处理 ………………………………（151）
　　第二节　学生安全事故的赔偿 ………………………………（156）
　　第三节　国内外校园安全事故风险转移的制度 ……………（161）
　　第四节　深圳市校园安全事故风险转移的创新实践 ………（179）

第九章　深圳校园伤害事故责任追究制度 ……………（190）
　　第一节　校园伤害事故责任追究原则 ………………（190）
　　第二节　校园伤害事故责任追究制度的构成及其适用 ……（198）
　　第三节　校园伤害事故的责任划分与处理 ……………（216）
　　第四节　校园欺凌事故的预防与责任追究 ……………（229）
　　第五节　深圳校园伤害事故责任追究制度 ……………（239）

第十章　深圳校园安全管理的现实成效及优化升级 ………（243）
　　第一节　深圳校园的基本情况 …………………………（243）
　　第二节　深圳校园安全管理机制及其评价体系的
　　　　　　实践效果及创新经验 …………………………（244）
　　第三节　深圳校园安全管理制度建设的进一步优化 ………（251）

附件　深圳校园安全管理评价指标体系的框架模型 …………（276）

参考文献 ………………………………………………………（298）

第一章 总论

2017年4月25日国务院办公厅发布的《关于加强中小学幼儿园安全风险防控体系建设的意见》指出:"长期以来,党中央、国务院和地方各级党委、政府高度重视学校安全工作,采取了一系列措施维护学校及周边安全,学校安全形势总体稳定。但是,受各种因素影响,学校安全工作还存在相关制度不完善、不配套,预防风险、处理事故的机制不健全、意识和能力不强等问题。"

当前,我国经济社会正处于新旧动能接续转换、经济转型升级的关键时期。由于经济发展模式转换、体制深层次改革和全方位对外开放正在加速转型,各种社会矛盾交织,社会环境日益复杂,社会管理领域问题凸显,这不可避免地影响了我国校园安全管理工作,给我国校园安全管理工作带来新的难度。中央政法委委托课题"社会公共安全风险防控机制研究"(政法研〔2016〕11号)对当前校园安全的判断是,"学校公共安全既是社会公共安全的重点,也是社会公共安全的薄弱点。学校公共安全关系的是未成年人,未成年人在安全事故中更容易出现死伤等人身及财产损失,牵动家庭和社会的关切。由此,要对学校公共安全高度重视,主动采取风险防控策略积极应对"。[1] 正如世界卫生组织在《世界预防儿童伤害报告》中指出的,对于学生伤害来说,"全球化、城市化、机动化和环境改变等其他问题都有可能使这个问题愈加严重"[2]。

---

[1] 唐钧、龚琬岚:《学校公共安全的现状与风险防控策略》,《中国机构改革与管理》2016年第10期。

[2] 世界卫生组织:《世界预防儿童伤害报告》,2008年。

本书立足于新形势下改进社会治理方式、创新社会治理体制的政策背景，基于深圳本土的实践，探索研究校园安全管理制度的创新发展，以期健全校园安全管理制度、改善校园安全状况，为校园安全管理工作的科学发展提供参考。

第一节　校园安全管理的核心概念

一　校园、学生

（一）校园

国内学界对此类安全的主体有不同称谓，例如"校园""学校""中小学校"等。虽然称谓的主旨都是围绕学生的学习场所这个核心展开的，但其指称和含义却可做不同理解。从我国相关立法重在保护未成年人的指导思想、安全伤害事故以未成年人为主的实际情况和概念外延既包括学校又包括幼儿园的周延性考虑，本书认为宜以"校园"统括。"校园"的范围包括中小学幼儿园区域内的教学、活动、生活场所，区域周边的社区及道路以及中小学幼儿园组织活动的场所。

（二）学生

教育部颁布的《学生伤害事故处理办法》第三十七条规定："本办法所称学生是指在上述学校中全日制就读的受教育者。"据此，"学生"指学校在校学生。"在校"是时间概念和空间概念的统一体，更是法律概念。不仅包含"在学校期间""在学校范围内"，更以学生是否处于根据法律与学校构成的法律关系之中为根本法律特征。是，则二者基于伤害事实成为校园伤害法律关系主体，拥有各自权利义务；否，则伤害事实只能是一般客观事实，不能成为双方权利义务共同指向的对象，学校理应免责。[1]

二　安全

在古代汉语中，并没有"安全"一词，但"安"字却在许多场

---

[1] 教育部：《学生伤害事故处理办法》，2002年9月。

合下表达着现代汉语中"安全"的意义,表达了人们通常理解的"安全"这一概念。例如《说文解字》:"安,静也。从女在宀下。"意味着男子娶亲成家、宁神度日。《易·系辞下》:"是故君子安而不忘危,存而不忘亡,治而不忘乱,是以身安而国家可保也。"这里的"安"都与"危"相对,"安"所表达的就是"安全"的概念。"全"字《说文解字》解为:"完也。"《汉语大辞典》解为:"一作仝。会意。篆文从入,从王(玉)。盖谓交纳的玉完整无缺。"无危则安,无缺则全。安全,主要意味着没有危险并且尽善尽美。

事实上,这也是现代人的安全概念。在现代社会生活中,安全往往被人们理解为没有危险、危害、损失、威胁,指人与生存环境资源的和谐相处,互相不伤害。从系统的角度看,安全是指系统在运行中将存在于其中的人们的生命、财产、环境可能产生的损害,控制在人们能够普遍接受的状态,是一种免除不可接受的损害风险的状态。这是广义的安全。

法律上的"安全",是指狭义上的生命和财产的安全,特别是生命安全。《中华人民共和国安全生产法》第一条规定,"为了加强安全生产工作,防止和减少生产安全事故,保障人民群众生命和财产安全,促进经济社会持续健康发展,制定本法"[①]。《中华人民共和国道路交通安全法》第一条规定,"为了维护道路交通秩序,预防和减少交通事故,保护人身安全,保护公民、法人和其他组织的财产安全及其他合法权益,提高通行效率,制定本法"[②]。《中华人民共和国食品安全法》第一条规定,"为了保证食品安全,保障公众身体健康和生命安全,制定本法"[③]。可见,我国安全立法保护的对象,都是指生命和财产,特别是人的生命。

三 校园安全

校园安全,顾名思义,应指在校园这一特定环境内活动成员免

[①] 《中华人民共和国安全生产法》,2014年12月,中国人大网。
[②] 《中华人民共和国道路交通安全法》,2011年4月,中国人大网。
[③] 《中华人民共和国食品安全法》(主席令第二十一号),2011年4月,中央政府门户网站。

除不可接受的损害风险的状态。通俗地讲,是指在校园的职责范围内,不发生学生和教职工伤害和财产损失的事故。

就实践而言,校园作为承载特殊功能的公共服务机构,其活动的范围与影响往往超越了校园范围内的安全范畴,包括了广大师生学习及工作中的诸多活动领域,例如校园周边的治安、校外交通、校车安全等。台北市丽山国民小学校长陈宝山在《校园意外事件和校园安全》一文中从开放的角度对校园安全做过切实的解读:"校园其实就是一种公共领域,是教育实施的场所,开放给接受教育、具有特定之共同性质的学生,进行各种教学活动;因此除了排斥特定的对象外,是为所有的学区民众开放的。是以不像住家、卧室、公司的办公室等,基本上是属于个人日常生活的核心,由个人所拥有与控制,因此学校必须以公共的领域来进行安全的管理。"此解读非常明确地将校园安全视为公共安全,主张从更全面及综合的角度来加强校园安全的管理工作。明确校园安全的这一特殊性,有利于我们更全面深入地认识校园安全的重要性与复杂性。

校园安全,按照学生优先的原则,首先应是保障校园活动的主体,即学生的安全;其次,应是作为校园活动的重要组成人员,即教职员工的安全;还有,就是校园教育教学活动、实验设备与设施等的安全,例如校园建筑物、体育器械、食品卫生等这些与学生及教职员工安全密切联系的物的安全。这三个层次是相辅相成有机联系的,人的安全是根本目的,而物的安全为保障人的安全服务;人对物的适当管理,是保障物的安全的必要手段,又可以促进人的安全。

四 校园安全事故

(一) 校园安全事故

依据《学生伤害事故处理办法》第二条规定,校园安全事故可以理解为在校园实施的教育教学活动或者校园组织的校外活动中,以及在校园负有管理责任的校舍、场地、教学设施和生活设施内发生的,造成在校学生人身损害后果的事故。而"伤害"则是"当人体突然遭受超过其生理耐受阈值的力量总和所导致物理性损伤或由于缺乏一种或多种重要的生命元素,例如缺氧而导致的后果"。[①]

(二)校园安全事故的范围

2002年8月21日颁布的《学生伤害事故处理办法》第二条规定,"在学校实施的教育教学活动或者学校组织的校外活动中,以及在学校负有管理责任的校舍、场地、其他教育教学设施、生活设施内发生的,造成在校学生人身损害后果的事故的处理,适用本办法"。校园安全事故的范围主要界定为"校内活动"和"学校组织的校外活动"。2006年6月30日颁布的《中小学幼儿园安全管理办法》对此做了扩大,在第四条将"建立校园周边整治协调工作机制,维护校园及周边环境安全"纳入"学校安全管理工作",并且专设"校园周边安全管理"一章有针对性地对政府有关部门应当履行的校园周边安全管理职责做出明确规定,有利于安全管理中依法管理、各负其责方针的落实。2017年4月28日国务院办公厅颁布的《关于加强中小学幼儿园安全风险防控体系建设的意见》进一步提出"加强校园周边综合治理,在学校周边探索实行学生安全区域制度",将学生校外安全风险防控提高到制度建设层面,予以强调。

可见,目前国内政策法规所指的"校园安全事故范围",已经从原来的"学校组织的活动",扩大到"学生进行的活动",覆盖了校园以及校园周边学生活动区域。这种转变充分体现了以校园为中心到以学生为中心的,"以人为本"的管理思想。

教育部中国教师发展基金会和国家教师科研专项基金管理办公室负责的《全国校园安全事故防范、应对及处理问题研究》对此所做的细化,具有一定的参考价值。校园安全事故包括:校园的设施、设备有关的建筑物倒塌、火灾、楼梯间拥挤等原因造成的学生人身伤害事故;教育教学活动中故意或过失造成的学生人身伤害事故;体育课、运动会造成的运动伤害事故;校园的食堂饮食卫生或其他食品安全问题引起的突发中毒事故,造成师生人身伤害事故;休息时间学生之间的游戏、斗殴所造成的学生人身伤害事故或溺水事故;突发性传染病及疫情,如非典、猩红热、

---

① 世界卫生组织:《世界预防儿童伤害报告》,2008年。

红眼病、肝炎等；校园周边的社区及道路交通的安全问题引发的伤害事故；校园组织学生外出活动出现的意外事故；非法进入校园的犯罪活动、社会安全事件、公共卫生问题等引发的事故；校园周围的危险源如加油站、危险品生产经营场所的事故隐患给学生带来的安全威胁和伤害；不可抗拒的自然灾害使学生面临危难和伤害等；校园内发生的暴力事件、性骚扰、侵犯人权的行为给学生造成的心理伤害。①

（三）校园安全事故的特性

第一，受害人的特定性。事故的受害人一般是本校学生和教职工，也有在特殊情况下享受本校学生和教职工同等权利义务的人。

第二，责任主体的特定性。承担校园安全事故责任的主体是学校、幼儿园或其他教育机构。

第三，客体的特定性。校园安全事故指狭义上的学生人身伤害事故，而非校园所有安全事故。

第四，空间的特定性。校园安全事故发生的地域范围是学校、幼儿园或其他教育机构组织教育教学活动的场所，一般是在校园内，也包括学校、幼儿园或其他教育机构组织在校园外组织开展教育活动的其他场所。

第五，时间的特定性。校园安全事故发生的时间范围只能是学校、幼儿园或其他教育机构组织对学生负有教育与管理职责的时间范围内。

（四）校园安全事故的类型

从不同角度可以将校园安全事故划分为不同的类型。

从事故发生的方式看，比较多样。世界卫生组织发布的《世界预防儿童伤害报告》认为："导致18岁以下儿童发生致死性伤害的主要原因包括：道路交通事故、溺水、火灾引起的烧伤、摔落及中毒。上述五种原因在全部儿童伤害致死原因中占60%。"② 据国内研

---

① 教育部中国教师发展基金会、国家教师科研专项基金管理办公室：《关于组织申报国家教师基金"十二五"规划重点科研课题〈全国校园安全事故防范、应对及处理问题研究〉子课题、实验区校的通知》，2011年9月1日。

② 世界卫生组织：《世界预防儿童伤害报告》，2008年。

究统计，暴力伤害、性侵犯、杀人、自杀、溺水、交通、体罚、抢劫、食物中毒、绑架排在各类事故前10名，占各类学校安全事故的70.3%。①

从事故发生的空间看，有校内、校外事故安全。校内安全事故又包括课内、课外事故，校外发生的安全事故主要是由学校、幼儿园或其他教育机构组织的实践活动、参观、实习、旅游等因管理、组织不当或学生自身原因而导致的事故。

从校方是否存在主观过错看，根据民法归责原则，可以将校园安全事故分为校园责任事故和非校园责任事故两类。

校园责任事故是指由于学校、幼儿园或其他教育机构及其教职员工的过错，违反教育法律法规及其有关规定，未尽教育、管理和保护职责，造成学生受伤害或者学生伤害他人事故，学校、幼儿园或其他教育机构依法应当承担损害赔偿责任的事故。校方的主观过错可分为故意和过失两类，主观故意的伤害事故，又可分为直接故意和间接故意引发的事故。

非校园责任事故是指虽然学生伤害事故是在校园期间或者在校园的教育教学有关的活动中发生，但校园并不存在过错，应由其他过错方承担责任的事故。包括：由于学生自己或其监护人过失造成的学生及监护人责任事故；第三人的过错行为导致的第三者责任事故和由不可抗力引发的伤害事故。但需注意的是，校园在事故发生后应采取积极的救助措施，降低损害，否则，对扩大的部分，应承担一定的过错责任。

从事故的来源看，一般可以将校园安全事故分为四类，第一类是事故灾难，第二类是社会安全事件，第三类是公共卫生事件，第四类是自然灾害。事故灾难主要有溺水、交通、踩踏、倒塌、火灾、触电等；社会安全事件主要有暴力斗殴、自杀、自残、绑架、性侵犯等，其中有被动受伤害的情形，也有主动伤害别人、侵害财产、破坏秩序的情形；公共卫生事件主要有各类中毒、传染病等；自然灾害主要有洪水、地震、滑坡等。另外，从学生人

---

① 蔡之青：《调查：学校安全事故有何显著特征》，《中国教育报》2014年7月14日。

身伤害的种类看，分为肢体伤害和精神伤害；从学生人身伤害的程度看，又分为非致命伤害和致命伤害；从受伤害学生的年龄看，有未成年学生伤害和成年学生伤害。

（五）校园安全事故的等级

按《生产安全事故报告和调查处理条例》等现行法律规范对事故性质、严重程度、可控性及影响大小等因素划分，校园安全事故同样可分为四个等级：

Ⅰ级，指特别重大的校园安全事故，通常指造成30人以上死亡，或者100人以上重伤，或者1亿元以上直接经济损失的事故；

Ⅱ级，指重大的校园安全事故，通常指造成10人以上30人以下死亡，或者50人以上100人以下重伤，或者5000万元以上1亿元以下直接经济损失的事故；

Ⅲ级，指较大的校园安全事故，通常指造成3人以上10人以下死亡，或者10人以上50人以下重伤，或者1000万元以上5000万元以下直接经济损失的事故；

Ⅳ级，指一般的校园安全事故，通常指造成3人以下死亡，或者10人以下重伤，或者1000万元以下直接经济损失的事故。①

五 校园安全管理

2006年教育部、公安部、司法部、建设部、交通部、文化部、卫生部、工商总局、质检总局、新闻出版总署联合发布的《中小学幼儿园安全管理办法》第四条规定，"学校安全管理工作主要包括：（一）构建学校安全工作保障体系，全面落实安全工作责任制和事故责任追究制，保障学校安全工作规范、有序进行；（二）健全学校安全预警机制，制定突发事件应急预案，完善事故预防措施，及时排除安全隐患，不断提高学校安全工作管理水平；（三）建立校园周边整治协调工作机制，维护校园及周边环境安全；（四）加强安全宣传教育培训，提高师生安全意识和防护能力；（五）事故发生后启动应急预案、对伤亡人员实施救治和责任

---

① 国务院：《生产安全事故报告和调查处理条例》（国务院令第493号），2007年4月9日。

六 深圳校园安全管理

深圳校园安全管理的创新实践表明，其管理方式已经突破上述《中小学幼儿园安全管理办法》第四条规定的"政府管理"的单一思路，在主体、保障、手段、方向上都已经体现出十八届三中全会公报提出的"社会治理"的特点。虽然还未形成校园安全方面的治理制度，但已经凸显出由"政府管理"到"社会治理"的过渡。基于此，本书在表述上对深圳校园安全的制度层面，未采用"治理制度"，而仍采用"管理制度"。

第二节 研究的背景、目的和意义

美国著名的心理学家马斯洛在其提出的"需求层次理论"中指出，人类需求从低到高依次为生理需求、安全需求、社交需求、尊重需求和自我实现需求。可见，安全是人类仅次于生理需求的基本需求之一，也是社会的基本需求。校园安全，作为校园教育教学的基础和保障，关系着学生的安危、家庭的幸福、社会的稳定。然而，校园安全具有不确定性、不易预防、群体性等突出特点，且受复杂的社会环境和各自家庭环境等因素影响，致使校园安全事故频发。

在 2012 年 8 月山东省举行的未成年人保护专项行动新闻发布会上发布的数据显示，目前，青少年在我国因为安全事故而受到伤害的人数在以超过 7% 低于 10% 的速度逐年增加。据蔡之青于 2014 年在《中国教育报》上发表的《调查：学校安全事故有何显著特征》一文，在 1.4 万余件校园安全事故案例中，事故灾难 3839 件，约占 27%；社会安全事件 9369 件，约占 67%；公共卫生事件 618 件，约占 4%；自然灾害事故 173 件，约占 1%。在这 1.4 万件安全事故

---

① 教育部、公安部、司法部、建设部、交通部、文化部、卫生部、工商总局、质检总局、新闻出版总署：《中小学幼儿园安全管理办法》（教育部令第 23 号），2006 年。

中,自然灾害引发的事故只占所有事故的1%,其他各类事故绝大部分都是由人的主观因素引起的,主要表现在:思想上安全意识不强、对安全工作重视不够;日常管理中往往人员不到位、经费不到位、硬件支持不到位、防范措施不到位、教育不到位、检查监督不到位、整改不到位;事故应对上师生安全防范能力、自救自护能力低下;等等。教育部2006年发布的《2006年全国中小学安全形势分析报告》就曾提到,从事故发生地点看,校园安全事故最多,占39%,且每年有递增趋势,其中以校园伤害和学生斗殴为主。究其原因,主要是学生安全意识不够强,校园管理存在较大问题。由团中央、教育部、公安部、全国少工委在2010年主办的"中国少年儿童平安行动"活动组委在北京、上海、广东、陕西等10个省市进行的关于中小学生安全问题的调查显示,家长担心孩子受到伤害的地方依次为:学校占51.44%,公共场所占36.32%,自然环境占10.4%,家里占1.8%。① 此次调查中值得深思的是,校园居然成为家长们最担心的事故发生地,这也间接暴露出校园安全管理过程中存在的问题,校园管理制度松懈,学生安全意识不到位,师生避险、自救、互救能力的欠缺等,于是,校园疏于防范,教师疏于指导,学生疏于应对,大大小小安全事故的发生也就成了"偶然中的必然"了。

恰恰因为这一而再、再而三被挖掘和曝光的让人揪心的案件和数字,愈来愈使得校园安全问题引起了社会各界的瞩目。尽管教育者从没有放弃过对安全管理各方面的完善,但某些方面还是不能适应当下的社会与人文环境。当前我国正处在社会经济转型时期,校园安全管理工作也随着教育大环境的衍变越来越严峻,如何避免校园安全管理风险,成为校园自身发展所面临的挑战,校园安全管理制度的改进、提高和完善已经刻不容缓。

2016年教育部政策法规司专门成立"学校安全风险防控机制研究"课题组,对中小学和幼儿园可能涉及的校园安全事件做了整体分级分类,进行有效的风险防控机制研究。

---

① 《全国各地启幕2006中国少年儿童平安行动》,《新安全》2006年第4期。

2017年4月12日，国务院总理李克强主持召开国务院常务会议，部署加强中小学幼儿园安全风险防控体系建设；4月21日和4月28日，国务院教育督导委员会办公室和国务院办公厅分别下发《关于加强中小学（幼儿园）安全工作的紧急通知》《关于加强中小学幼儿园安全风险防控体系建设的意见》，要求进一步加强校园安全风险防控。

共青团中央权益部副部长、上海政法学院教授姚建龙在2017年5月4日教育部召开的《关于加强中小学幼儿园安全风险防控体系建设的意见》新闻发布会上介绍，"我国学校安全形势总体向好，但仍较为严峻"，有的地方和学校没有真正把安全管理制度落到实处。仍有不少中小学、幼儿园未实现封闭式管理，未配齐保安人员及安全防护装备；校园欺凌与暴力事件时有发生；少数校车逾期未报废或逾期未检验，"黑校车"和农用车辆接送农村中小学生、幼儿上下学的问题仍然突出，涉校涉生车辆安全运行隐患较大。

中国人民大学危机管理研究中心主任唐钧认为，"学校安全一直是社会关注的热点，中央强调的重点，教育部门的难点，以及学校管理的痛点"，"近些年，学校安全在预防、应对、保障等多个方面取得较大进步。但随着社会转型和发展，传统的学校安全工作面临新挑战"。

由此可见，校园安全管理工作是一个涉及面广、社会关注度高、舆论敏感度强、操作难度大的系统工程。在深圳市毗邻香港、流动人口比例较大、城市区域复杂、教育规模总量多年保持持续增长等大背景下，更需要清醒认识到校园安全工作面临的严峻形势，需要以创建平安校园为着力点，不断完善、创新校园安全管理制度体系，夯实"人防、物防、技防"各项安全基础，进一步构建校园安全管理长效机制。

中共十八届三中全会提出，全面深化改革的总目标是完善和发展中国特色社会主义制度，推进国家治理体系和治理能力现代化。其中，"改进社会治理方式"，创新社会治理体制、机制，是推进"国家治理现代化"的新的路径选择。

在此背景下，本书提出的创新校园安全管理制度的基本思路是，超越以往传统的"政府管理"的单一思路，转而引入"社会治理"理念，以公共安全管理理论、人—机—环境系统工程理论、危机生命周期理论、风险管理与保险理论为基础，借鉴国外校园安全管理的经验，根据地方特色，从系统治理、依法治理、综合治理、风险治理四个方面，系统构建符合"社会治理"理念的校园安全管理制度。在党的十八届三中全会提出"社会治理"的现实背景下，这项工作的理论和现实意义是显而易见的。

（1）有助于为研究各类公共安全危机提供科学和系统的应对方法理论。近年来，校园暴力事件层出不穷，斗殴、抢劫、盗窃、杀人、投毒等，甚至在有些地区还呈现出愈演愈烈之势，校园的学习与生活因此而遭到严重破坏，亟待加强安全管理。为此，需要构建一套全面、高效、科学的校园安全管理制度，增强校园安全管理的有效性。而且，随着当前我国正处于经济转型期，各类社会矛盾凸显，也严重冲击着城市安全乃至社会安全。本书通过分析、研究校园安全管理制度以及相应的配套制度，总结事故发生不同阶段的应对方法和策略，形成长效机制，不仅丰富了校园安全管理理论，也具有为研究其他各类公共安全危机提供系统、科学的理论框架和应对方法的作用。

（2）有助于促进校园安全管理制度进一步完善。校园安全管理工作无疑是校园的一项重要工作，也是无法回避的现实问题。近些年我国始终遵循预防为主、标本兼治的原则，不断加强校园安全教育和管理工作，教育事业取得了长足发展。但是，许多案例依然表明，现有的校园安全管理措施不够完善，对学生安全管理教育依然不够全面。鉴于此，立足于新形势下改进社会治理方式、创新社会治理体制的政策背景，本书在研究中引入"社会治理"理念，依据危机生命周期理论提出校园安全管理不同阶段的配套制度，包括组织管理、风险预警与应急、风险转移、责任追究等，并给出相应的原则和建议，为进一步完善校园安全管理制度提供一定参照。

（3）有助于为校园安全管理提供真实的、有说服力的样本。深圳教育事业的顺利发展离不开安全的校园环境，深圳校园安全管理制度的创新为其他地区提供了一个治理成功的样本。以风险转移为例，2005年深圳颁布了《深圳市校园安全管理条例》，特别强调"以人为本、安全第一、预防为主"的校园安全管理原则，也关注事故发生后的应急救助，并于2006年实行校方责任保险"单险"运行，虽然也支持保险手段参与校园风险的转移，但要依靠市、区财政购买学生人身伤害校方责任险，经费由市、区财政承担。深圳也因此成为全国范围内首创由政府统一出资购买、涵盖全市所有大、中、小学和幼儿园100多万学生的校方责任险的城市。2010年，深圳市颁布了《深圳市学校安全管理条例实施细则》，更加强化了保险作为风险转移手段在校园安全管理中的重要地位，并指出"政府建立和完善学校学生人身伤害校方责任保险和学生人身意外伤害保险制度"[①]，从而将风险转移手段具体为校方责任保险与学生人身意外伤害险"双险"并行。自此，深圳校园安全管理进入了新的时期。深圳市这种独创且在实践中探索出来的经验，对其他地区校园安全管理制度创新都具有一定的启示意义。

第三节 研究方法、研究框架与篇章结构

一 研究方法

本书所采用的主要研究方法包括：

（一）规范分析与实证分析相结合

一方面，本书基于现有的理论基础和逻辑推演，通过翔实的文献分析、严谨的论证，对校园安全管理制度的创新进行了理论探索，明确校园安全管理应遵循的治理理念，构建校园安全管理制度及其评价指标体系，提出校园危机不同阶段的配套制度以及达到的预期效果，把校园安全管理放到国家治理体系、治理能力现代化这个历史进程中来考察，开展规范化的理论分析与研究；另一方面，本书的理论分析是基于深圳本土的实际状况，通过高度抽象与凝练，寻找对实践有指导意义的内容，并非不切实际地构想管理蓝

[①] 深圳市人民政府：《深圳市学校安全管理条例实施细则》（深圳市人民政府令第215号），2010年1月。

图，进一步确保研究成果具有现实基础和现实可操作性，开展实证分析。

（二）比较分析与本土视角相结合

一方面，本书分析了美国、英国、日本、新加坡、韩国等国家校园安全管理的成功经验，虽然国内外校园安全管理在地域、制度、人文等各方面条件有很大差异，但他山之石可以攻玉，国外先进的管理理念和管理制度仍然具有可借鉴性，为我国校园安全管理制度的构建提供了现实参考；另一方面，本书在借鉴的同时要确保本土化，根据深圳本地的自然环境、人文环境和社会环境等现实特点，研究探讨校园安全管理制度的创新，不能照搬照抄国外的管理模式，要将其经验与国内实际密切结合。

二 研究框架与篇章结构

本书从"社会治理"视角入手，以理论为基础，以实践为题材，分析校园安全风险管理中存在的主要问题，构建校园安全管理制度及其评价指标体系，探索校园安全管理不同阶段的配套制度，并通过深圳本土的案例研究，探讨校园安全管理制度的创新发展，为校园安全管理制度的完善提供具体对策。

全书共十章，主要内容如下：

第一章，总论。本章是全书的导读，界定了研究中涉及的核心概念，并介绍了校园安全管理制度创新的研究意义、研究方法、研究框架、谋篇布局等，意在使读者对研究的整体有基本了解。

第二章，深圳校园安全管理制度的理论和现实背景。本章是全书的基石，基于"社会治理"理念，以公共安全管理理论、人—机—环境系统工程理论、危机生命理论为理论基础，以部分国家校园安全管理的经验为借鉴，以深圳地方特点为现实基础，为全书构建校园安全管理制度及其评价指标体系提供了理论和现实依据。

第三章，深圳校园安全管理制度及其评价指标体系的构建。本章是全书的核心，对深圳校园安全管理制度的构成以及校园安全管理评价指标体系的构建予以概括，力求使这一概括真实地反映出深圳校园安全管理创新实践所蕴含的理性架构，从制度建设层面对深圳校园安全管理的创新实践做出解析。首先，描述深圳校园安全管理创新实践；其次，在此基础上从系统治理、依法治理、综合治理、源头治理四个方面，构建了一个深圳校园安全管理制度的概念模型；然后，从动态、静态两个维度，构建了一个深圳校园安全管理评价指标体系的框架模型。

第四章至第九章，是第三章构建的概念模型的展开，对深圳校园安全管理制度的创新实践，从系统治理、依法治理、综合治理、源头治理四个方面做出了具体分析。其中，"第八章 深圳校园安全事故风险转移制度"和"第九章 深圳校园伤害事故责任追究制度"是对"第五章 深圳校园安全依法管理制度"相关问题的进一步展开。

第十章，深圳校园安全管理的现实成效及优化升级。在比较、分析、整合的基础上，总结了深圳实施创新性校园安全管理制度前存在的主要问题以及实施后的主要成效，对国内其他城市校园安全管理具有一定的启示意义。

第二章 深圳校园安全管理制度的理论和现实背景

理论是实践的指导和依据，更是理解复杂事物的一种"透镜"。校园安全管理是涉及诸多要素的复杂管理过程，需要借助理论的透镜才能深入分析。通过梳理相关文献可知，社会治理理论从改变社会治理方式的角度、公共安全管理理论从保障全体公民和社会安全的角度、人—机—环境系统工程理论从辨识事故系统因素的角度、危机生命周期理论从认知不同危机阶段发展特征的角度、风险管理与保险理论从事故风险转移的角度，均对校园安全管理制度创新的研究提供了理论基础。国外校园安全管理制度的成功经验以及深圳市的自然、人文、社会等地方特色，也为本书的研究提供了现实依据。

第一节 社会治理理论

中共十八届三中全会公报提出，全面深化改革的总目标是完善和发展中国特色社会主义制度，推进国家治理体系和治理能力现代化，继续在中国制度框架下，推进"国家治理现代化"。

"治理"一词在古代汉语中的含义，既包含管理、统治，也有修整、处理的意思。《荀子·君道》曰："明分职，序事业，材技官能，莫不治理，则公道达而私门塞矣，公义明而私事息矣。"《汉书·赵尹韩张两王传》云："一切治理，威名流闻。"可见，古代中国"治理"的含义类似于"统治"，权力主体在皇权、在君主，或是代表君权的强人，体现的是王权治理国家的方式与能力。① 但是古人所讲的"治理",跟十八届三中全会讲的"国家治理"却是完全不同的概念。国家统治的实质是维护阶级利益,国家治理则强调要维护公共利益。②

现代社会对治理的关注,是随着全球化进程的发展和新公共管理不能有效解释当代公共决策的更加复杂和动态的过程而不断向前的。两个最早的表现是20世纪80年代初的"地方治理"和产生于80年代后期的"公司治理"运动。截至20世纪90年代,这些不同的概念整合成一个更广泛的概念"公共治理",它把单独的公共机构的公司治理与政策网络联系起来,通常涵括了公共部门的各个层级。③ 这与十八届三中全会提出的"国家治理"也是完全不同的概念。

十八届三中全会提到国家治理体系现代化,是一个重大的理念创新,是不同于"国家管理"的全新政治理念。从政治学理论看,统治与治理主要有五个方面的区别。其一,权威的主体不同,统治的主体是单一的,就是政府或其他国家公共权力;治理的主体则是多元的,除了政府外,还包括企业组织、社会组织和居民自治组织等。其二,权威的性质不同,统治是强制性的;治理可以是强制的,但更多是协商的。其三,权威的来源不同,统治的来源就是强制性的国家法律;治理的来源除了法律外,还包括各种非国家强制的契约。其四,权力运行的向度不同,统治的权力运行是自上而下的,治理的权力可以是自上而下的,但更多是平行的。其五,两者作用所及的范围不同,统治所及的范围以政府权力所及领域为边界,而治理所及的范围则以公共领域为边界,后者比前者要宽广得多。④

社会治理在推进国家治理体系和治理能力现代化中有着重要的功能定位,是以实现和维护群众权利为核心,发挥多元治理主体的

---

① 汪震:《"国家治理"一词溯源》,《秘书工作》2014年第1期。
② 俞可平:《国家治理现代化的若干问题(上)》,《福建日报》2014年6月8日。
③ 胡桃子、张媛媛:《治理理论与中国行政改革》,《中外企业家》2009年第12期。
④ 同上。

作用，针对国家治理中的社会问题，完善社会福利，保障改善民生，化解社会矛盾，促进社会公平，推动社会有序和谐发展的过程。① 十八届三中全会公报提出，"改进社会治理方式"可以从治理主体、治理保障、治理手段、治理方向四个方面进行理解。

第一，治理主体。"坚持系统治理，加强党委领导，发挥政府主导作用，鼓励和支持社会各方面参与，实现政府治理和社会自我调节、居民自治良性互动。"从治理主体上提出对社会的治理从政府单向管理向政府主导、社会多元主体共同治理转变。

第二，治理保障。"坚持依法治理，加强法治保障，运用法治思维和法治方式化解社会矛盾。"从治理保障上提出治理方式、管控规制向法治保障转变。

第三，治理手段。"坚持综合治理，强化道德约束，规范社会行为，调节利益关系，协调社会关系，解决社会问题。"从治理手段上提出以行政手段为主的单一手段运用过多，向多种手段综合运用转变——包括道德教育的手段、行为规范自律的手段、社会矛盾调节的手段等。

第四，治理方向。"坚持源头治理，标本兼治、重在治本，以网格化管理、社会化服务为方向，健全基层综合服务管理平台，及时反映和协调人民群众各方面各层次利益诉求。"从治理方向上提出把治理关口从事后处置向事前和事中延伸。

其中，最为核心的是"社会治理"中体现出的多元性质：社会治理体系强调多主体，国家是主体，人民也是主体，还有各组织、各单位，都是参与治理者，都是主体之一。治理主体多元，民主融入治理，使得国家治理基于广泛的社会参与而得以强化。治理的方法和渠道也体现了多元性质，治理既有从上到下，也有从下到上，甚至可以从中间向上、向下延展。②

基于此，校园安全管理制度的构建，必须跳出以往传统的"政府管理"的单一思路，转而引入"社会治理"理念，政府、公民个

---

① 姜晓萍：《国家治理现代化进程中的社会治理体制创新》，《中国行政管理》2014 年第 2 期。
② 唐钧：《社会治理的四个特征》，《北京日报》2015 年 3 月 2 日。

人、非政府组织等都可以成为校园安全管理的主体，彼此在共同的目标下共享资源，相互作用，参与式地解决公共政策和提供公共服务，并承担相应的责任和义务，实现多元治理主体之间的良好合作关系，最终旨在形成以学生发展为本、面向校园教育实际、促使教育自主发展的新型校园公共管理体系。

作为本书主体的"校园安全管理制度概念模型"和"深圳校园安全管理评价模型"，正是以"社会治理理念"作为基本指导思想，按照"社会治理方式"的基本规则构建而成的。

第二节 公共安全管理理论

在现代社会，公共安全已经不仅仅是指传统的安全和公共安全秩序。随着经济的发展和城市建设速度的加快，以及现代工业、新技术、信息产业的高速发展，安全问题已经延伸到生产、生活、环境、技术、信息等社会各个领域，它离我们日常生活很贴近，甚至可以说，只要是生活在社会之中，我们就时刻离不开公共安全的影响、庇佑或威胁。有国外学者预测，21世纪人类将面临普遍的威胁，包括恐怖主义、技术性灾难、自然灾难、物理系统和信息系统安全、人类有意识或无意识的错误行为以及生化灾难，等等，因此要十分重视对相关领域安全问题的关注。

那么，何谓"公共安全管理"？虽然学术界因对各自学科的理解和坚持，对于公共安全管理的概念与内涵有过争执，也产生许多分歧，也有人以研究危机与危机管理或突发事件管理作为公共安全管理的研究对象，但自SARS疫情发生之后，对公共安全管理的概念已逐渐获得共识，也导引出一套渐趋完整的理论体系。概括来说，公共安全管理是指当安全危机发生后，能够有效地对公共安全资源进行高效的管理和使用，确保这些资源得到最大化运转和最合理化使用，用以减少危机所带来的危害。

2003年春SARS危机以来，我国逐渐形成了以"一案三制"为核心内容的应急管理体系，"一案"为国家突发公共事件应急预案体系，"三制"为应急管理体制、运行机制和法制。应急管理体制主要指建立健全集中统一、坚强有力、政令畅通的指挥机构；运行机制主要指建立健全监测预警机制、应急信息报告机制、应急决策和协调机制；而法制建设方面，主要通过依法行政，努力使突发公共事件的应急处置逐步走上规范化、制度化和法制化轨道。"一案三制"下，政府的应急管理综合能力也有了整体提升。但是，应急管理的实质是政府危机管理；公共安全管理理论视角下的安全管理，具有公共安全管理的性质，与应急管理存在着明显的不同。

第一，对象的非特定性。应急管理主要强调的是对自然灾害、事故灾难、突发公共卫生事件、突发社会安全事件这四类事件的预防和处置，其对象是突发性的个别事件，对象具有特定性；而公共安全管理的对象不仅包括应急管理的对象，还包括应急管理所没有涵盖的对象，如信息安全、生物安全等，对象具有非特定的性质。

第二，主体的社会性。由于政府是危机事件危害的直接对象，也是实施危机管理的主体，所以一般地说，应急管理的主体是政府，各级政府在制定应急规划和制度时，社会公众代表的参与还不够，而且在应急融资和筹资机制方面，应急管理以政府投入为主，无论是行政管理还是财政负担都比较有限；而公共安全管理的主体除了政府之外，还强调公众以及各类社会组织的作用，减少对政府的过度依赖，鼓励全民参与，提高居民、社区、城市的自我保护能力，同时，建立多元化的应急融资和筹资机制，积极吸收来自各类社会组织、公众的赞助与捐助，培育和发展社会共同参与的危机管理财力保障机制。

第三，时间的持续性。应急管理是有特定时间的、与紧急状态相联系的，应急管理阶段所提出的灾难前的准备、灾难中的应对以及灾难后的恢复总的来说仍处于对突发公共事件的应对阶段；而公共安全管理是长期的、持续性的，对于突发公共事件的管理过程是从预防、减除、准备、应对到恢复的全过程管理，这四个环节构成一个完整的周期，一环扣一环，缺一不可。这个过程不仅包括应急管理的应对阶段，更是将减除和预防灾害置于极其重要的地位，能够消除的灾难先消除、不能消除的灾难就减少其严重性，公共安管理正是通过预防、准备、应对和恢复的全过程管理来实现公共安全管理的目的。

第四，管理的有效性。应急管理侧重于"事件"发生后做出决策，主要目标是预防、减少事件发生所造成的损失，尽管也强调"预防为主"，但在实际工作中，往往忽视事前的预防，缺少完善的预警防范机制，而且在事后的应对和处置过程中，所采取的决策和行动往往是在有限时间、有限信息和高度不确定性的压力之下做出的，很难保证资源配置的最优；而公共安全管理通过对风险的系统分析与评估，主动采取有针对性的措施避免风险以及损失的产生，从而降低应急管理的成本，使得有限资源发挥最大作用，是一种更积极、更主动的管理方式。

公共安全管理与应急管理的不同表明，公共安全管理不仅在管理路径上转变为制度型管理，完善了风险管理方法，不再依赖于经验型管理；更重要的是它在实质上超越基于生存的生命关怀，渐渐扩大为对生存主体的生命的存在、价值、质量及其发展的关怀，更具现代社会的人文关怀精神，更能体现人本思想之于安全管理的现代要求。

校园安全管理不是游离于社会之外的世外桃源，校园安全管理与整个公共安全管理的形势息息相关，都有着相同的基本目标，即保障对象的生命和人身安全。公共安全就是全体公民和社会的安全，公共安全管理旨在追求社会安全，保障社会和公众不受危险或事故威胁，其生命健康和财产安全有保障。为社会和公民个人从事和进行正常的生活、工作、学习、娱乐和交往提供所需要的稳定的外部环境和秩序。校园安全管理同样追求安全，校园安全管理致力于保障学生的生命安全和人身安全，为学生提供一个安全、稳定、愉快的学习场所。因此，校园安全管理与公共安全管理存在诸多的共性。

本书由系统治理、依法治理、综合治理、源头治理四个方面构建而成的"校园安全管理制度概念模型"，正是"公共安全管理理论"的具体应用。

第三节　人—机—环境系统工程理论

1981年，在著名科学家钱学森院士的亲自指导下，一门综合性边缘技术科学——人—机—环境系统工程（Man-Machine-Environment System Engineering，简称 MMESE）在中国诞生。人—机—环境系统工程是运用系统科学理论和系统工程方法，正确处理人、机、环境三大要素的关系（见图 2—1），深入研究人—机—环境系统最优组合的一门科学，其研究对象为人—机—环境系统。[①]

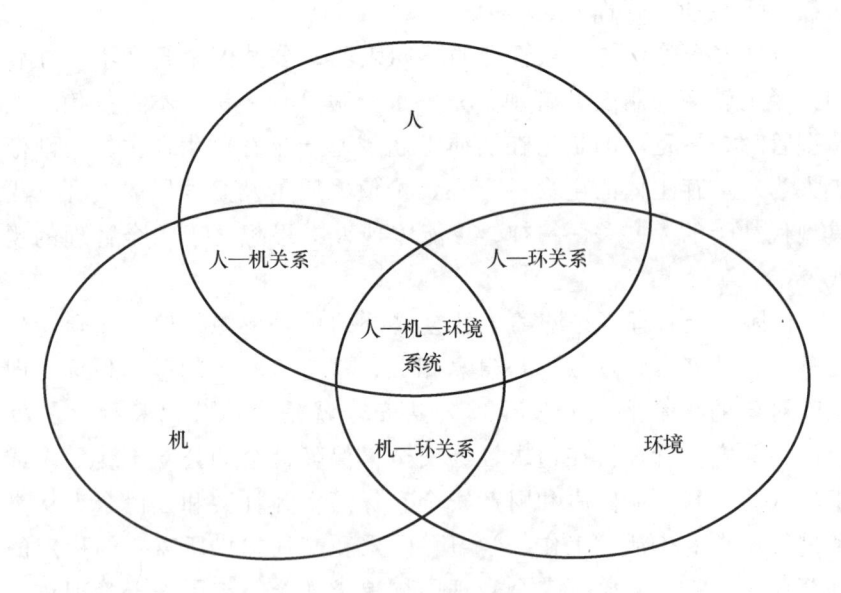

图 2—1　人、机、环境三大要素之间的关系

系统中的"人"，是指工作中的主体（如操作人员或决策人员），对整个系统的安全影响是多方面的，也是非常复杂的。人在具体工作中，除受到机器设备以及周边环境的影响外，其自身因素

[①] 中国系统工程学会：《钱学森系统科学思想研究》，上海交通大学出版社 2006 年版，第 146—153 页。

也占据主导地位，这与个人的年龄、工作时间的长短、文化程度、受教育的内容等都有密切关系。

系统中的"机"，是指人所控制的一切对象，如工具、机器、计算机、系统和技术等，它是整个系统中的重要组成部分，提高其安全性能对提高系统的安全性有显著的效果。

系统中的"环境"，是指人、机共处的特定工作条件，包括自然的、人为的、常态的、异常的，它直接或间接地影响人类的工作与生活，严重的时候可危及我们的生命安全。如果忽视了环境因素对人和机的影响，就难以保证工作可以在安全、高效、经济的条件下运行，将很有可能导致事故的发生。

根据"人—机—环境系统工程理论"，其所提出的四要素与ISO质量管理体系中的"4M要素"相一致，揭示了质量系统中存在着人员、设备、环境、管理四个基本要素。"4M"要素即：人（Men）——人的不安全行为是事故的最直接的因素；机（Machine）——机的不安全状态也是事故的最直接因素；环境（Medium）——生产环境的不良影响人的行为和对机械设备产生不良的作用，因此是构成事故的重要因素；管理（Management）——管理的欠缺是事故发生的间接因素，但是很重要，因为管理对人、机、环境都会产生作用和影响。认识事故系统因素，使我们对防范事故有了基本的目标和对象。

据此，校园安全指标体系应包括四个部分，即人员安全评价指标、设备安全评价指标、环境安全评价指标以及安全管理评价指标（见图2—2）。但是，对于校园安全管理而言，4M要素的各自特性，决定了其在指标体系中所处的地位，指标值的大小也有所不同。其中，管理评价指标由于直接影响其他三个要素，居于关键地位，是保障系统安全的前提条件，因而指标值高；作为人员安全评价指标中主体的中小学、幼儿园学生，由于年龄、心智发育的限制，不具有正常人的认知能力，因而指标值最低；设备和环境安全评价指标的指标值则应居于安全管理评价指标和人员安全评价指标之间，其中，由于环境安全评价指标涉及较多不可预测的因素，如自然界变化、校园外社区人员动态等，指标值应高于设备安全评价指标。

```
                    ┌──────────────────┐
                    │  校园安全指标体系  │
                    └────────┬─────────┘
                             ▼
    ┌ ─ ─ ─ ─ ─ ─ ─ ─ ─ ─ ─ ─ ─ ─ ─ ─ ─ ─ ─ ─ ─ ─ ─ ─ ─ ─ ─ ┐
                      ┌──────────────┐
    │                 │ 安全管理评价指标 │                      │
                      └──────────────┘
    │ ┌──────────────┐ ┌──────────────┐ ┌──────────────┐  │
      │ 环境安全评价指标 │ │ 设备安全评价指标 │ │ 人员安全评价指标 │
    │ └──────────────┘ └──────────────┘ └──────────────┘  │
    └ ─ ─ ─ ─ ─ ─ ─ ─ ─ ─ ─ ─ ─ ─ ─ ─ ─ ─ ─ ─ ─ ─ ─ ─ ─ ─ ─ ┘
```

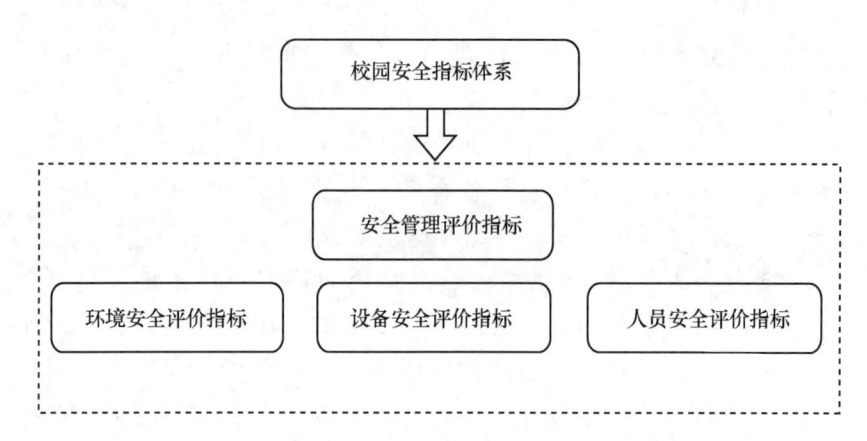

图 2—2　校园安全指标体系结构图

国内部分省、市的校园安全评价指标体系大多以此为据构建，如表 2—1 所示。这种指标体系的构建，符合"人—机—环境系统工程理论"和"4M 要素"，静态上符合校园安全管理的实际，具有一定的科学性和合理性。

表 2—1　国内部分省、市校园安全评价指标体系

广东省中小学（中等职业学校）安全文明校园创建评估指标体系		上海市安全文明校园评估指标体系		河南省校园及周边安全工作督导评估指标体系	
指标	分值	指标	分值	指标	分值
组织领导	20	组织领导	13	组织领导	28
安全保卫	40	安全管理	44	安全设施	20
学校及周边治安综合治理	10	校园文化	27	安全教育	14
校园文明	30	环境建设	16	安全管理	38
				综合治理	20
合计	100		100		120

"人—机—环境系统工程理论"对于本书"深圳市校园安全管理指标体系"构建的理论指导意义在于，横向上得以按照"4M 要

素"的机理，分列出二、三级具体指标。

第四节 危机生命周期理论

在西方经典性的危机传播研究中，美国危机管理专家斯蒂文·芬克（Fink）最早提出了危机生命周期理论，他的危机传播四段论模式是主要的理论模式（见图2—3）。芬克的这种危机生命周期理论揭示，危机仿佛生命周期般，从诞生、成长、成熟到死亡，都有不同的征兆显现，显示出不同的生命特征。危机生命周期理论可说是危机的症候学研究或过程学研究。

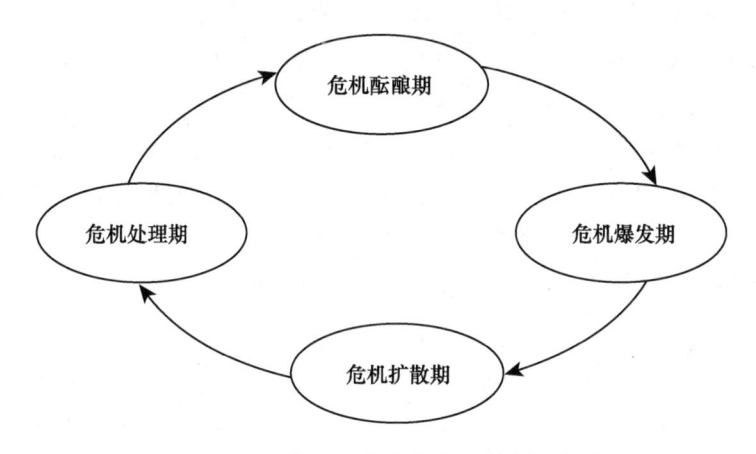

图2—3 斯蒂文·芬克的危机传播四段论

芬克用医学术语将危机生命周期理论分为四个显著阶段，即危机的酝酿期、危机的爆发期、危机的扩散期、危机的处理期。[①]

第一阶段是危机酝酿期：危机都是从渐变、量变，最后才形成质变，而量变是危机的成型与爆发，并且危机是由多个因素动态发展的结果。本期有线索显示危机可能发生，但是却最不易为人察

---

① Steven Fink, *Crisis Management*: *Planning for Inevitable*, American Management Association, 1986.

觉。这个阶段是防止潜藏危机因素的发展与扩散的最容易的时期，是危机管理最为重要的阶段。

第二阶段为危机爆发期：具有伤害性的事件发生并引发危机，是四个阶段中时间最短、但是感觉最长的阶段，而且它对人们的心理造成最严重的冲击，如果不能立即处理，危机将进一步上升，其杀伤范围与强度会变得更为严重。

第三阶段为危机扩散期：这是四个阶段中时间较长的一个阶段，但是如果危机管理得力，将会大大缩短这一时间、降低损失，否则会对其他领域产生连带影响，有时会冲击其他领域，造成更大范围、更深程度的危机。

第四阶段是危机处理期：危机经过紧急处理后，可能得到解决，但无效的处理，可能使企业危机的残余因素经过发酵，使危机重新进入新一轮酝酿期，仍会去而复来，使危机不经酝酿期而再度被引爆。

危机生命周期理论从动态的角度来分析危机管理的过程，通过对危机过程的研究来探索与危机各阶段相适应的处置策略。很多学者从危机预防管理的角度进行研究，如墨菲定律、海恩法则，这些研究表明，危机的出现总是基于特定的条件，因而是可以预防从而避免的。

墨菲定律（Murphy's Law）指出："Anything that can go wrong will go wrong（有可能出错的事情，就会出错）"，但是墨菲定律同时也表明，导致危险的因素有可能同时出现，因而出错亦即危机，是可以避免的。校园安全事故往往必须同时具备若干相关条件才会发生。例如校园火灾事故的发生，第一要有火源，第二是火源具备燃烧的条件，第三是火源周围有易燃物，第四是当火源刚开始引燃时没有被发现，第五是易燃物被引燃后没有得到有效的扑救，第六是火场中有具有一定价值的物品存在。只有以上几种条件同时具备，校园才有可能发生后果严重的火灾。现实中往往这些因素因为缺乏必要的预测（或预警），有可能同时具备。

海恩法则指出：每一起严重事故的背后，必然有29次轻微事故和300起未遂先兆以及1000起事故隐患。海恩法则强调两点：一是事故的发生是量的积累的结果；二是再好的技术，再完美的规章，在实际操作层面，也无法取代人自身的素质和责任心。按照海恩法则分析，当一件重大事故发生后，我们在处理事故本身的同时，还要及时对同类问题的"事故征兆"和"事故苗头"进行排查处理，以此防止类似问题的重复发生，及时解决再次发生重大事故的隐患，把问题解决在萌芽状态。海恩法则可以归纳为一句话："事故背后有隐患，隐患背后有征兆。"

综上，危机生命周期理论对笔者创新校园安全管理制度具有重要的启示：第一，危机是有迹可寻的，但不一定是线性发展的；第二，危机处理的最适时间点越早越好，通过建立危机预警机制，将其消灭于萌芽之中或形成伊始就被处理掉，是最佳的危机处理途径；第三，不同的危机阶段有其不同特征，能辨识端倪才能处理危机进而掌握管理；第四，危机生命期中，危机扩散最具破坏力，甚至会造成连锁反应产生另外的危机。因此，熟知危机每个阶段的发展特征，对解决校园危机、维护校园安全至关重要。

"危机生命理论"对于本书"深圳市校园安全管理指标体系"构建的理论指导意义在于，纵向上得以按照"危机生命理论"揭示的动态危机过程，构建起校园安全预防体系、校园应急救援体系、校园事故善后处置体系构成的三个一级指标体系。

第五节 风险转移与保险理论

风险转移是风险管理的主要方法之一。有关"风险管理"这一概念，最早出现在 1956 年拉塞尔·格拉尔（Russell Gallagher）《风险管理：成本控制的新阶段》的调查报告中，随后 1963 年梅尔和赫奇斯出版了《企业的风险管理》，1964 年威廉姆斯和汉斯出版了《风险管理与保险》，这两本著作的出版标志着风险管理理论正式登上了历史的舞台，开始了系统化、开放化的研究，使得风险管理理论不再是一门技术、一种方法，而是一门新兴的管理科学。

早期风险管理的对象主要是纯粹风险，目的就是为了减少纯粹风险对企业经营和可持续发展的影响；企业风险管理所采取的主要方法就是风险回避和风险转移。

风险转移是指经济体或者家庭和个人为了避免自身承担风险的损失而有意识地将风险发生导致的经济损失或者财务后果转嫁给其他经济体或者个人来承担的一种风险管理方法。转移风险又可以通过两种方式：非保险转移方式和保险转移方式。非保险转移方式主要是指当事故发生后，依靠政府财力和社会捐赠等途径转移事故带来的损失，但这种风险转移方式具有资金不确定、支付不及时等缺点。保险转移方式是当今社会风险转移的主要方式，更是市场经济条件下进行风险管理和控制的基本手段，是指将企业所面临的风险及其经济损失，通过与外部保险公司订立保险合同，向保险公司交纳一定保险费后，将风险转移给保险公司，一旦风险发生并造成经济财产损失，企业就可以依据保险合同的约定获得相应的经济赔偿。

以保险作为最主要的风险管理工具，通过购买保险来转移那些影响企业经营发展的纯粹风险，实际上，风险管理就是从保险行为中延伸出来的管理手段。① 此外，早期风险管理的应用还从企业扩展到了市政领域。Todd（1969）、Vaughan（1971）通过对美国九个州市政管理的调研发现，市政官员对风险管理的认识还十分薄弱，提出加强市政领域的风险管理是市政官员的重要职能，目的是保证市政财务预算免受意外灾害的影响，以保持提供应有的市政服务的能力。当代保险制度存在的基本价值在于应对风险，是市场经济条件下进行风险管理和控制的基本手段。它通过法律契约，实现经济补偿功能，从而发挥分摊损失，防控风险，提供社会保障的作用。

利用风险转移与保险理论，管理校园安全事故的风险，实现事前风险防范、事中风险跟踪、事后经济补偿的功能，已经成为国外防范和化解校园伤害事故风险的主流趋势，也是解决学生伤害事故处理过程中诸多矛盾的最有效的方法之一，具有突出的现实意义。

2017年4月25日，国务院办公厅印发了《关于加强中小学幼

---

① Herbert S. Denenberg and J. Robert Ferrari, *New Perspectives on Risk Management: The Search for Principles*, The Journal of Risk and Insurance, 1966.

儿园安全风险防控体系建设的意见》（以下简称《意见》），强调指出要"建立多元化的事故风险分担机制"。《意见》明确要求，"学校举办者应当按规定为学校购买校方责任险，义务教育阶段学校投保校方责任险所需经费从公用经费中列支，其他学校投保校方责任险的费用，由各省（区、市）按照国家有关规定执行；各地要根据经济社会发展情况，结合实际合理确定校方责任险的投保责任，规范理赔程序和理赔标准；有条件的地方，可以积极探索与学生利益密切相关的食品安全、校外实习、体育运动伤害等领域的责任保险，充分发挥保险在化解校园安全风险方面的功能作用；保险监管部门要加强对涉及学校的保险业务的监督和管理，会同教育部门依法规范保险公司与学校的合作，严禁以学校名义指定学生购买或者向学生直接推销保险产品；要大力增强师生和家长的保险意识，引导家长根据自愿原则参加保险，分担学生在学校期间因意外而发生的风险"[①]。由此可见，校园安全工作关系到全面贯彻党的教育方针，是学生健康成长、全面发展的前提和基础，积极引入保险机制，既维护了校园的正常教育教学工作，又保障了学生及其家长的合法权益。

校园风险管理的目的在于为广大教职员工和学生的人身、财产安全提供最大保障，进而使其全身心投入到教学或学习中，从而为教育事业的发展创造安稳的环境。借助风险转移与保险理论，引入保险转移机制，整合校园以及社会各方力量，以合理的成本做好风险转移，也是校园安全管理制度中的重要环节。

第六节　国外校园安全管理的经验借鉴

对于校园危机，不同的国家根据本国的实际情况结合危机管理的理论形成了不同的危机管理模式。美国、英国、日本、新加坡等国家对校园危机管理的研究相对较早，这些国家不仅注重强化公共

[①] 国务院：《关于加强中小学幼儿园安全风险防控体系建设的意见》（国办发〔2017〕35号），2017年4月。

管理者的危机管理意识，而且不惜花费巨资对学生进行经常性的危机意识教育，值得我们借鉴。

一 美国、英国的校园安全管理经验

（一）美国

美国公共安全管理体系的特点是，在整体治理的基础上，整合法制化的规范手段、完备的危机管控措施、高效的政府协调机构、全面的危机应对网络和成熟的社会应对能力等，形成统一的管理体系。校园作为典型的公共领域，安全管理主要包括危机预防与预警，校园安全教育，学生心理的缓解和引导，以及动员社会力量的参与等方面；突出了安全管理的立法全面、主体多元、机制健全。借鉴美国校园安全管理的理论和经验，对建立和完善深圳校园安全管理制度是相当有益的。[①]

1. 校园立法全面

美国国会和政府历来高度重视校园安全，自20世纪20年代以来，颁布了一系列国家层面和州政府层面校园安全法案。1987年的《美国校园安全守卫法令》，规定校园必须每年发布校园安全政策实施业绩和年度校园发生违法犯法数据。1990年的《克利里法案》（又称《美国校园安全法》，该法在1992年、1998年、2000年和2008年得到修订）规定，该法要求校园定期向校内外公布校园治安的真实情况及校方的安全措施，及时发布校园安全警告，以使在校学生及家长及时了解该校的安全情况，以采取有针对性的防范措施。还正式确认了业已在一些校园推行的校园警察制度，使校园警察制度有了联邦法律依据。

1994年是美国校园安全立法较为集中的一年，《美国2000年教育目标》将"安全的学校"规定为国家教育目标；《学校安全法》将保证校园安全，为学生提供一个良好的学习环境确定为立法的核心；《安全和禁止毒品学校社会法》为《美国校园安全法》修正案的一部分，表明校园暴力增长造成的危害，规定政府为各种防止校

[①] 朱晓斌：《美国学校危机管理的模式与政策》，《比较教育研究》2004年第12期。

园暴力的活动提供专项资金；《校园禁枪法》要求所有接受联邦教育基金的州立法通过《零容忍法》，否则将失去联邦资助。

2001年总统布什签署了《不让一个孩子掉队法案》（No Child Left Behind Act），要求学区对校园暴力事件进行详细统计，并将结果公之于众。2010年，奥巴马政府延续了此法案。

美国宪法规定，在联邦立法中没有规定的权力均属于各州，各州享有相应的立法权。关乎校园安全，一些州颁布了自己的法律。比如，纽约州1998年颁布《校园禁枪法1998令》，规定凡是在该州校园里携带荷弹枪支的14岁到15岁的学生将被予以16—48个月的监禁。

2. 管理主体多元

美国政府重视校园董事会和校园行政人员之外力量对于校园安全的维护，呼吁全社会共同努力防范校园暴力。教育行政部门、公安司法部门、社区组织、社会媒体、学生家长等构成多元的安全管理主体，各司其职的同时协作统一体：

一是政府主导。1984年美国成立国家学校安全中心（NSSC），帮助校园应对校园安全问题。各级教育行政部门都将校园安全保障作为自己的一项重要职责，为校园在人力、物力、财力等方面提供较为充分的支持和帮助。同时，1979年成立的FEMA，即联邦紧急事务管理局（The Federal Emergency Management Agency），也在国家层面上，对校园安全负责。作为直接向总统负责，报告并处理国家灾情的独立政府机构，它担负着"领导美国针对灾难，进行预防、反应和恢复"的使命。将分散于各个部门与赈灾有关的单位集中起来，建立起一整套"综合应急管理系统"，应付各种类型和各种规模的天灾人祸，从火警、地震、飓风、爆炸直到危机的最高形态——战争无所不管。

二是校警合作。美国早在20世纪60年代就由各州立法规定了校园警察的有关规范。校园聘请当地的警察帮助制订适合其特点的校园安全计划，处理校园安全事故，组织对学生的校园安全教育和培训，把警察局的各种观点、方法介绍给学生。此外，警力分为三类，具体履行校警合作的计划。（1）校园警察（School

Police），都是全职的校园职工，而不是由校区之外的执法机构聘用，拥有警察的执法权，协助或负责组织课外活动及社会活动；（2）校园安保（Security Officer），负责监管校园、实施校园规章以及相关的安全任务，拥有警察的部分执法权；（3）校园保安（Security Guard），类似于国内的保安人员，没有警察的执法权。在美国，校园和警察局合作已有多年，这种合作计划在处理多变的校园事件中被证明是一种非常成功的策略。20世纪90年代开始美国校园警察已经基本定型，但是也发生了一些微妙的变化，朝着后现代校园警察时期迈进。后现代时期的校园警察更加具有专业性，也更加注重人性化的执法，这也是在服务行政理念的推动下，校园警察机构呈现出的新特点。①

三是社会力量参与。校园与法律实施机关，学区代理人，检测鉴定部门，青少年案件负责部门，社会、健康、福利部门等形成联盟，签订有关校园安全管理的"参加力量协议"或"了解备忘录"。

四是社区支持。美国十分重视构建强大的社区安全网络，积极争取社区内包括学生、家长、教师、职员和管理者的支持，比如自愿团体：Escort，Hotline。

3. 管理机制健全

（1）风险评估机制

风险评估（Threat Assessment）是美国预防校园风险的一种有效方法，对存在安全隐患的校园进行风险评估，是政府和社会组织为校园安全服务的一项重要内容。它被认为是分析美国校园潜在安全威胁的一种有效途径。

美国的校园十分注重通过权威性机构如学校安全服务署对校园安全进行权威性的评估。学校安全服务署是美国著名的为校园提供安全咨询、相关培训、校园安全评估以及其他有关青少年安全服务的专门组织。校园安全评估主要是对申请这项服务的校园进行一对一的考察、评估，并提供一套经济、可行的建议。学校安全服务署评估的重心并非一味集中在关乎校园安全的硬件或人力配备上，而

---

① 倪洪涛、韩玉亭：《国外高校安保制度的比较及借鉴》，《西南政法大学学报》2013年第1期。

是力求使校园通过对现有资源的充分利用改善安全状况。

评估的主要方面有：校园的防暴措施、校警的工作情况、安全规范和细则、技术性防范能力、安全教育和实训、预防和调停工作、内部安全以及与社区的合作程度等。在评估工作中，服务署更注重事实和数据：分析校园安全工作的政策及其实施的合理性，对师生进行校园安全方面的调研，对校园已往发生的犯罪和违纪事件进行分析，检测安全设备的运行情况，分析其他的公共资讯（如整个社会的犯罪率），采用专门的分析模型。

再如，对于校园暴力的评估。聘请权威机构对校园进行安全评估，评估小组通常由教师、法律顾问、精神健康人员及安保人员组成，负责分析谁会是潜在的暴力袭击者。具体步骤有三个：①确定那些其行为会带来隐患的个人；②评估此人是否可能实施袭击行动；③想方设法控制该威胁，包括打断其潜在的袭击计划、减缓风险并实施解决方案。①

（2）信息公开机制

依法建立起"信息披露"体系，满足了公众的知情权。要求每一个公立校园每年披露校园的安全数据，同时要对每一个重大危害事件及潜在的危险事件通知公众。联邦允许各州通过了支持校园公布具有违纪历史的学生信息的地方法规。校园强调管理者要注意校园和校园附近的危险性人员，注意具有危险倾向的学生的转入或在学区内的就学情况。

（3）风险防控机制

美国校园人防、物防和技防这三个风险防控范畴，机制完备，相互配合。根据美国教育部的调查，美国校园中常采用的安全措施的比例是：96%的公立校园要求来客登记，80%的公立校园实行封闭的教学环境管理，不允许学生在午餐时间外出；53%的公立校园对在校内设建筑物实行严格的限制。②

---

① 穆康德：《美三大机构联手出炉百年校园安全报告》，《青年参考》2010年5月25日。

② 《国外校园安保措施一览》，2009年12月22日（http://edu.163.com/09/1222/16/5R5AUOGT00293L7F.html）。

随着高科技的发展，美国校园在安全硬件设施的配备上也日趋现代化。电子监控防范系统、防盗报警系统、防火自动报警系统、交通安全管理系统等成为现代美国校园安全的重要防范方式，对校园的整体情况进行全天候的监控，保证了火情、匪情、突发事件能得到及时处理，保证了执法的迅速、高效和准确，实现校园安全管理的现代化。

美国约有39%的城市校园配备金属探测装置，由于这类设备可以检查出一些金属器件，包括枪支和匕首等，因而备受校方的青睐。一些较大的校园还会安装一种名为School Lobby的高科技系统。该系统能够储存校园员工、学生的全部资料和相片，还可以为学生、员工以及来访者制作有一定权限的ID卡，每张卡上面都有一个磁条，以便校园对学生的行踪进行追踪。一些较小的校园则使用一种名为TIMEbadge的系统，这种系统仅为来访者制作相应的出入限制，一旦来访者在校园停留的时间过长，该系统就会自动报警。[①]

(4) 教育培训机制

美国几乎每个州都有专门的校园管理机构对危机管理进行研究，为本州内的所有学区危机管理报告的制定提供意见，编写《公民应对危机指南》宣传册、组织本州的危机管理人员进行培训等工作。要求每一个学区和每一所校园都要制订师生员工的安全训练计划，校园行政人员、教师、职工、学生都需要定期在危急状态中进行训练和实践，以增强师生预防突发事故的意识，培养师生在突发安全事故中临危不乱、沉着自救的能力，同时也有利于评估和改善校园安全规划。[②]

(二) 英国

英国的警察组织体系实行中央与地方分权，全国没有建立统一的警察体制，由此也导致了英国校园安全治理模式的多样化，包括驻校警察模式，令状授权校警模式，以驻校警察为主、安保外包为辅的混合治理模式等，每种模式都以其独特的优势展示着校园安全

[①] 黄开宇：《美国如何加强校园安全管理》，《教育》2011年第27期。
[②] 李兆燕：《国内外高校危机管理理论研究现状的比较分析》，《科教文汇（上旬刊）》2012年第1期。

管理制度的特色。① 英国的校园安全管理体系是建立在法制化基础上的多元参与型的全过程管理，其运作特点可以归结为以下方面：依法明确责任、重视事前预防、提高综合反应能力、采用透明化沟通方式。

1. 依法明确责任

英国在1974年《职业健康和安全法案》中就明确规定了校园健康与安全责任，由"健康安全执行局"负责执行与校园相关的健康与安全法律，并根据"谁产生风险，谁管理"的原则，明确规定了教育雇主有义务确保教师和其他员工的健康、安全与福利，有义务确保学生在校内以及校外参观时的健康和安全，有义务确保来校园参观者以及参加校园活动的志愿者的健康和安全。1999年颁布《职业健康安全管理条例》，进一步明确了教育雇员必须对学生的健康和安全给予合理的照料，必须将任何严重的风险告知教育雇主。地方教育当局作为雇主对所属校园师生的健康和安全负有最为主要的责任，校园也要根据地方教育当局的总方针起草更为具体的健康安全政策。②

2. 重视事前预防

英国综合紧急事态管理体系中的前四个步骤——预期、评估、预防和准备均属于危机事件发生前的要素，可见英国政府对危机发生前的准备工作给予了高度的重视。在校园安全管理方面，英国的校园和管理部门的主要做法包括：一是重视风险评估，根据1999年《职业健康安全管理条例》，教育雇主必须评估所有活动的风险，介绍管理这些风险的措施，并把这些措施告诉师生员工；校园和地方教育当局通过对校园环境及校园活动中潜在的风险进行评估，大大减少了出现意外事故的概率，将风险降到最低。二是制定详细应急预案，英国教育部《学校应急管理方案》规定，地方当局必须有介入校园安全危机（如洪水、火灾、出游、交通、环境、药品、校

---

① 倪洪涛、韩玉亭：《论英国大学安全治理模式及其对我国的启示》，《山东警察学院学报》2012年第5期。

② 陆芬芳：《高校校园安全管理的问题及对策研究——以S大学为例》，硕士学位论文，华东理工大学，2013年。

舍、人员失踪、医疗状况等）的应急计划，提供各种应急服务；该方案规定：在制订计划时，要意识到员工之间的支持和信任会增强校园在危机时的反应能力，要在员工大会上专门讨论该计划，计划还要考虑员工接受心理辅导的需求；校外活动也要制订详细的计划，教育当局还发布了很多实用性的手册。三是重视对员工的健康安全培训，地方教育当局必须向校园提供健康安全指导及服务，必须确保员工在健康安全责任方面接受培训，确保那些被指派给健康安全任务的人有能力完成；通过培训，一方面减少了教育雇主在安全方面的面对面工作量，也提高了校园员工的健康安全意识和工作能力。①

3. 提高综合反应能力

英国的校园安全管理体系将综合反应能力作为检验校园安全管理成效的最为重要的环节。校园安全事件发生后立即采取的行动有：危机一开始就获取尽可能多的真实信息；将危机警报发给校长；校长再向教育当局的领导发出警报；建立由主要人员组成的事故管理小组；建立事故日志；安排与媒体的交涉。校园安全事件发生一小时内采取的行动有：对所要采取的应急反应进行迅速评价；选择并确定控制危机蔓延的方案；如果可行，在危机发生数小时内采取的行动有：召开员工会议通报信息；以便于理解的方式告知学生；安排有关员工的任务汇报会；安排有关学生的任务汇报会。校园安全事件发生后需要采取持续行动消除不良后果：结合到身体和心理侵害的高风险，为学生和员工提供支持；举行葬礼、仪式和纪念活动等；这些措施可以持续数周或数月，如有必要可以更长久。②

4. 采用透明化沟通方式

英国教育部对校园安全事件发生时父母和监护人的沟通进行了规定。主要包括：为应对突发安全事故，校园应该持有家长的详细联系方式，而且应定期检查更新；在起草校园危机管理计划时就应考虑到在事故发生时要与家长沟通；校园应该让家长知道，一旦有

---

① 徐志勇：《英国校园安全管理的特点及其对我国的启示》，《外国中小学教育》2012年第4期。

② 同上。

危机发生，校园就会联系他们，这样既可给家长以信心，也可以鼓励家长告知校园他们的最新联系方式，也不会使家长因为在广播或是其他渠道听到事故消息就惊恐地打爆校园的电话；还要让家长知道如果因为某种原因校园要撤离，校园要把他们的孩子带到哪些安全的地方去。家校之间这种良好的沟通机制增强了家长对校园处理危机能力的信任。

在与媒体沟通方面，英国教育部规定，校园要特别注意与媒体的沟通。首先，校园应指定特定员工或董事与媒体沟通，如有需要可对之进行媒体沟通培训；其次，开通专供媒体问询使用的电话号码，并让当地媒体提前知道。校园也可以与当地警方新闻办公室探讨自己的预案，在应急预案中还应包括与媒体打交道的程序以及接受媒体采访的要点等，并确保所有校园员工及管理者都熟知。[①]

二 亚洲国家的校园安全管理经验

（一）日本

校园安全管理在日本已经是最为日常的工作，政府和普通民众对于危机的意识、预防和应对已经化为习惯，其经验对深圳校园安全管理制度的构建有重要的借鉴意义。

1. 重视立法推进

日本的很多法律条文都明确了校园安全作为国家安全战略的重要组成部分和法律地位。《宪法》明确规定儿童有"安全、安心地生存的权利"和"安全地接受教育的权利"；《教育基本法》规定教育行政部门有为儿童提供"安全教育条件"的义务；2005年日本新修订的《学校保健安全法》专门设置"学校安全"一章，对保障学生安全的学生责任主体、校园安全设施的建设、校园安全计划及突发事件应急预案的制定、师生的身心健康教育与服务等做了详细规定。

2. 加强组织管理

日本的校园安全管理遵循从上到下的管理机制，即"行政首

[①] 陆芬芳：《高校校园安全管理的问题及对策研究——以S大学为例》，硕士学位论文，华东理工大学，2013年。

脑—教育部—综合协调部门—中央会议—地方政府——校园"。危机发生前，教育部负责对各个校园的危机预防和处理机制进行指导；校园在教育部的指导下制订危机管理行动计划及预警机制，并组织危机应对的演练与培训。危机发生后，行政首脑指挥整体危机响应；综合协调部门协调各有关部门协助完成应对工作；中央会议研究制定应对策略和对策；地方政府负责具体执行实施；校园则服从指挥，按照既定方案组织师生应对。日本政府突破了危机事件管理的瓶颈，建立健全的组织体系充分体现了危机管理的政府效能。同时，在各职能部门的推动下，积极调动社会力量的广泛参与，动员社区力量协助维护儿童安全多项防护措施。

3. 注重学生教育

在日本，教育部会对各级校园进行危机预防与管理的指导，并将校园安全危机防范知识制成教材发放到师生手中。在2005年时，日本教育部对国内校园的危机管理知识普及进行了调查，结果显示，在全日本5.4万所校园中，有76%的校园已对学生进行过如何应对天灾人祸等突发性危机的教育，有67%的校园已对学生进行过如何防范和应对突发性危机的训练。[1] 此外，日本在对学生进行自然灾害等危机教育的同时，也十分注重日常会出现的危机教育，例如人身安全保护、交通安全教育、心理疏导和自救、避难常识等，通过日常的教学将危机应对和自救知识灌输到每位学生大脑中，让他们从小就树立起危机意识，真正做到未雨绸缪、防患于未然。

由于地震频发，日本建立了比较完善的地震预警系统，并由此进行了卓有成效的地震知识普及工作，非常重视培养学生的生存意识和生存本领，每年都要组织学生参加地震自救演习，从小就向其灌输普及避灾知识，从幼儿园开始时学生就会被带到地震模拟车上学习逃生技能。

4. 强调预防为先

政府对防灾、抗灾、减灾意识的树立十分重视，重点从三方面开展预防危机和灾害的工作。一是制定危机管理日，日本政府将每

---

[1] 林洲、梁沛华、袁珊、简福爱、陈佳文：《美国、日本学校危机管理经验与启示》，《科技传播》2010年第7期。

年的9月1日定为全国危机管理日,并将这一周定为危机管理周,届时,各地各级校园将组织危机管理讲座、危机管理培训以及实践性较强的危机应对训练和演练。二是加大宣传力度,日本国内有很多模拟自然灾害或其他危机的体验中心,免费供学生使用,还经常在公众场所播放危机应急知识,并印发一些书籍以指导人们在危机来临前的应对方式。三是配套高科技安全防范措施,大部分日本中小学校都建立了校园安全监控系统,可以实时监控校园内外情况,并在校园的各个角落配套安全措施,如随处可见的一键报警器,方便师生在遇到危险时第一时间通知警察并在最短时间内得到救援;教学楼内都有可视的对讲机、监控设备,在危机来临时可以用此来观察事发地点情况,从而决定是否采取紧急救援或迅速撤离;同时,为了保障师生的安全,校园的教室门采用的是可以内外分别锁定的双层门,防止不法分子闯入;有的校园还开通了卫星定位系统,为学生配备定位装置,方便教师和家长能够在短时间内确定和联系学生本人。正是这些举措,才使得危机来临时校园甚至是普通民众能够从容应对、正确自救,将损失和伤亡降到了最低。

(二)韩国

1. 重视立法和政府的主导作用

2004年2月,韩国教育人力资源部出台了《学校安全事故预防及赔偿的特别法》,该法的目的在于避免校园安全事故的发生,保护学生的身心健康,在事故发生时,给予受害者适当的赔偿,以减少事故相关人员的精神痛苦和经济负担,以防教育活动的萎缩,使教员具备从事教育活动的条件。2009年底修订的《交通事故处理特例法》规定,对在儿童保护区域内交通事故的肇事者处以重罚。相关的行政机构也须对事故承担连带责任。2010年5月11日,韩国行政安全部公布了"儿童保护区域交通安全强化方案",宣布增加指定6000处儿童保护区域,并对在儿童保护区域内违反交通规则的车辆处以双倍的罚款。2010年5月31日,韩国行政安全部宣布将投入700亿韩元,在全国所有儿童保护区域安装监控录像设备,并组建"儿童保护区域改善专门小组",加强对儿童的道路交通安全教育。①

2. 重视社会力量的参与

2010年5月，韩国行政安全部协同教科部、警察厅与"安全生活实践市民联合""母亲指导者会"等16个与儿童安全有关的民间团体共同签署了"保障儿童交通安全"工作协议，通过了实行"步行校车"计划的决议。"步行校车"是指由穿黑色制服的志愿者在固定的时间和地点，带领上学、放学的小学生一起安全步行，每条上学路线由两名志愿者负责。"步行校车制度"首先在韩国16个市、道的38个学校试运营，然后于韩国全国范围扩大推广。②

1987年12月，根据民法典的规定，汉城特别市教育厅开始陆续在全国16个市、道成立了以保护校园及学生和教员安全为宗旨的非营利性法人团体——学校安全协议会。根据该法第三十二条"非营利法人的设立和许可"的规定，学校安全协议会是地方主管机关许可成立的非营利性法人组织。

学校安全协议会的主要目标一是积极采取措施预防学生伤害事故的发生，创设安全的教育环境以保护学生、教员及校园的最大利益；二是当学生在校园教育活动中发生事故时，学校安全协议会将代替校长对受害人进行赔偿。具体情况如下：（1）若校园教学活动中发生学生伤害事故，对当事人造成人身伤害、对教职员造成经济损害时，经该学校校长申请赔偿（经济赔偿）后，赔偿委员会将给予经济支援；（2）增进对学生及教职员的福利支援，即当对教职员提起诉讼时，学校安全协议会将代为支付诉讼费用、诉讼代理、调解费用以及赔偿给学生的赔款；（3）为了保障学生的利益，从2003年开始废止赔偿限制，减缩过失相抵比率；（4）开展一切有关校园安全教育的调查、研究及宣传教育；（5）增进基金收益的事业等。③

3. 注重校园安全预防

韩国超过93%的中小学设置了"儿童保护区域"，校园主要出

---

① 中国驻韩国使馆教育处：《韩国加强学校周边交通安全管理》，《基础教育参考》2011年第5期。
② 同上。
③ 柳京淑：《韩国学校事故处理探析》，《比较教育研究》2005年第7期。

入口半径 300 米以内的道路区域都是政府划定的"儿童保护区域",在保护区内加大警力整治违规违章行为,校园会安排专门的老师维持校园门口治安,家长们也会轮流做志愿者协助校方维持校园周边交通安全,共同保障学生的交通安全;校园周边 200 米以内为"儿童食品安全保护区域",这个区域内的小卖部、自动售卖机、流动摊点等都必须接受严格的检查、监控,杜绝食品安全事故的发生。从幼儿园开始,韩国的校园每年都会组织三至四次消防安全演练,使孩子从小就养成在危急情况下能迅速而有秩序地逃生的意识。2009 年底,韩国先后发生数起针对女学生的恶性骚扰事件,之后韩国校方和家长都增强了对学生人身安全的防范和教育。校方增加了校园周边的安全摄像头数量,并增加了校方保安的人数。此外,家长们纷纷为学生购买人身防范的随身携带的设备,如喷雾剂、报警设备等。①

4. 设立安全补偿制度

2007 年 1 月 26 日颁布了"有关预防学校安全事故及补偿法律",主要内容包括:政府有关教育管理部门应优先支持安全方面的预算,每年两次以上对校园安全设施进行安全检查,同时对师生进行有关预防校内安全事故的安全教育。韩国教育委员会按地域设立校园安全补偿共济会,使管辖区内师生都能加入学校安全保险,如发生安全事故时能得到相应补偿。②

(三) 新加坡

新加坡的犯罪率在世界排名中较低,重大校园安全案几乎闻所未闻,这与新加坡严厉的法律制度是密切相关的。在新加坡犯罪成本是很高的,罪犯不仅会失去工作,也会失去社会的信任,有过案底的人很难在这里生存。新加坡有许多特立独行的做法,用以降低犯罪率,虽然这些做法也惹来不少争议,但它们的确行之有效。新加坡对校园也采取了专门的防范措施。与美国比较,主要有两点不同:

---

① 《国外如何维护校园安全》,《海南日报》2013 年 10 月 8 日。
② 《为学校幼儿园"过重安全责任"减负 他国安全责任如何划分》,2017 年 5 月 6 日(http://edu.qq.com/a/20170506/023126.htm? pgv_ref = aio2015&ptlang = 2052)。

1. 建立校园荣誉特警制度

新加坡在校园安全问题上，不以警察和教育主管部门管理为主，主要是发挥学校和学生自身的内在动力。他们将每所校园的校长、教导主任聘为荣誉警察，授予其荣誉，赋予其执法权。同时，还设有学生警察，荣誉警察和学生警察都由国家出资统一配发警察服装，经过学习培训后，开展宣传防范活动，给学生上法制课，进行遵规教育。校园荣誉志愿特警制度是新加坡政府一项创新的校园安全保卫制度。这一制度将警察部门和教育部门结合起来，把条件合格的老师培训成为拥有一定校园执法权的志愿警察，身为荣誉志愿特警的老师无需额外报酬，在校园内义务维护正常的教学秩序和治安秩序，为校园安全保驾护航。这项制度解决了正式警察无法全天在校园保护学生的缺陷，另外也填补了警力不足的缺陷。它正不断发挥着积极的作用，并已形成了保护校园安全、维护校园及周边治安秩序的长效机制。[①]

2. 实施严厉的校园体罚

新加坡是一个法制严厉的国家，对学生可施鞭打。但校内的鞭打和新加坡法律上的鞭刑不能相提并论，校园的鞭打只起苦示教训的作用，主要针对那些违法乱纪、屡教不改、影响恶劣的学生。同时规定，鞭打只限于男生；身体不好的学生不能鞭打；女生的自尊心要格外小心维护，因此，女生也不在鞭打之列；校方用的鞭子是一根手指粗细的树枝条；学生的臀部是唯一可以鞭打的地方，每次最多只能打三下。当然，学生犯了错，学校也不会举鞭就打，而是要看学生认错的态度和犯错的次数，一般有个别谈话、通告父母、交给训育主任处理、捡垃圾等轻微处罚，如果仍不思悔改继续频频犯错，问题严重的就要遭鞭打了。

施行鞭打之前，校方一定要通知家长，征求家长的意见。如果家长不同意，学校就要和家长共同商量其他的惩处办法。有的学校为了加强处罚效果，偶尔也请家长来校亲自鞭打自己的孩子。视学生犯错情节的严重程度，分为公开鞭打、课室鞭打、办公室鞭打这

---

① 徐甲：《新加坡校园荣誉志愿特警制度及对我国的启示》，《铁道警官高等专科学校学报》2012年第1期。

三种。

对于鞭打之后仍不改过的学生，学校就要考虑留校察看或开除了。在新加坡的学校，只有校长和训育主任才有权力对学生施行鞭打，通常都是由训育主任执行的。①

三　国外经验启示

美国、英国、日本等国家校园安全管理的丰富经验以及所采取的一些行之有效的做法和措施，对我国校园安全管理制度的创新具有十分重要的借鉴意义。

（一）注重相关法律法规的有效执行

法律法规是保障校园安全管理工作顺利开展的最重要、最根本的前提条件，健全完善校园安全管理的法律体系，形成一套完整的、翔实的应对法规和实用指南，才能为校园安全管理工作提供法律依据，为更加高效地处理各类危害校园安全的行为与活动提供条件，依法治校，努力打造和谐宁静、安定有序的校园环境。美国、英国、日本都有较完善的校园安全管理法律法规，对维护校园安全实现校园安定有序，有效预防以及高效打击各类违法犯罪行为提供了最为坚实的保障。

（二）注重组织机构之间的协作与问责

从美国和日本的校园安全管理模式可知，完备的组织体系可以在危机预防和最后发生时快速响应，不仅可以得到人力资源的保障，同时也可以在最短的时间内调动物质资源，最大可能地降低危机所带来的损失。各部门之间通力合作，权责明确，责任到人，对各岗位人员职责有一定的规定，并对人员进行培训让其熟谙职责范围和应采取的行为。同时在明确责任后还应设置奖惩机制，有赏有罚才能更好地促进组织机构人员高效运转，以保障学生的健康与安全为核心，切实将部门协调机制落到实处。

（三）注重综合应急能力的提升

综合应急能力是校园安全管理的核心，要提高校园及相关主体

---

① 杨延：《惩罚严厉　活动纵情——看新加坡学校如何在严格和宽松中间进行平衡》，《上海教育》2005年6月1日。

的应急能力，首先要做好安全教育与培训，开展讲座、演习等有针对性的活动，增强教师、学生、家长及管理者的安全意识，并对学生开展心理辅导，对校园安全事故的受害者，要及时通过心理疏导的方式加强沟通，避免产生心理阴影；其次，要加强危机的预防与预警，定期进行危机排查与风险评估，对有可能出现的校园安全问题做好应急预案，并对相关主体要采取的反应行动进一步细化，明确危机发生的不同阶段所应采取的措施；实行信息公开化，有效应对、减除或者避免校园安全事故带来的不良后果。

（四）注重社会多元主体的参与

在当前开放的社会环境中，社会多元化正在成为时代的新特征，由政府单一主体来履行社会治理责任的时代正渐行渐远，非政府组织和其他社会自治力量正快速成长，逐渐在社会治理中扮演越来越重要的角色。借鉴国外的成功经验，校园安全管理仅仅依靠政府或者校园，较难高效、全面地做好校园安全管理工作，社会多元主体共同治理的模式是构筑校园安全的一项重要管理模式，大大强化校园、家庭、社会之间的协同，形成相互监督、相互制约的体制，提高校园安全管理的效率。

第七节 深圳的地方特点

《深圳市公共安全白皮书》（2013）对深圳市公共安全的现状做出如下概括：深圳地处东南沿海，是地域狭小的人口大市、经济大市。迈入新的发展阶段，各种自然的和社会的、传统和非传统的风险矛盾交织并存，城市公共安全面临的问题依然突出。根据深圳市政府组织开展的全市公共安全风险评估结果，深圳市公共安全总体风险处于中等偏高水平，在洪涝灾害、地质灾害、火灾事故、交通事故、生产安全事故、重大传染病疫情[①]、严重暴力犯罪案件、恐怖袭击事件和群体性事件等方面，仍面临较高风险。可见，深圳市

---

① 重大传染病疫情是指某种传染病在短时间内发生，波及范围广泛，出现大量的病人或死亡病例，其发病率远远超过常年的发病率水平的情况。

公共安全管理制度包括校园安全管理制度的构建，必须根据地方的自然环境、人文环境和社会环境的特点进行。

一　自然环境对安全管理制度的要求

"深圳位于东南沿海地震带，具有发生中强地震的地质构造背景，属于亚热带海洋性季风气候，受台风、暴雨等影响频繁，且境内多低山丘陵，城市内涝、山体滑坡、泥石流、地面塌陷以及海水入侵等自然灾害易发、多发。此外，河堤坍塌、东江干旱、高温、雷电、大雾、灰霾、风暴潮、海浪、森林火灾及赤潮等灾害风险处于中等水平。早期的灾害防御工程低于现行的标准和要求，防灾减灾能力亟待加强。"[①]

可见，防控台风、暴雨、洪灾和与此密切联系的溺水，应该作为自然环境对深圳市校园安全管理制度的基本要求。结合深圳市四季平均气温、降水量以及入季时间，深圳市月平均降水量的变化规律是：1—8月份平均降水量在逐渐增加；8—12月份平均降水量在逐渐减少，3—8月份应该作为防控水灾和溺水的重要时段（见表2—2、表2—3）。

表2—2　　　　　　　　深圳市月平均降水量　　　　　　　（单位：毫米）

	1月	2月	3月	4月	5月	6月	7月	8月	9月	10月	11月	12月
月平均降水量	5	10	20	25	60	140	180	210	70	30	15	10

表2—3　　　　　深圳四季平均气温、降水量以及入季时间

项　　季		春季	夏季	秋季	冬季
入季时间	最早	12月21日	3月27日	9月28日	11月29日
	最迟	3月6日	5月23日	11月22日	2月28日
	平均	2月6日	4月21日	11月3日	1月13日

---

① 深圳市人民政府：《深圳市公共安全白皮书》，2013年11月。

续表

项 \ 季	春季	夏季	秋季	冬季
平均季长	76 天	196 天	69 天	24 天
平均气温	18.2℃	27.6℃	18.2℃	14.8℃
平均雨量	275.4 毫米	1562.5 毫米	66.0 毫米	27.7 毫米

二 人文环境对安全管理制度的要求

自然环境是非人类活动产生的天然的周围环境。人文环境刚好相反，是专指由于人类活动不断演变的社会大环境，是人为因素造成的、社会性的，而非自然形成的。其中包括共同体的人口、民族、态度、观念、信仰、文化、认知环境等。人文环境是社会本体中隐藏的无形环境，是一种潜移默化的精神存在，不同于人类活动物态化产物的社会环境。

深圳人口结构、城市地缘和城市发展历史等方面的特殊性，决定了深圳人文环境的特殊性，而其也对校园安全管理制度的构建提出了自己的特殊要求。

（一）人口结构特点

深圳作为典型的新兴移民城市，人口结构复杂、类型多样，流动人员数量庞大，来源不一。在深圳目前的中小学在校学生中，户籍学生和非户籍学生数量倒挂，非户籍学生占比达到了近70%，外来务工人员子女偏多；同时，为满足各年龄段巨大的教育需求，深圳除了公办中小学校外，还出现了很多民办学校来缓解就学压力，教育资源不平衡的现状。这些都在很大程度上增加了校园安全管理的难度。

根据第一财经记者的统计，截至2017年5月，我国人口密度超过1000人/平方公里的城市共有19个，其中，深圳排名第一，每平方公里高达5963人，是全国平均水平的41倍左右。值得注意的是，深圳的土地面积只有1997平方公里，大致相当于北京的八分之一，上海、广州的三分之一。在目前城区人口规模超过500万的城市中,深圳无疑是面积最小的,而人口仍在加速流入。数据显示,深圳2016年末常住人口1190.84万人,较上一年增加53.0万人。2014年到2016年,深圳常住人口增量分别为15万、60万、53万,有明显加快增长的态势。由此,未来深圳的人口密度仍会继续升高,基础教育规模扩张的压力仍然巨大。①

(二) 城市地缘特点

深圳处在改革开放的前沿,随着经济的发展,从文化背景上来说,传统文化与现代文化、农耕文明与商业文明相互交织,各种文化价值观和生活方式不断涌现,社会矛盾、道德冲突、价值变异不断产生,形成了一个开放兼容的意识形态氛围。拜金主义、享乐主义、个人主义不断滋长,社会物质诱惑和利益诱惑也开始渐渐地渗透到校园内部,容易使中小学生认知产生偏差,给校园安全管理带来挑战。

(三) 城市发展特点

深圳市政府在1992年出台了《关于深圳经济特区农村城市化的暂行规定》,对原特区内农村土地进行"统征",将特区内农村土地转为城市土地。2004年,深圳市又出台了《深圳市宝安龙岗两区城市化土地管理办法》,对特区外实施"统转",把特区外的地区转为国有化土地,成为全国唯一实行全域土地国有化的城市。

但是,原特区内外的发展不平衡,原特区内校园,无论在安全教学设备、安全教学资源以及师资力量配备等方面,都明显优于原特区外校园;在向现代都市教育转化过程中,教育结构、教育制度、教育思想观念以及教育运行机制等方面,面临的均衡教育的任务还很重。

三 社会环境对安全管理制度的要求

改革开放30多年来,深圳的社会环境产生了巨大的变化,政治、经济、法制、科技、文化等宏观因素和家庭、组织、社区等微观因素都对校园安全管理制度的构建提出了更高的要求。其中,相

---

① 林小昭:《中国人口密度版图:深圳上海东莞居前三 珠三角最密集》,《第一财经日报》2017年5月19日。

关度比较高的问题，在《深圳市公共安全白皮书》中得到了突出的概括：

从社会安全事件看，随着城市化的深入推进，城市生产、生活方式深刻变化，因劳资纠纷、医患纠纷、安全事故、环境污染等引发的群体性事件进一步增多；深圳毗邻港澳，口岸众多，境内外人流、物流、车流量大，传染病和动物疫情容易跨境传播，公共卫生事件的隐患扩大；突发事件的影响扩散加快，连锁反应、叠加效应进一步加重突发事件的影响程度；人口高度密集，务工人员流动性大，安全教育培训工作压力持续上升。

从事故灾难看，部分企业安全管理不严、技术落后、从业人员安全意识薄弱、安全事故多发等问题仍较突出；早期的高层建筑防火等级偏低，消防、电气等设备设施日久老化，城中村数量多、建筑密度大、消防基础设施不足，"三小场所"处处可见，具有较大的安全隐患。[①]

[①] "三小场所"是"小档口""小作坊""小娱乐场所"的统称。其中"小档口"是指具有销售、服务性质的商店、营业性餐馆、饭店、小吃店、汽车摩托车修理店、洗衣店、电器维修店等；"小作坊"是指具有加工、生产、制造性质的家庭作坊等；"小娱乐场所"是指具有休闲、娱乐功能的酒吧、茶艺馆、沐足屋、棋牌室、桌球室、麻将房、美容美发店（院）等。

第三章　深圳校园安全管理制度及其评价指标体系的构建

构建校园安全管理制度及其评价指标体系，可以提高校园安全管理的科学化和规范化程度，可以丰富和发展校园安全管理能力的评价方法和评价体系，有利于对校园在公共安全危机管理方面进行全面的评估，为政府及相关部门提供科学的决策依据。

多年来，特别是2009年以来，深圳校园安全管理开展了持续、全面、深入的创新实践，在实践中逐步探索出了一条行之有效的管理途径。本章将在描述深圳校园安全管理创新实践的基础上，对深圳校园安全管理制度的构成以及校园安全管理评价指标体系的构建予以概括，力求使这一概括真实地反映出深圳校园安全管理创新实践所蕴含的理性架构，从制度建设层面对深圳校园安全管理的创新实践做出解析。

第一节　深圳校园安全管理制度创新实践

一　深圳校园安全管理的概况

深圳市教育局是根据《中共广东省委、广东省人民政府关于深圳市深化行政管理体制改革试点方案的批复》（粤委〔2004〕6号）设置的主管全市教育行政工作的市政府组成部门，具有指导全市校园安全工作的职能。设置后的深圳市教育局在指导全市校园安全工作方面，一直发挥着有效的主导作用。

2009年9月25日，深圳市教育局学校安全管理处成立，时任市委常委、教育工委书记亲自揭牌。在政府机构改革精简部门的背景下，学校安全管理处的成立充分体现了市委、市政府和各级领导对校园安全管理工作的重视和期望，也标志着深圳市学校安全管理工作迈入一个体制创新为基础的新的发展阶段。

根据《深圳市教育局内设机构职责》，学校安全管理处在合并原教育产业处的后勤管理和基础教育处的安全管理两项职责的基础上，新增综合治理和公共安全管理两项职责，形成了工作职责对各级各类学校安全管理工作的全覆盖。

学校安全管理处成立以来，按照全国、省、市安全工作会议精神，以贯彻落实《深圳市学校安全管理条例实施细则》为主线，用"大安全"的观念统领各项安全工作职责，突出校园安全保障和宣传教育两个重点，强力推进校园安全队伍和机制建设、安全防范、隐患排查治理等各项工作。

在具体工作中，认真总结了以往的工作经验，以科学发展观为指导，坚持"安全第一，预防为主，综合治理"的工作方针，坚持统筹协调与恪尽职守相结合、规范管理与宣传教育相结合、常规管理与专项活动相结合、传统管理与信息化管理相结合的工作方式，不断提高了全市校园安全管理水平，使全市校园安全工作全面实现了科学化、制度化、规范化的发展要求。自2009年学校安全管理处成立以来，全市校园没有发生任何群死群伤和其他重大安全事故，学生溺水、交通事故发生率逐年下降，为构建平安深圳做出了贡献。

二 深圳校园安全管理的工作概况

（一）确立了校园安全管理的总体思路

深圳市教育局学校安全管理处成立伊始，便确立了校园安全管理的总体思路："以学生和校园安全为中心，严格管理为主线，基层管理为重点，考评工作为抓手，不断提高全市学校安全管理水平，使全市学校安全工作全面实现科学化、制度化、规范化的发展要求。"[①]

---

① 参见2010年深圳市教育局"务虚会材料"。

这一思路包含以下方面：

1. 工作方针

在认真总结以往工作的基础上，以科学发展观为指导，认真贯彻落实市、局领导的要求，坚持"安全第一，预防为主，综合治理"的工作方针。

2. 工作理念

牢固树立"大安全"的观念，并以之统领工作。这需要四个方面的统一：工作范围上的狭义安全与广义安全的统一，使管理深入到安全的各个层面，而不仅仅是关注"人身伤害"问题；工作中心上的安全管理与安全保障的统一，为安全提供事前、事中和事后的全面保障；工作意识上的工作职责与社会责任的统一，变被动管理为主动管理，变责任管理为"爱心"管理，在实现安全管理的工作价值的同时，实现管理者的人生价值；工作机制上的由封闭向开放转变，引入社会保障和评价机制，使得校园安全管理工作形成具有自身反馈功能的系统，从而更加科学、切实。

3. 工作方式

坚持五个方面的结合，即管理体制上的统筹协调与恪尽职守相结合，制度建设上的依法管理与规范管理相结合，管理硬件上的传统管理与信息化管理相结合，管理手段上的常规管理与专项活动相结合，安全文化上的宣传教育与模拟训练相结合。

4. 工作目标

建立起校园安全管理工作的长效机制，最大限度杜绝较大及以上责任事故；最大限度避免各类校园和涉及学生的安全事故；最大限度控制校园责任事故和校内事故。

5. 工作路径

现代安全管理理论认为，安全管理的类型按安全效率依次有经验型、制度型、系统型和本质型四种，相应的路径选择是经验、法制、科学和文化四种，对于事故发生率而言，二者是正相关的关系（见表3—1、图3—1）。

表 3—1　　　　　　安全理论与安全管理模式

发展阶段	理论基础	方法模式	核心策略	对策特征
低级阶段	事故理论	经验型	凭经验	感性，生理本能
初级阶段	危险理论	制度型	用法制	责任制规范化、标准化
中级阶段	风险理论	系统型	靠科学	理性，系统化、科学化
高级阶段	安全原理	本质型	兴文化	文化力，人本原则

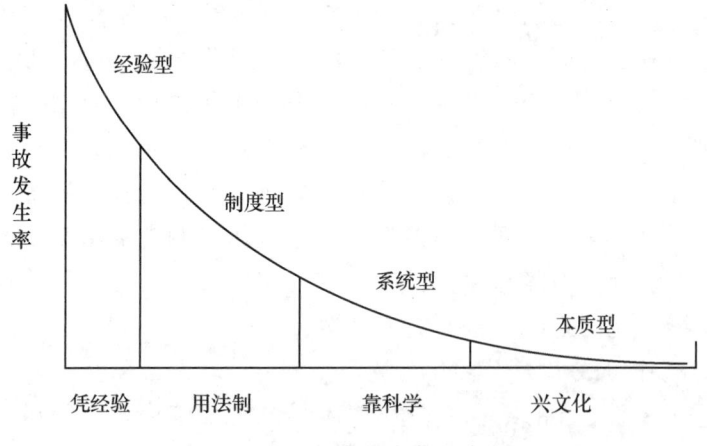

图 3—1　安全管理的类型效率图

其中，"本质型"是指涉及安全的人、物（设施和环境）、制度等安全要素，在"以人为本"的原则下协调统一，强调人的安全文化素质是安全的核心。它要求从以"事"和"物"为中心的管理，上升到"以人为本"的安全文化建设的管理境界。通过营造良好的安全文化氛围，构筑稳健的安全文化机制；培育个人和群体的安全价值观，从内心深处启发人的安全意识，铸就良好的安全习惯，真正把人塑造成时时想安全，事事会安全，处处能安全的本质型安全的人。

毫无疑问，按照安全管理理论，"本质型"安全是最理想的管理类型。但是，校园安全管理对象总是处在心智成长期，不能作为"本质型安全的人"对待，校园安全管理类型和路径的选择只能以制度型和预控型为主，辅以"本质型"。据此，深圳市校园安全管理的工作对策，主要体现为以下方面的结合。

（二）探索出行之有效的工作路径

1. 管理体制：统筹协调与分层负责相结合

在校园安全管理工作中，建立了"横向到边，纵向到底"的安全管理体制，强化学校内部各个部门之间的统筹协调，争取相关政府机关的支持与配合。

2. 制度建设：法律约束与规范约束相结合

在长期的工作过程中，深圳市学校安全管理形成了以依法管理为主导，规范管理为依托的制度建设格局。除国家法律法规外，以一部地方法规（2005年4月1日起施行的《深圳市学校安全管理条例》），四部地方规章（2006年6月1日起施行的《深圳市校车交通安全管理暂行办法》、2009年2月1日起施行的《深圳市中小学校外配餐管理办法》、2009年3月1日起施行的《深圳市校外午托机构管理办法》、2010年3月1日起施行的《深圳市学校安全管理条例实施细则》）为构成管理的主要依据，形成校园安全管理的主导。其中，特别重要的是两部专项的地方立法。

为了落实依法管理，深圳市校园安全管理还建立了各项具体规范，使得依法管理获得了切合工作实际的现实依托。2009年以后，密集出台了涉及午休午托管理、校园食堂管理、校车和校服管理等校园安全主要方面的相关文件。这些文件和此前出台的涉及宿舍安全管理、消防安全教育、创建和谐校园等文件一起，构成了校园安全依法管理的现实依托。

3. 校园建设：校舍建设与标准化建设相结合

深圳市委、市政府高度重视校舍安全工程。按照中央和省的要求，坚持把中小学校舍安全工程建设作为各级政府义不容辞的责任，作为重要的民生工程、民心工程，始终摆在工作的重要位置，保障人力、物力、财力的投入。历年来，校安工程工作一直被列入市政府公共服务白皮书和政府绩效考核体系中，以确保校安工作扎实推进，真正把校园建成最安全、家长最放心的地方。

"校安工程"的实施，也推进了校园设施、设备的标准化建设。在"安全文明校园"创建工作的基础上，制定和推行了校园安全管理硬件设施、设备的标准化体系，完善了设施、设备的标准化管理。从校园视频监控设施、校车卫星定位汽车行驶记录仪、电子门禁、安全管理信息平台等技防措施入手，不断提高校园安全技防水平。其中，配齐、配强校园保安队伍是"人防"方面标准化管理的重要成果。采用安全标识，用于学生装、学生饮用奶等外包装上以及通过安全标准化验收的学生食堂、校车等设施设备上，为校园安全提供有效保障。采用信息化管理方式，推进学校安全管理信息网络平台的建设工作，提高校园安全管理的效率和水平。

4. 防控手段：常规管理与隐患排查相结合

深圳市一方面重视做好校园安全的日常管理工作，根据《深圳市学校安全管理常规工作一览表》的工作安排，抓实、抓紧、抓好落实；一方面采取专项活动，强化安全隐患排查整治的专项化、制度化、专业化。二者有机互补、相辅相成，有力地保障了校园安全。

5. 安全文化：知识教育与能力训练相结合

依托优质资源开展机关安全管理人员、校园安全管理人员和学生的安全宣传教育；依托公共安全教育馆和安全教育基地，开展学生的实景模拟教育，全面落实人防、物防和技防应急措施，切实提高预防灾害、应急避险和防范安全事故的能力。

6. 考核评价：管理标准与示范评级相结合

深圳市坚持走校园安全管理精细化、规范化、标准化之路，通过创建平安校园等系列示范校，推进校园安全管理标准的落实。系列安全管理示范校的创建，起到了良好的示范带动作用，促进了校园安全管理规范化水平。

7. 风险转移：校方责任险与意外险相结合

深圳市高度重视校园风险分散转移工作，不断完善校园及学生保险工作。"双险"捆绑模式可以互为补充、相辅相成，较好地承担不同情况下的校园风险。

第二节 深圳校园安全管理制度的构成

上述深圳校园安全管理制度的实践表明，在制度层面，深圳结合本土地方特点，基于"社会治理"理念，以公共安全管理理论为基础，借鉴国外校园安全管理的经验，从系统治理、依法治理、综合治理、源头治理四个方面，构建了一个较为完善的校园安全管理制度体系（本书将其概括为如图3—2所示的概念模型）。

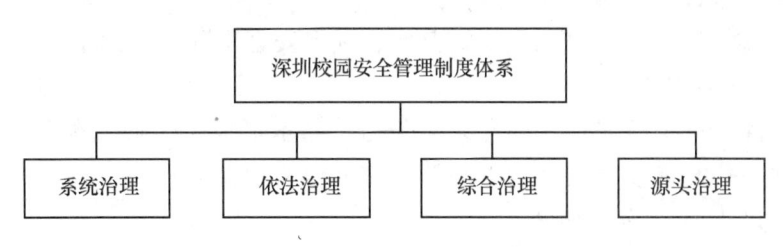

图3—2 深圳校园安全管理制度体系概念图

一 系统治理的管理制度

深圳市校园安全管理制度的系统治理，突出了治理主体的政府主导、多元参与、校园自主负责的机制建设。

（一）政府主导机制

1. 统筹协调机制

深圳市级层面的校园安全管理体制，由隶属党委系统"综治委"的学校综合治理领导小组、政府系统的学校安全管理领导小组两个系统构成，由此搭建的统筹协调管理平台，推行学校安全工作联席会议制度，强调各相关职能部门的沟通协作，促进了各司其职、齐抓共管工作格局的形成。

2. 部门联动机制

为有效整合各部门的安全管理力量，深圳市充分发挥政府校园安全管理领导小组办公室的统筹协调作用：定期汇总安全隐患并分部门整治安全隐患；定期召开校园安全管理联席会议，通报情况，总结推广经验；定期组织各部门联合开展安全专项行动。

3. 分层管理机制

一是主体明确，按照"分级办学、分级管理"的原则，深圳市在市、区、校层面上，明确了校园安全管理工作的主体责任；二是机构明确，各级教育行政部门基本设置校园安全管理处、科（室），强化校园安全工作的指导、协调；三是权限明确，教育行政管理部门主管校园的安全管理工作，各区教育行政管理部门依管理权限主管辖区内校园的安全管理工作；四是"一岗双责"，市、区、街道教育行政部门按照"一岗双责"的要求，层层明确安全管理职责，层层签订安全责任书，层层抓落实，确保安全责任落实到位。

（二）多元参与机制

深圳市校园安全管理经多年努力，基本形成了"政府领导、部门监管、校园负责、社会参与"的多元参与机制。

1. 校园后勤方面

在后勤、校车、食品、校服、保险等涉及校园安全管理的主要领域，深圳市校园安全管理不断完善"政府主导、市场运作"的模式。

2. 风险评估方面

充分发挥专家组（消防、交通、食品、综治等部门）、评估组（安全文明校园、标准化校园评估）、保险公司及专业化（中介）机构在管理中的作用。

3. 风险管控方面

注重发挥校（园）长、家长、社区工作站长、辖区警长、派出所所长的沟通作用，形成了"五长"联动机制。特别是校园伤害保险，通过"双险项目"的实施，建立了比较完整的多元参与机制，达到了政府的社会效益与企业经济效益的双赢。

（三）校园自主负责

深圳市将校园安全工作重心下移，从健全机构和制度入手，落实责任，建立了校园自主负责机制。

1. 健全校园安全管理机构

校园必须成立安全管理机构（包括决策机构、工作机构和专家组），将事故发生前的预防及准备工作的规划、事故发生时的紧急处理、组织、协调、联络工作，以及事故解决后恢复与重建，全部纳入安全管理小组的工作范围。

安全管理机构的成员包括校长、副校长、校长助理、安全主任、班主任、医生和护士、校园心理咨询教师、一个或多个精选出来的教师、校园安全保卫人员等。安全管理机构还根据实际需要，聘请有关专家组成专家组，为安全管理提供决策建议，必要时参加事故的应急处置工作。

2. 健全校园安全管理制度

2012年2月，深圳市教育局编制《深圳市学校安全管理标准化规范》，向各区、校印发《学校安全岗位职责》《学校安全管理制度》，要求各区、校据此编制适合各自具体情况的制度规范，明确校园安全岗位职责，健全校园安全管理制度。

二 依法治理的管理制度

改进治理方式，法治是保障。深圳市校园安全依法治理的管理制度主要包括六个方面：一是建立法治保障机制，二是建立普法教育机制，三是建立责任考核机制，四是建立监督检查机制，五是建立风险转移机制，六是建立责任追究机制。

三 综合治理的管理制度

深圳市校园安全综合管理的工作对策，主要体现为行政、规范、建设、管理、文化、评价、保险七个层面的不同方式的结合。

四 源头治理的管理制度

深圳市在校园安全管理制度创新实践中，经过长期深入全面探索，构建了一个由危机前的预防、危机爆发时的预警、危机爆发时的救助、危机结束期的恢复等构成的校园安全危机源头治理机制。这一机制包含在深圳市教育局2016年7月14日印发的《深圳市校园安全稳定突发事件应急预案》中，更体现于深圳市校园安全管理制度创新实践中。

第三节　深圳校园安全管理评价指标体系的构建

以社会治理理论、人—机—环境系统工程理论、危机生命周期理论为基础，通过建立校园安全管理评价指标体系，对校园安全进行评估分析，是完善校园安全管理制度的重要步骤。2012年2月，深圳市教育局向市安委办申报《深圳市学校安全管理标准化建设》项目获得立项后，委托专业机构组织专家编制《深圳市学校安全隐患检查量化评分工作手册》。其中的《深圳校园安全管理评价指标体系》为对校园安全进行评估，对校园安全隐患排查进行细化、量化分析，提供了具体依据。

一　评价指标体系构建的基本原则

校园安全评价是对校园安全系统进行的分析和评估，找到系统在运行状态下的问题，从而指导决策者选取措施，保证系统的稳定发展。基于此，校园安全管理评价指标体系的构建应遵循以下原则：

（一）系统原则

指标体系体现了校园安全管理实施过程中"纵向到底、横向到边，全面覆盖，全员参与"安全管理的系统性原则。

（二）量化原则

指标的设定采用定性与定量相结合的方法，在定性分析的基础上，进行量化处理；对于缺乏统计数据的定性指标，则采用评分法，利用专家意见实现量化。

（三）优先原则

以风险管理为导向，贯穿"三个优先"原则：坚持预防预警和应急处置相结合，优先加强预防工作；坚持消除风险和控制风险相结合，优先采取消除风险措施，加强源头治理；坚持风险全面治理和重点治理相结合，优先治理高风险，减少存量风险，控制增量风险，实现校园安全持续改善。

（四）操作原则

指标力求概念明确、定义清楚、关系明确、边界清晰，方便采用机读方式收集相关信息，避免给指标评价工作带来不必要的操作麻烦。

二 评价指标体系的建立

（一）评价指标的选取

校园安全评价指标的选取应保证具有独立性、完整性、指向性。独立性表示各指标所描述的特征不重复，不会因为指标重叠导致系统的部分内容被重复评价或扩大，造成评价结果的偏差；完整性表示下级指标应该完整地表达上级指标的特征内容，不应存在明显的不完整，或某些特征被忽略；指向性表示评价指标应具有明确的目的性，避免不同分类指标之间的重复。据此，依据已有的理论基础，并经该领域资深专家指导、讨论后，归纳出深圳市校园安全管理的评价指标体系。

（二）校园安全评价的框架模型

深圳市校园安全管理指标体系是"人—机—环境系统工程理论"与"危机生命理论"二者的兼顾。经调研访谈、专家咨询以及征求相关部门意见后，深圳校园安全管理评价模型由三级指标构成：纵向上，按照"危机生命理论"揭示的动态危机过程，构建起校园主体合法性、校园安全预防体系、校园应急救援体系、校园事故善后处置体系构成的四个一级指标体系；横向上，按照"4M要素"的机理，分列出二、三级具体指标，从而在动态、静态两个维度上构建深圳市校园安全管理评价指标体系的框架模型。

校园安全评价体系中的四项一级指标分别是：

1. 校园主体合法性

该指标对校园办学条件以及资质情况进行评价。

2. 校园安全预防体系

该指标对校园安全组织机构与岗位职责，安全管理制度，校园建筑和教学设施、设备安全管理，宿舍安全管理，安全宣传、教育和培训管理，校外活动安全管理，消防安全管理，食品与卫生安全管理，交通安全管理，校园治安管理，实验室、计算机教室和图书室安全管理，运动安全管理，自然灾害安全管理以及安全隐患排查治理管理共十四大部分内容做了具体规定。

3. 校园应急救援体系

该指标对应急组织机构及职责、应急预案、突发事件报告、应急物资储备、应急预案及联络方式、应急救援演练、应急预案评估共七部分内容做了具体规定。

4. 校园事故善后处置体系

该指标主要对事故发生后进行的处置工作做了具体规定。

每一项一级指标又分列出二、三级具体指标，其中，二级指标共14个，三级指标共82个。每一类指标体系可以分别记为：

一级指标体系 $X(t) = \{x_1(t), x_2(t), \cdots, x_i(t), \cdots, x_n(t)\}$，其中，$x_i(t)$ 表示第 i 项一级指标，t 表示时间，$i=1, 2, \cdots, n$，$n=4$，表示一级指标的数量，即校园主体合法性（x_1）、校园安全预防体系（x_2）、校园应急救援体系（x_3）、校园事故善后处置体系（x_4）；

二级指标体系 $Y(t) = \{y_1(t), y_2(t), \cdots, y_j(t), \cdots, y_m(t)\}$，其中，$y_j(t)$ 表示第 j 项二级指标，t 表示时间，$j=1, 2, \cdots, m$，m 为二级指标的数量；

三级指标体系 $Z(t) = \{z_1(t), z_2(t), \cdots, z_k(t), \cdots, z_p(t)\}$，其中，$z_k(t)$ 表示第 k 项三级指标，t 表示时间，$k=1, 2, \cdots, p$，p 为三级指标的数量。

设定校园安全系统总分值1000分，并通过查阅资料或现场核查等方法，确定各评定项目的评定分值，进而得出校园安全系统的综合得分，用 $A(t)$ 表示，其数值越大，代表校园安全系统的安全程度越高，并分别用 $f(x_i(t))$、$f(y_j(t))$、$f(z_k(t))$ 表示对 $x_i(t)$、$y_j(t)$、$z_k(t)$ 的一种分值量度。由此，得出校园安全管理评价体系的概念模型为：

$$A(t) = \sum_{i=1}^{n} f(x_i(t)) = \sum_{j=1}^{m} f(y_j(t)) = \sum_{k=1}^{p} f(z_k(t)) \quad (3—1)$$

满足 $f(x_i(t)) \geq 0$, $i=1, 2, \cdots, n$; $f(y_j(t)) \geq 0$, $j=1, 2, \cdots, m$; $f(z_k(t)) \geq 0$, $k=1, 2, \cdots p$。

考虑到校园有可能存在未涉及的评定项目，按缺项处理，由此得出最终评定得分为，

$$A'(t) = A(t)/(1000 - B(t)) \times 1000 \quad (3—2)$$

其中，$B(t)$ 表示缺项的分数。

（三）评价指标的层次结构

表3—2 给出评价指标的层次结构，考虑到三级指标关系具体的评定项目，内容较多，且评价标准各异，就不在此一一列示（详细的评价指标体系框架模型见附件）。

表3—2　　深圳校园安全管理评价指标层次结构

	一级指标 X	二级指标 Y
校园安全系统安全程度 A	主体合法性 x_1	—
	安全预防体系 x_2	安全组织机构与岗位职责 y_1
		安全管理制度 y_2
		建筑和教学设施、设备安全管理 y_3
		宿舍安全管理 y_4
		安全宣传、教育和培训管理 y_5
		校外活动安全管理 y_6
		消防安全管理 y_7
		食品与卫生安全管理 y_8
		交通安全管理 y_9
		校园治安管理 y_{10}
		实验室、计算机教室和图书室安全管理 y_{11}
		运动安全管理 y_{12}
		自然灾害安全管理 y_{13}
		安全隐患排查治理管理 y_{14}
	应急救援体系 x_3	—
	善后处置体系 x_4	—

三 评价指标体系的评估与监督

根据校园安全管理评价得分的实际情况，对校园安全管理标准化建立结果进行评估和监督。当总分 $A(t) \geq 900$，为安全管理达标示范校园；当总分 $600 \leq A(t) < 900$，为安全管理达标；当总分 $0 \leq A(t) < 600$，为不达标；有否决项的，视为不达标（见表3—3）。

表3—3 校园安全管理评价体系的评分标准

序号	总得分	评估安全等级
1	≥900	达标示范
2	≥600	达标
3	<600	不达标
4	有否决项	不达标

四 评价指标体系的应用

为了落实深应急委《关于分行业分区域开展城市公共安全评估工作的通知》（深应急委〔2012〕11号）文件精神，深圳市教育局要求中国人民财产保险股份有限公司深圳市分公司，组织教育、消防、交通、建筑、财产保险等领域专家，于2013年5月27日至6月6日，对深圳各直属中小学进行了安全管理评估调研。

（一）调研思路与方法

采用实地考察校舍及周边情况和调取查阅学校安全管理资料相结合的方法。将调研人员分为四个小组，重点对消防、交通、校舍安全及安全管理资料进行检查，并对15所市直属学校各个环节存在的安全管理隐患进行细致全面的评估。

对调研中发现的安全管理问题，能及时整改的，由市教育局安全处要求校方领导进行整改；不能及时整改的，例如校外交通、环境等校方无法单独处理的问题，由调研组出具调研报告后，由市教育局统筹解决。

本次调研的目的，不仅在于对当前存在的教育安全管理问题及风险进行排查，更重要的是应用《深圳校园安全管理评价指标体系》，探索校园安全管理的整体标准，研究建立定期教育安全风险评估机制，实现校园安全管理的标准化、科学化、常态化。

（二）各直属学校教育安全调研整体评价

深圳市直属中小学相比其他学校，在教育安全管理上，尤其是组织与制度建设上，普遍取得了较好的成效，积累了比较丰富的经验。但是在具体工作中，尤其是消防、校舍以及校园周边环境，仍然存在较多安全风险点。

1. 组织机构与安全制度建设

本次调研的15所市直属中小学对于学校安全极为重视，都建立了由校长担任第一责任人的安全管理队伍。有些学校还结合《深圳市学校安全管理条例》及自身特点编制安全管理教材，定期组织消防疏散等演练，制定了各类突发事故的应急预案及处理流程。

2. 消防安全

在本次调研中，各学校普遍存在以下几个消防安全方面的问题：

问题一：应急灯和应急标识存在损坏，按动测试按钮许多已经无法点亮。消防器材有的已经过期，没有及时更新、淘汰。有些场馆的消防器材数量不达标。

问题二：消防器材的检测未建立台账或不齐全。相关人员的相关证照不齐全或已经过期，需要进行培训。

问题三：厨房油烟机油污未由专业公司清洗，烟罩有油烟，清洗未建立台账。

问题四：宿舍或教学楼未按照要求设置逃生窗，或者设置了逃生窗的，钥匙未放在明显位置；部分学校的消防通道上锁、堆放杂物、空调机、洗衣机等电器，对紧急疏散造成一定影响。

3. 校舍安全

问题一：部分学校的校舍由于修建年代较早，在走廊宽度、栏杆高度、阶梯高度、楼梯道间距等指标上无法满足目前的安全标准。

问题二：部分教学楼的窗户高度不达标，存在隐患。

问题三：许多学校的瓷砖地面在潮湿时或积水时容易滑倒，洗手间、食堂尤其严重。

问题四：由于2013年雨水多，许多校舍出现渗水、墙皮脱落、天花板掉落等问题。

4. 校园周边环境及交通安全

问题一：地处城市中心区域的校园外部，普遍存在车流较大、道路狭窄、人员密集的问题，需要按标准设置警示线、减速障碍、限速标志、监控摄像头等一系列设备。同时需要加强管理，上下学时段增派保安员和协管员维持秩序。

问题二：新建的校园内未采取人车分流、限速禁行等措施，存在安全隐患。

问题三：某些校园外正在进行道路建设或改造工程，学生通行时易于发生意外。同时施工噪声可能对教学产生影响。

（三）各直属学校安全管理风险点汇总（略）

（四）双重权重指标评估模型

双重权重指标评估模型就是对一级指标和二级指标分别赋予不同的权重，通过加权总得分，确定安全风险的等级。指标根据深圳市教育局编制的《深圳校园安全管理评价指标体系》构成，一级指标分为五个模块内容，五个模块下的27个分指标，设定为二级指标。根据专家的实地调研，对各个指标涉及内容的满足程度分别给予0—3分（完全满足要求得3分，基本满足要求得2分，部分满足要求得1分，完全不满足要求得0分）。

1. 指标双重权重的确定

在设置权重评价体系的实践中，权重的设定决定了评价体系的侧重点和针对性，也决定了权重评价体系的可信度和科学性。在本次风险评估中，一级指标的权重系数根据五个模块内容对教育安全管理评估的重要程度确定，二级指标的权重系数则根据每个模块下的分指标对该模块的重要程度确定。

在本次教育安全评价实践中，主要通过实地调研查看和专家会诊意见，综合教育局、公安与消防部门、建筑以及保险等领域的专家对学校安全风险评价进行打分，并给出相应权重，根据得出的权重取平均值；同时，还根据实地调研中掌握的第一手资料以及学校反映的情况进行综合考虑，最终确定各级指标的权重系数。

2. 安全风险等级划分

在调研中，根据学校在座谈会中所反映的情况，以及各专家对学校教育安全状况的评价，对二级指标进行平均打分。分值从最低的 0 分到最高的 3 分不等，再将这一分数与二级指标权重系数相乘，合并相加即可得出一级指标的评价分数，将一级指标各模块评价分数乘以一级指标权重系数，再合并相加得出最后的总得分。

本次教育安全管理评估根据加权总得分的多少，将安全风险等级共分为 A、B、C、D 四个等级，A 级表示安全风险最低，学校安全管理状况良好；B 级表示安全风险较低，学校安全管理状况一般；C 级表示存在一定安全风险，学校安全管理状况较差；D 级表示存在较大安全风险，学校安全管理状况差。其中，A、B、C、D 四个等级根据加权总得分的区间值，又可细分为两个等级，具体的划分标准如表 3—4 所示，本次教育安全管理评估采用细分的评估等级。

表 3—4　　　　　　　　安全风险等级划分标准

序号	加权总得分	评估安全等级	加权总得分细分	评估安全等级细分
1	$2.50 \leqslant X < 3.00$	A	$2.75 \leqslant X < 3.00$	A+
			$2.50 \leqslant X < 2.75$	A−
2	$2.00 \leqslant X < 2.50$	B	$2.25 \leqslant X < 2.50$	B+
			$2.00 \leqslant X < 2.25$	B−
3	$1.00 \leqslant X < 2.00$	C	$1.50 \leqslant X < 2.00$	C+
			$1.00 \leqslant X < 1.50$	C−
4	$0 \leqslant X < 1.00$	D	$0.50 \leqslant X < 1.00$	D+
			$0 \leqslant X < 0.50$	D−

注：以上表格中的 X 表示加权总得分。

(五) 评估等级及排名

根据上表加权总得分情况，对照安全风险等级划分的标准，计算出市直属各学校教育安全管理的评价风险等级，并根据得分的高低排序，确定出市直属各中小学校本次学校安全管理评估的得分排名，如表3—5所示。

表3—5　　　深圳市直属各学校安全评估等级及排名

评估对象	加权总得分	等级	排名
学校 A	2.67	A -	1
学校 B	2.65	A -	2
学校 C	2.62	A -	3
学校 D	2.61	A -	4
学校 E	2.55	A -	5
学校 F	2.54	A -	6
学校 G	2.50	A -	7
学校 H	2.48	B +	8
学校 I	2.47	B +	9
学校 J	2.40	B +	10
学校 K	2.37	B +	11
学校 L	2.35	B +	12
学校 M	2.33	B +	13
学校 N	2.23	B -	14
学校 O	1.95	C +	15

第四章　深圳校园安全系统管理制度

中共十八届三中全会《公报》提出的"改进社会治理方式",首先是"坚持系统治理,加强党委领导,发挥政府主导作用,鼓励和支持社会各方面参与,实现政府治理和社会自我调节、居民自治良性互动"。"系统治理"是全社会的共同行为,治理主体的特征是,对社会的管理从"全能政府"单向管理向政府主导、社会多元主体共同治理的转变。

深圳市校园安全系统治理的管理制度,突出了治理主体的政府主导、多元参与的机制建设。构建起一个立体、多层、动态联系的校园安全管理系统:向上,联通教育部负责指导中小学校安全管理工作的基础教育一司、广东省教育厅负责校园安全工作的安全保卫处;向下,联通各区教育局的安全科(办)、计财科、德育科、社管科等相关科室和各直属学校;横向上,同时设有学校安全、综合治理两个领导小组办公室,沟通、协调深圳市相关职能部门和各区政府的相关工作。校园安全管理的组织架构如图4—1所示。

第一节　政府主导机制

"十二五"以来,深圳市认真贯彻落实党中央、国务院和省委、省政府关于加强公共安全体系建设的部署要求,坚持"以人为本、预防为主"原则,以保障人民群众生命和财产安全为根本,不断提高预防和处置各类突发事件的能力,包括校园安全的公共安全在政府主导方面得以全面体现。

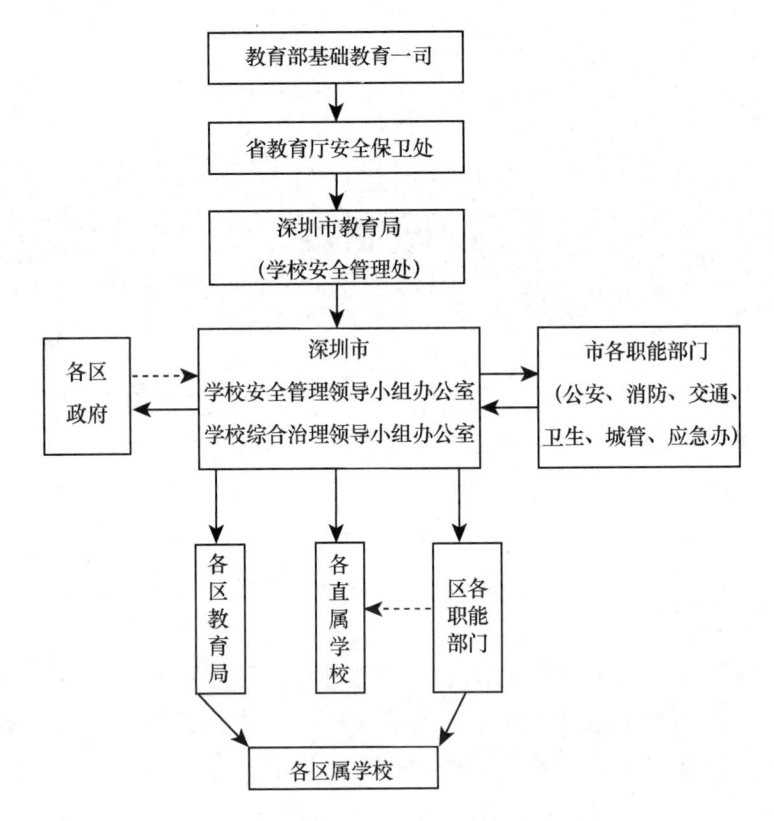

```
                    ┌──────────────────┐
                    │ 教育部基础教育一司 │
                    └────────┬─────────┘
                             │
                    ┌────────┴─────────┐
                    │  省教育厅安全保卫处 │
                    └────────┬─────────┘
                             │
                    ┌────────┴─────────┐
                    │    深圳市教育局    │
                    │  (学校安全管理处)  │
                    └────────┬─────────┘
                             │
   ┌──────┐         ┌────────┴─────────┐         ┌──────────────┐
   │ 各区 │ ←------ │      深圳市       │ ------→ │ 市各职能部门  │
   │ 政府 │         │ 学校安全管理领导小组办公室 │ ←------ │(公安、消防、交通、│
   └──────┘         │ 学校综合治理领导小组办公室 │         │ 卫生、城管、应急办)│
                    └──────────────────┘         └──────────────┘
```

图4—1　深圳市校园安全管理组织架构

一　统筹协调

深圳市级层面的校园安全管理体制，由隶属党委系统"综治委"的学校综合治理领导小组和政府系统的学校安全管理领导小组两个系统构成，由此搭建管理平台，推行学校安全工作联席会议制度，强调教育、公安、司法行政、建设、交通、文化、卫生、工商、质检等各相关职能部门的沟通协作，促进了各司其职、齐抓共管工作格局的形成。这种管理体制在校园安全的诸多方面，特别是校车、消防、校舍建设、校园周边、食堂、保安等方面，发挥了显著的统筹协调作用。但市级校园安全管理主体地位仍需进一步明确，协调机制也需要进一步加强。

二 部门联动

现代政府职能的服务性本质在于为社会公众提供公共安全、公共秩序等服务性产品。在公共安全管理中，政府及其部门应尽可能为公众提供充分的公共物品、尽可能有效地维护公共利益、最大限度地增进公众福利。在此过程中，众多公共服务项目的有效供给，依赖于各个政府部门的联动机制。

《中小学幼儿园安全管理办法》第四十二条规定，要建立校园周边整治协调工作机制，维护校园及周边环境安全。保障中小学和幼儿园安全，需要各有关部门齐抓共管，形成合力，常抓不懈，形成工作机制。教育、公安、司法行政、建设、交通、文化、卫生、工商、质检、新闻出版等部门应当建立联席会议制度，定期研究部署校园安全管理工作，根据《中小学幼儿园安全管理办法》的有关规定在各自的职责范围内依法维护校园周边秩序。

为有效整合各部门的安全管理力量，深圳市充分发挥政府校园安全管理领导小组办公室的统筹协调作用，一是定期汇总教育系统上报的校园安全隐患；二是将各类安全隐患按照部门职责进行分类，抄送给各相关职能部门开展整治；三是定期召开校园安全管理联席会议，通报全市校园安全管理情况，总结推广好的经验做法；四是定期组织各部门联合开展校车安全、消防安全、校园周边综合治理等安全专项行动。

三 分层监管

深圳市按照"分级办学、分级管理"的原则，在市、区、校层面上，明确了校园安全管理工作的主体责任，各级教育行政部门基本设置校园安全管理处、科（室），强化校园安全工作的指导、协调。教育行政管理部门主管校园的安全管理工作，各区教育行政管理部门依管理权限主管辖区内校园的安全管理工作。市、区、街道教育行政部门按照"一岗双责"的要求，层层明确安全管理职责，层层签订安全责任书，层层抓落实，确保安全责任落实到位。巩固深圳市校园安全管理工作统筹协调、分工合作的局面。

由于"分级办学、分级管理"的施行，无论各个层面之间的纵向统筹协调，还是各个层面内部的横向联络互动，都已初步形成了由单一的政府管理转化为多元的协同治理，整合相对分散的社会资源，构成社会治理合力的局面。

第二节 社会参与机制

一 社会参与及其作用

在以往"政府管理"的单一思路之下，校园安全管理主要依托校园的后勤管理进行，基本处在封闭自足的格局之中。

一是校园安全受制于后勤而来的封闭。传统的校园后勤管理涵盖了物业管理和综合服务两种属性。校园既负责管理，又负责经营；既包括基本建设，房屋修缮，设备调试，水、暖、电供给，财物、绿化、美化、安保、环卫等方面工作，又要负责教育教学设施配置与供给，保障教育教学的开展和正常的学习和生活秩序。校园后勤始终依托计划经济赋予的特别属性，停留在"一校一户办后勤，一校后勤办社会"封闭式自给自足的"小而全"管理模式上。校园安全管理因此也受到制约与掣肘。

二是校园安全受制于政府主导而来的封闭。在以往的校园安全管理中，政府主导一直具有典型的特征，政府主导下的社会参与校园安全管理的范围普遍受到限制。一方面社会参与的方式单一、环节少、规模小，主要集中在应急处理阶段，方式主要是捐款捐物；非政府组织的参与总量较少，日常管理几乎没有非政府组织和公民个人积极参与。另一方面是社会参与被动，多为政治动员和行政动员下的参与。社会力量参与安全管理不足，不仅加重了政府的负担，而且极大地影响了政府在安全管理中核心作用的发挥，降低了安全管理的效果。

21世纪到来前后，全国范围内进行了一场由上而下，由高等教育到基础教育的后勤社会化改革。1999年6月中共中央、国务院颁布的《中共中央国务院关于深化教育改革 全面推进素质教育的决定》中明确提出:"加大学校后勤改革力度,逐步剥离学校后勤系统,推动后勤工作社会化。"在《面向21世纪教育振兴行动计划》中也写明:"学校后勤工作改革方向是逐步实行社会化。"2000年初,国务院办公厅批转教育部《关于进一步加强高等学校后勤社会化改革意见》,进一步明确了高校后勤社会化改革的指导思想、原则、目标、步骤、政策、办法和要求,也有力地推动和规范了中小学校后勤社会化改革的全面发展。

服务劳动社会化是市场经济发展的客观要求和必然趋势。校园后勤服务社会化是适应市场经济发展的客观要求,深化校园教育改革的必然选择。在校园后勤服务社会化过程中,校园安全管理逐渐形成多元参与的局面,并向社会治理方向发展。社会治理意义上的多元参与机制,强调通过鼓励和支持社会各方面参与社会治理,实现社会协同。一方面社会组织是社会治理的重要主体和依托,要进一步激发社会组织活力,充分发挥各类社会组织在承接政府职能、沟通交流等方面的积极作用;二是拓宽公众参与渠道,尤其是在关涉民生的社会政策制定和重大决策出台之前,要充分倾听民声、尊重民意、吸纳民智,激发群众的首创精神和参与社会治理的热情。总之,社会治理意义上的多元参与机制注重的是逐步实现政府治理和社会自我调节、民众自治良性互动,形成社会治理过程中社会成员普遍参与的局面。

二 深圳的创新实践

多年来,深圳市校园安全管理采用"政府主导、市场运作"的模式,强调通过鼓励和支持社会各方面参与,实现校园安全管理的社会协同。

(一)后勤保障工作中的多元参与机制

在保安、校车、食品、学生装、保险等涉及校园安全管理的后勤保障工作中,形成了"政府领导、部门监管、校园负责、社会参与"的多元参与机制。

《广东省中长期教育改革和发展规划纲要(2010—2020年)》中指出,要建立新型学校后勤服务保障体系,具体说,就是要"建立新型中小学后勤服务保障体系。推行以政府购买服务的方式，招标引进优质企业从事中小学生活服务、校产物业等经营管理。增强统筹力度，加强资源整合，建立集团式、集群式、集约式中小学大后勤服务格局"。

深圳市在此政策背景下，以"服务质量至上，社会效益优先"作为后勤管理改革的指导思想，以"购买服务、办管分离、专业管理"为总体要求，采用向专业公司购买后勤服务，实现学校后勤"封闭式管理"向"社会化管理"转变。基本工作思路是：首先通过广泛的社会调查，制订方案，公开向社会招聘具有经营实力的经营单位，采取托管方式，进行经营机制转换。政府或学校与被托管方订立合同，把经营权交给被托管方，学校作为监督部门，经评估的资产在保质的原则下供被托管方使用，依据资产总值核定并收缴财产使用佣金。在招收和签订合同时，政府或学校通过成本效益核算，坚持"优质低价，微利经营"原则，控制利润指标，并在合同中做出明确对学生的服务内容、服务质量、设备设施的维护等事项，依法保障学生的利益和校园的监督权利。

例如保安服务，2010年之前深圳市直属各学校以聘请物业管理公司提供保安服务为主，但2010年深圳市教育局和公安局联合发布《深圳市中小学校和幼儿园配备专业保安员工作实施方案》后，要求每所中小学校和幼儿园必须配备专业保安服务公司的保安员，市属中小学校和幼儿园的专业保安员统一从市保安服务公司选派，各区属中小学校和幼儿园的专业保安员统一从区属保安服务公司选派。全市校园统一采取保安公司提供保安服务模式，校园保安服务更为专业和有保障。

（二）安全风险防控工作中的多元参与机制

在安全检查工作中，充分发挥专家组（消防、交通、食品、综治等部门）、评估组（安全文明校园、标准化校园评估）、保险公司及专业化（中介）机构的作用。

通过开展创建"平安和谐校园""安全文明校园""标准化校园评估"等活动，会同公安、交警、交通、消防、城建、市场监督等职能部门，全面开展全市校园及周边环境隐患排查治理和整改工作,并加强校园安全管理和监督,依法防范和打击违法犯罪活动,保障校园安全。

在校园安全风险管控中,注重发挥校(园)长、家长、社区工作站长、辖区警长、派出所所长的沟通作用,形成了"五长"联动机制。以中小学和幼儿园校区为核心区域,半径200米以内即为重点监控范围。

(三) 校园伤害保险工作中的多元参与机制

特别是校园伤害保险,通过"双险项目"的实施,建立了比较完整的多元参与机制,达到了政府的社会效益与企业经济效益的双赢。

在政府主导方面,深圳市校园"双险项目"自2010年构建以来,深圳市政府在启动、运行、监管、评估等方面,一致发挥主导作用:市教育局、教育基金会积极推动学生积极投保,对深圳市校园双险的保费承担给予财政的大力支持,促进承保企业提供适宜的保险产品和高质量的保险服务,组织保险专家组对各级各类校园面临的所有责任风险进行全面客观的评估,监督保险公司的服务行为,维护投保双方的共同利益,促进"双险项目"的健康持续发展。

在市场运作方面,充分发挥市场的力量和作用,通过公开招标,统一选择承保的保险机构,引入商业保险运营机制。要求保险机构应当具备充足的偿付能力、完备的服务功能和优质的服务水平等条件。

2006年4月26日起,深圳市校方责任险由人保公司连续中标提供保险服务。为了保证"双险项目"的顺利运作,人保公司按照上述协议的条款,组织了专业的业务服务团队,培养了一批熟练的服务人员。

从2010年9月1日起,深圳市教育局在原有的校方责任险基础上为全市大、中、小学、幼儿园统一推行学生意外险,实行两险捆绑运行。2011年、2014年,通过公开招投标,人保公司在往年校方责任险承保的基础上,两次顺利中标,连续为全市2000余所校园及160多万学生提供了优质的保险服务。

在社会参与方面，政府、企事业组织、非政府组织、公民个人等都可以成为校园安全风险管理的主体，彼此在共同的目标下共享资源，相互作用，达到校园安全风险管理的目标。具体情况是，市教育局作为投保人和中标的人保公司签订《校方责任险协议》，市教育局作为投保人委托市教育发展基金会和中标的人保公司签订《学生意外伤害险协议》。保险责任期限内的日常运作、经营结果以及由此产生的风险和相关费用由人保公司承担，政府有关职能部门落实监督和协调。同时，学生监护人"按1∶1∶1的比例承担"意外险的原则，交纳保费，参与其中。非政府组织在校园安全风险管理研究和评估中，发挥了积极作用。

三 未来的发展方向

2013年11月12日中国共产党第十八届中央委员会第三次全体会议通过《中共中央关于全面深化改革若干重大问题的决定》指出，"激发社会组织活力。正确处理政府和社会关系，加快实施政社分开，推进社会组织明确权责、依法自治、发挥作用。适合由社会组织提供的公共服务和解决的事项，交由社会组织承担"。

近年来，伴随着社会治理和公共管理理念的重塑，社会组织作为第三部门不断发展，促使国家与社会的关系模式正在发生结构性的变化，在公共安全管理中具有独特的作用。首先，社会组织是相对于政府、市场而存在的第三方治理主体，能够克服传统制科层组织僵化导致的"政府失灵"，又可以克服市场盲目追求最大利润导致的"市场失灵"。再则，社会组织的发展壮大与社会自治能力的提升，有助于建立起有效的社会动员机制，广泛动员各种力量共同参与公共危机管理，最终实现公共安全管理中多种主体治理的新模式。另外，我国社会组织是在市场以及政府共同运作的过程中发展起来的，比较了解二者在公共安全管理中存在的弊端，以及自身的优势，能够切实协调与联动与公共安全管理相关的部门、组织和其他社会力量，进而促进公共安全管理效率的提高。

未来，深圳市校园安全管理在发挥社会组织的公共安全管理作用方面，可以从以下几个方面予以强化：

（一）优化与此相关的法律、法规以及规章制度

通过法律条款的方式确定社会组织在公共安全管理工作中所具有的社会地位，同时不断健全与社会组织相关的社会保障制度。只有这样，才能给社会组织在公共安全管理中作用的发挥奠定必要的环境基础。值得强调的是，社会组织在公共安全管理中作用的发挥与政府职能的转变有着密切的联系，政府作为我国社会组织发展的主导要素，其所设定的平台，对社会组织在公共安全管理中作用的发挥有着关键性的影响。政府应通过转变自身的职能，从制度的层面出发给予社会组织作用发挥的动力，进而促进我国公共安全管理工作效率的提升。

（二）加强社会组织与政府的合作

社会组织在公共安全管理中作用的发挥，离不开政府的指导与支持，应加强社会组织与政府之间在公共安全管理方面的合作。一方面需要政府不断提高对社会组织在公共安全管理方面的信任程度与合作深度；另一方面需要政府与社会组织不断加强在公共安全科学研究与安全管理等方面的合作。简而言之，政府与社会组织之间在公共安全管理中建立合作的模式，能不断地加强彼此的沟通与交流，理顺在公共安全管理中两者的各项职能，进而有效地发挥政府与社会组织在公共安全管理中的不同优势，共同维护社会的共同利益，促进我国公共安全管理水平的不断提高。

（三）社会组织间应加强合作

社会组织在公共安全管理中作用的有效发挥，还需要社会组织间不断地加强合作。现实中存在大量规模不同、发展程度不同的社会组织。这些社会组织本身在公共安全管理中所受到的关注程度存在区别，在公共安全管理方面所具有的优势也存在区别，这就决定了社会组织作用的发挥需要彼此之间通过多种模式来加强合作。从现有的情况来看，社会组织之间在校园安全管理方面可以通过加强信息交流，或者建立专门的区域性安全管理的协调组织来加强彼此之间的合作。协调组织通过章程和日常管理等结

合的方式来对不同的社会组织在公共安全管理方面存在的协调沟通问题进行处理,通过该组织的运作发挥出社会组织在公共安全管理中的各类优势,逐步确立公共安全管理中社会组织之间有序配合的模式。

(四)社会组织应不断发展壮大

社会组织在公共安全管理中作用的大小,与社会组织自身素质有着密切联系。要想不断地发挥社会组织在公共安全管理中的作用,需要不断地推动社会组织的发展。首先,应提高社会组织在筹集资金方面的能力,只有充足的资金支持,才能有效地奠定社会组织不断壮大的基础。这不但需要政府的相关支持,同时也需要社会组织将自身的理念、成功事例等多途径地传达给更多的公众,进而得到更多的支持。其次,社会组织应不断提高自身的专业性。这就要求社会组织应通过人才战略的应用,不断提高自身的专业化水平。如加强对成员的培训、考核以及管理等。校园安全工作系统性与专业性强的特点决定了社会组织应不断地完善自身的管理水平,社会组织可以通过建立专业的专家委员会等方式来定期进行专业性的评估。最后,社会组织还应不断提高自身在廉洁自律方面的管理能力,进而有效地降低信任危机与道德风险等给自身发展带来的不利影响。

第三节　校园自主负责机制

校园安全工作重心下移,建立了校园自主负责机制。校园成立安全管理机构(包括决策机构、工作机构和专家组),并事先演练,保证运作顺畅。将事故发生前的预防及准备工作的规划、事故发生时的紧急处理、组织、协调、联络工作,以及事故解决后恢复与重建,全部纳入安全管理小组的工作范围。安全管理机构的成员包括可以迅速联系到的核心人员,他们拥有在任何事故情境下行动的知识和技能。这些人包括校长、副校长、校长助理、安全主任、班主任、医生和护士、校园心理咨询教师、一个或多个精选出来的教师、校园安全保卫人员等。安全管理机构还根据实际需要聘请有关专家组成专家组，为安全管理提供决策建议，必要时参加事故的应急处置工作。校园自主负责的主要内容体现在以下三个方面。

一　健全校园安全组织机构

深圳市校园设立由"安全管理领导小组—部门安全管理组—班级安全组"组成的三级安全管理机构。

（一）安全管理领导小组（一级安全管理机构）

安全管理领导小组由校长任组长，成员由校园行政班子成员组成，对各自分管业务范围内的安全工作负直接领导责任。加强警校共建，实现"一校一警"，2015年中小学法制副校长（法制辅导员）的配备率已达到100%，并建立校园和辖区派出所的联络制度。

同时设立专门的安全保卫机构，配备了1名注册安全主任，具体负责校园安全工作。市级主管部门组织开展了安全管理人员的考核和培训工作，实行校园注册安全主任的持证上岗。安全保卫机构配备专业保安员，深圳市教育局与市公安局于2011年共同研究制定的《深圳市中小学校和幼儿园配备专业保安员工作实施方案》规定，按幼儿园每所不少于2名、小学每校区不少于6名、中学每校区不少于10人的标准配备专业保安人员。保安员在校园安全主任领导下履行校园安全管理职责。

（二）部门安全管理组（二级安全管理机构）

部门安全管理组按校园职能部门划分建立，组长由部门领导担任，成员由部门岗位人员组成。

（三）班级安全组（三级安全管理机构）

以各年级班为单位成立班级安全组，班主任是班级安全第一责任人，担任班级安全组组长，成员由班级各任课老师、班级学生安全员组成。

二　明确校园安全岗位职责

深圳市重视校园安全责任的落实，实行校园安全"一把手"工程与"一岗双责"制度。各级教育部门及校园的"一把手"是校园安全工作第一责任人，并按照"一岗双责、党政同责、失职追责"的要求逐层落实校园安全管理责任，实行"谁主管、谁负责"，建立"横向到边、纵向到底"的校园安全责任体系。

校园根据校园在职员工岗位，制定相应的岗位安全职责，包括校长、党（总支、支部）书记、分管安全副校长、分管教学副校长、分管后勤副校长、法制副校长（法制辅导员）、工会主席、安全主任、办公室主任、德育主任、教务主任、总务主任、少先队辅导员、团委（支部）书记、教科（研）室主任、教研组长、年级组长、班主任、任课教师、体育教师、电教教师、心理教师或心理健康学科任课教师、财务人员、财产管理员、图书管理员、档案管理员、体育器材保管员、实验室管理员、食堂管理员、宿舍管理员、校医、文印室人员、水电工、门卫、保卫人员、校园保安、学生安全员、保洁员、校车管理员、校车随车照管人员等，形成了"一岗双责，各尽职责"的岗位安全职责系统。

三 健全校园安全管理制度

深圳市要求校园建立健全安全管理规章制度，包括：校园安全工作管理制度、岗位安全责任制度、安全目标管理与奖惩制度、安全工作检查制度、隐患排查与整改制度、安全事故应急救援预案与演练制度、与有关部门的校园安全工作协调制度、校园集体活动安全管理制度、学生安全信息通报制度、教学安全制度、建筑安全管理制度、消防安全管理制度、水电气安全管理制度、交通安全管理制度、卫生和饮食安全管理制度、宿舍安全管理制度、实验室管理制度、校车管理制度、门卫制度、治安管理制度、安全知识宣传教育制度、安全工作档案制度等，落实安全管理工作。校园每年至少一次对安全管理制度是否符合新的法律法规、标准规范情况进行检查、评估、修订。（见图4—2）

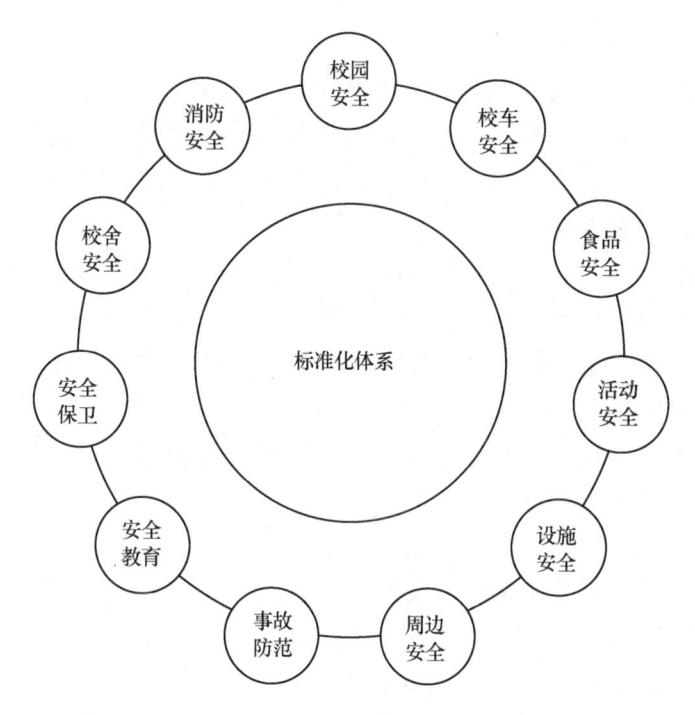

图4—2 深圳市校园安全管理标准化体系图

第四节 实务:《深圳市学校安全管理标准化规范》

2012年2月,深圳市教育局向深圳市安委办申报《深圳市学校安全管理标准化建设》项目,获得立项后全面展开包括《学校安全岗位职责》《学校安全管理制度》的《深圳市学校安全管理标准化规范》(以下简称《规范》)的编制。2013年3月25日,教育部发布了《中小学校岗位安全工作指导手册》(以下简称《手册》)后,深圳市根据《手册》并结合本地校园的实际,完成《规范》的编制。

《规范》"规定了本市中小学、幼儿园(以下简称学校)在安全管理工作中采取的预防、应急救援、善后处置、评估和监督等方面措施应达到的基本要求"。

《规范》"适用于在本市行政区域内政府举办和社会力量举办的全日制中等专业（技术）学校、中小学（含职业学校、特殊教育学校）、幼儿园（以下统称学校）的安全管理工作及其对安全管理工作实施的监督管理"。

《规范》提出"在确保本标准体系的基本要求完备的基础上，鼓励学校对本标准完善、创新，但严格限制安全管理过程中对本标准各项基本要求的删减，以保证学校安全管理标准化的建设和有利于其持续改进"。

其中《学校安全岗位职责》《学校安全管理制度》两份制度性文件的具体内容如下。

一　《学校安全岗位职责》

《学校安全岗位职责》具体规定了校长、党（总支、支部）书记、分管安全副校长、分管教学副校长、分管后勤副校长、法制副校长（法制辅导员）、工会主席、安全主任、办公室主任、德育主任、教务主任、总务主任、少先队辅导员、团委（支部）书记、教科（研）室主任、教研组长、年级组长、班主任、任课教师、体育教师、电教教师、心理教师或心理健康学科任课教师、财务人员、财产管理员、图书管理员、档案管理员、体育器材保管员、实验室管理员、食堂管理员、宿舍管理员、校医、文印室人员、水电厂、门卫、保卫人员、学校保安、学生安全员、保洁员、校车管理员、校车随车照管人员等岗位的岗位安全职责。

二　《学校安全管理制度》

深圳市要求学校建立健全安全管理规章制度，包括：学校安全工作管理制度、岗位安全责任制度、安全目标管理与奖惩制度、安全工作检查制度、隐患排查与整改制度、安全事故应急救援预案与演练制度、与有关部门的学校安全工作协调制度、学校集体活动安全管理制度、学生安全信息通报制度、教学安全制度、建筑安全管理制度、消防安全管理制度、水电气安全管理制度、交通安全管理制度、卫生和饮食安全管理制度、宿舍安全管理制度、实验室管理制度、校车管理制度、门卫制度、治安管理制度、安全知识宣传教育与制度、安全工作档案制度等，落实安全管理工作。学校每年至少一次对安全管理制度是否符合新的法律法规、标准规范情况进行检查、评估、修订。

第五章　深圳校园安全依法管理制度

十八届三中全会公报提出，"坚持依法治理，加强法治保障，运用法治思维和法治方式化解社会矛盾"。从治理保障上提出治理方式、管控规制方面彻底实现向法治化方向的转变。与系统治理、综合治理和源头治理不同，依法治理主要强调的是治理保障的特点，通过立法保障法治资源的供给，为校园安全管理提供更为坚实的基础。"立法是预防儿童伤害的一种有力工具，可将其视为'对保证儿童安全承诺的检验'。已有证据表明，立法提高了社会许多领域对预防性措施的采纳率，并且降低了儿童伤害的发生率。"[①]

改进校园安全治理方式，法治是保障。本章将在分析校园安全法的渊源、校园与学生法律关系、校园安全依法管理的现实等前提性问题的基础上，分析深圳校园安全依法管理的法律依据和工作机制，工作机制主要包括六个方面：法治保障机制，普法教育机制，责任考核机制，监督检查机制，风险转移机制，责任追究机制。

第一节　校园安全法的渊源

法的渊源是指法的外部表现形式。根据制定主体、效力等级以及制定程序的不同，我国校园安全法的渊源分为一般渊源和特殊渊源两类。

---

① 世界卫生组织：《世界预防儿童伤害报告》，2008年。

一 一般渊源

（一）宪法

狭义的宪法仅指宪法典。广义的宪法是涉及规范公民基本权利和义务，国家机关的地位、组织和活动原则等重大社会关系的同类法律规范的总称。在形式上，除宪法典外还包括各类国家机关组织法、选举法和代表法、国籍法、特别行政区法、民族区域自治法、公民基本权利法、立法法和授权法等。

宪法是规定国家根本制度和根本任务、公民的基本权利和义务、国家机关的地位、组织和活动原则等根本社会关系的国家根本法。它在行政法渊源体系中具有最高法律地位，是制定其他行政法律规范的依据，任何其他行政法律规范都不得与它相抵触，一切与其相抵触的规范都将归于无效。其中有关校园管理的部分，对校园安全法的各种具体规范起统帅作用，是校园安全法的法源之一。

（二）法律

这里所讲的法律是狭义法律，也即仅指依据宪法规定由最高权力机关及其常设机关制定的规范性文件（广义法律，指法律、法规、规章的总和）。其中由全国人民代表大会制定或修改的法律称为基本法律，全国人民代表大会常务委员会制定和修改的法律称为一般法律。主要有以下几部法律：《中华人民共和国侵权责任法》（2010年7月）、《中华人民共和国义务教育法》（2006年6月29日修订）、《中华人民共和国未成年人保护法》（1991年9月4日）、《中华人民共和国预防未成年人犯罪法》（1999年6月28日）。

基本法律和一般法律都对国家机构和公民权利保障等国家、社会生活根本性与全局性或某一方面具体问题进行规范。其中，凡是涉及校园安全的部分，都可以认为是校园安全法的渊源。

校园安全管理方面的法律主要对校园安全管理的基本制度、方针、原则、教育主体的基本安全权利和义务进行了规定。其中《中华人民共和国侵权责任法》第三十八、三十九、四十条对校园伤害，特别是未成年人校园伤害的归责原则做了较为全面的规定；《中华人民共和国义务教育法》规定"学校应当建立、健全安全制度和应急机制,对学生进行安全教育,加强管理,及时消除隐患,预防发生事故",对校园安全管理的制度建设和实施提出了基本要求。《中华人民共和国未成年人保护法》在明确立法的指导思想、适用的基本原则的基础上,对未成年人的家庭保护、学校保护、社会保护、司法保护以及法律责任做出了明确规定。《中华人民共和国预防未成年人犯罪法》主要规定了预防未成年人犯罪的教育、对未成年人不良行为的预防、对未成年人严重不良行为的矫治、未成年人对犯罪的自我防范、对未成年人重新犯罪的预防以及相关法律责任。

(三) 行政法规

行政法规是国务院制定的规范性文件的总称。它所规制的事项主要包括为执行法律的规定而需要制定行政法规的事项及《宪法》第89条规定的国务院行政管理职权的事项等;同时,经全国人民代表大会及其常务委员会授权国务院,还可以就应当由法律规制的事项但尚未制定法律的,根据实际需要就其中的部分事项先行制定行政法规。行政法规的效力低于宪法、法律,高于其他规范性文件。

国务院制定的有关校园安全管理的行政法规,一般对校园安全管理的重大问题加以规定。主要有:《校车安全管理条例》(2012年4月5日)、《企业、事业单位内部治安保卫条例》(2004年9月27日)、《国务院关于特大安全事故行政责任追究的规定》(2001年4月21日)、《学校体育工作条例》(1990年3月12日)、《学校卫生工作条例》(1990年6月4日)、《幼儿园管理条例》(1989年9月11日)。

(四) 部门规章

1. 部门规章的含义

部门规章是指国务院各部、委员会,中国人民银行,审计署和具有行政管理职能的直属机构,根据法律和国务院的行政法规、决定、命令,依照法定职权和程序在本部门的权限范围内制定的规范性文件。现实中经常有多个部委联合发布规章的情形,如2006年教育部、公安部、司法部、建设部、交通部、文化部、卫生部、工商总局、质检总局、新闻出版总署联合制定的《中小学幼儿园安全管理办法》。

2. 部门规章规制的事项

规章也只能规制特定的事项，一般来说，部门规章规定的事项属于执行法律或国务院的行政法规、决定、命令而需要制定规章的事项。教育规章一般是对教育内部的重要事项加以规范。主要有《学生伤害事故处理办法》（2002年6月25日）、《中小学幼儿园安全管理办法》（2006年6月30日）、《学校食堂与学生集体用餐卫生管理规定》（2002年9月20日）、《中小学校园环境管理的暂行规定》（1992年6月10日）等。

3. 部门规章的效力

低于宪法、法律和行政法规。不同类型的规章的效力呈现多样性，部门规章之间、部门规章与地方政府规章之间具有同等效力，且在各自的权限范围内实施；部门规章之间、部门规章与地方政府规章对同一事项规定不一致时，由国务院裁决。部门规章由部务会议或委员会会议决定，部门首长签署命令公布，报国务院备案。

（五）地方性法规

1. 地方性法规

地方性法规是指享有地方立法权的地方国家权力机关及其常设机关为保障宪法、法律和行政法规的遵守和执行，依照法定职权和程序制定的规范性文件。

2. 地方性法规的立法主体

根据宪法和《地方各级人民代表大会和地方各级人民政府组织法》及《立法法》的规定，享有地方立法权的地方权力机关包括：省、自治区、直辖市的人民代表大会及其常务委员会，省、自治区人民政府所在地的市人民代表大会及其常务委员会和经国务院批准的较大的市人民代表大会及其常务委员会等。"较大的市"是一个法律概念，是指除直辖市以外有立法权的城市，包括省会城市、特区城市和国务院特批的设区城市。包括哈尔滨市等27个省会城市、深圳市等4个经济特区城市、唐山等18个国务院批准的"较大的市"。

3. 地方性法规的立法条件

省级人民代表大会及其人大常委会根据管辖区域内的具体情况

和实际需要，在不与法律、行政法规相抵触的前提下，可以制定地方性法规。

4. 地方性法规规制的事项（内容）

地方性法规调整的社会关系十分广泛，只有与公民的行政权益、行政权的设立等公共行政相关的规范才是行政法的渊源。地方性法规规制的事项主要有：为执行法律、行政法规的规定，需要根据本行政区域内的实际情况做出具体规定的事项和属于地方性事务需要制定地方性法规的事项。

（六）自治法规（自治条例和单行条例）

是指民族自治地方的自治机关根据宪法和法律的规定，结合当地民族的政治、经济和文化的特点，依照法定的职权和程序制定的自治条例和单行条例。

（七）地方政府规章

1. 地方政府规章

则是指省、自治区、直辖市政府以及省、自治区人民政府所在地的市政府和国务院批准的较大市的人民政府根据法律和行政法规的规定，依照法定职权和程序制定和发布的规范性法律文件。

2. 地方政府规章的效力

部门规章与地方政府规章之间具有同等效力，且在各自的权限范围内实施；省、自治区的人民政府制定的规章的效力高于本行政区内的较大的市的人民政府制定的规章。

3. 地方政府规章规制的事项（内容）

地方性规章规定的事项包括：为执行法律、行政法规、地方性法规的规定而需要制定规章的事项，属于本行政区域的具体行政管理事项等。

4. 地方政府规章的生效

地方规章由政府常务会议或全体会议决定，省长、自治区主席或较大市的市长以命令形式颁布。地方政府规章报本级人大常委会备案，较大城市的规章应当报同级人大常委会备案，并同时报省级人大常委会和省级政府备案。

（八）法律解释

法律解释是法律在具体的适用过程中，为进一步明确界限或进一步补充，以及如何具体运用所做的解释。主要是指人们对法律规范的含义以及所使用的概念、术语、定义所做的阐释。

根据全国人大五届常委会第十九次会议通过的《关于加强法律解释工作的决定》，正式有效的法律解释为立法解释、司法解释、行政解释和地方解释，它们对行政活动具有约束力，构成行政法的渊源。

（九）国家标准

强制性标准是具有法规性质的技术性规范，推荐性标准不属于法规性质的技术性规范。国家标准属何种性质的规范，学术界尚无定论。就形式性判断标准而言，国家标准更接近于行政规范性文件；就实质性判断标准而言，强制性国家标准与法律规范（本书特指部门规章）无异，推荐性国家标准对行政主体和行政相对人表现出不同的法律属性。[①]《标准化法》第十四条："强制性标准，必须执行。不符合强制性标准的产品，禁止生产、销售和进口。推荐性标准，国家鼓励企业自愿采用。"《标准化法》第二十条："生产、销售、进口不符合强制性标准的产品的，由法律、行政法规规定的行政主管部门依法处理，法律、行政法规未作规定的，由工商行政管理部门没收产品和违法所得，并处罚款；造成严重后果构成犯罪的，对直接责任人员依法追究刑事责任。"就是说如果在生产过程中不适用强制性标准，有关行政执法部门可以予以制止和处罚。

涉及校园安全的国家标准如：《GB 7258—2004 机动车运行安全技术条件》《GB 50016 建筑设计防火规范》《GA 587 建筑消防设施的维护管理》《GA/T 594—2006 保安服务操作规程与质量控制》《DB44/T834—2010》的"中小学校和幼儿园安全防范工程技术规范"、《DB31/329.6 重点单位重要部位安全技术防范系统要求》的"第6部分：学校、幼儿园"、《DB31/535 社会单位消防安全基础能力建设导则》《DB31/540.3 重点单位消防安全管理要求》的"第3部分：学校"。

[①] 龚贵寒：《试论国家标准的法律性质》，《内蒙古农业大学学报》（社会科学版）2010年第5期。

二 特殊渊源

第一类：中国共产党中央委员会与国务院联合发布的决定。

我国还存在着一种党中央与国务院联合发布决定的情况。例如，《中共中央关于教育改革的决定》、中共中央国务院《关于深化教育体制改革　全面推进素质教育的决定》、中共中央国务院联合颁发的《国家中长期教育改革和发展规划纲要（2010—2020年）》。这种形式一般被认为是带有法规性质的政策，有利于使党的政策更加有力更迅速地贯彻执行。其中将校园安全管理工作作为发展教育的重要保障条件。

第二类：国务院部委、各地方政府的行政规范性文件。

长期以来，规范性文件在我国行政管理领域占有非常重要的地位，是行政管理的重要依据之一，行政机关大量的行政行为是直接根据规范性文件做出的。制定和实施规范性文件，是各级人民政府特别是基层人民政府以及政府各有关部门经常性的基础工作，也是行政管理的重要内容。通过制定和实施规范性文件对行政事务进行及时有序的管理和规范，是行政机关行之有效的管理手段，在填补法律空白、增强法律规范的可操作性、提高行政管理效率、推进依法行政进程等方面都起到了重要而积极的作用。与此同时，与依法行政的要求相比，规范性文件还存在许多不容忽视的问题。在我国尚未对规范性文件的制定和监督做出专门而统一的法律规定的情况下，受行政机关长期依赖传统的行政手段以及滥用制定权等因素的影响，实践中，规范性文件政出多门、数量庞大、底数不清，规范性文件制定程序缺失、发布形式不规范、内容违法不当、监督管理不到位的现象仍时有发生。

随着我国依法行政进程的不断推进，对作为抽象行政行为的规范性文件进行监督已摆上重要议事日程。国务院《全面推进依法行政实施纲要》将制定规范性文件纳入了制度建设的范畴，对规范性文件的制定、评估和清理提出了要求，专门强调要加强对规范性文件的监督。《国务院关于加强市县政府依法行政的决定》进一步提出，要建立健全规范性文件监督管理制度，并从规范性文件制定权限和发布程序、规范性文件备案制度、规范性文件定期清理制度三个方面分别做出了具体规定。

三 校园安全法的渊源的内部关系

根据《宪法》《立法法》已有的相关规定，从各成文法源的制定主体、派生关系和制定依据来看，法源位阶可用图5—1作为例示。

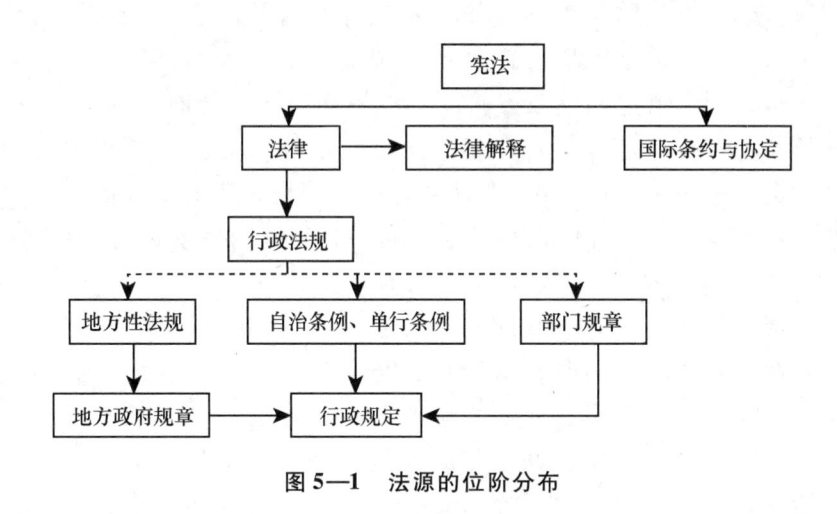

图5—1 法源的位阶分布

如图所示，从宪法开始，由于制定主体的不同，效力等级基本上是从上到下依次递减的。

第二节 校园与学生之间的法律关系

一 校园与学生法律关系研究观点概述

在校园伤害事故中，对于如何定位校园与学生的关系，我国学界的讨论由来已久，至今仍然莫衷一是。归纳起来，观点主要有以下几种：

（一）行政法律关系

此观点认为，国家举办的校园所涉及的法律关系，在内容上包括校园与国家和校园与学生这两方面的教育法律关系。这两方面的法律关系的设立及其要素都不取决于当事人的意思表示，而是取决于法律的直接规定，前者是领导和被领导的关系、后者是基于国家委托的管理和被管理的关系。从性质上讲，都具有非自治性，都属于行政法律关系。①

（二）民事法律关系

此观点认为，校园不具备行政主体资格："既然学校不是行政主体，那么学校与学生的法律关系就不是行政法意义上的行政法律关系，而只能是民事法律关系。"② 这个关系的特征有三点：第一，学校与学生之间是双方自愿达成的知识教育合同关系；第二，学校与受教育者法律地位平等；第三，学校与受教育者所确定的教育关系是民事法律关系。③ 从主体的法律地位来看，校园与受教育者之间是平等主体的法律关系，是一种特殊的民事合同关系。

（三）教育法律关系

此观点认为，学校不具有行政主体资格，校园与学生之间不是行政法律关系。同时，由于校园与学生之间的法律地位是不平等的，校园与学生间也不是平等的民事法律关系。"学校与学生之间在教育活动过程中，并不是处于完全平等的地位，学校为了教育活动的更好开展，往往处于主导地位，而学生更多的是服从。学生的入学并不是完全自愿的，这一活动并不是等价有偿的行为，教育活动的根本目的不是为了调整学校与学生之间的财产与人身关系，学校与学生之间的法律关系是教育法律关系，是由教育法律规范对学校与学生之间的社会关系进行调整后的产物。"④

（四）多重法律关系

或认为，校园与学生之间民事法律关系与行政法律关系兼而有之："学校与学生间的法律关系远非仅指民事法律关系，在民事法

---

① 蒋少荣：《略论我国学校的法律地位》，《高等师范教育研究》1999年第3期。
② 褚宏启：《论学校在行政法律关系中的地位》，《教育理论与实践》2000年第3期。
③ 苏万寿：《学校对受教育者实施处分的性质与法律救济》，《华北水利水电学院学报》（社会科学版）1999年第3期。
④ 周彬：《直论学校与学生之间的法律关系》，《教学与管理》2001年第10期。

律关系之外，应当还存在着行政法律关系。"① 或认为："高等学校是依法成立的教育组织，不是行政机关，但法律、法规授权其行使一定的行政职权，因而也具有行政主体的地位，可以与行政相对人——学生构成行政法律关系的主体。学校与学生之间的法律关系除行政法律关系依据行政法调整外，民事法律关系由民法调整。学校与学生之间、学生相互之间均可依民法调整而形成民事法律关系。"② 或认为，高等学校与大学生之间虽然存在民事关系，但双方关系的主要部分实际上是教育管理关系。而教育管理关系属于一种特别的行政管理关系。③ 或认为："高校与大学生的关系，既是教育者与被教育者，管理者与被管理者的关系，又是平等的教育主体关系。"④

（五）特殊法律关系

或认为，校园与学生之间存在公、私法多种救济，因此，将校园与学生的法律关系定义为行政关系或民事关系都是讲不通的。"学校等事业法人与其利用者之间的关系与大陆法系国家公务法人与其利用者的关系非常类似，理论上仍属于特别权力关系。"⑤ 或认为，学校与学生间是一种复杂结构的法律关系，其中既包括隶属型法律关系，又包括平权型法律关系。但隶属型法律关系，即法律关系主体双方的法律地位不平等是其主要特点，即使在学校与学生的平权型法律关系中，仍然不同于普通的民事关系，学生依然承担认可和服从学校管束的义务。否则，学校有权依据自定规则限制甚至剥夺学生的权利，直至从根本上改变学生的法律地位。因此，学校与学生之间的关系，既不是普通的民事关系，也不是普通的行政关

---

① 李静蓉、雷五明：《论学校与学生的行政法律关系》，《武汉金融高等专科学校学报》2001年第1期。

② 庞本：《论高等学校学生工作中的法律问题》，《中央政法管理干部学院学报》2000年第6期。

③ 于亨利：《高校学生管理中的法律关系探析》，《西安电子科技大学学报》（社会科学版）2001年第4期。

④ 刘冬梅：《试论高等学校的法律地位》，《教育评论》1998年第1期。

⑤ 马怀德：《公务法人问题研究》，《中国法学》2000年第4期。

系，而是具有特别权力因素的公法关系。①

（六）监护与被监护的关系

此观点认为，校园是学生的监护人，校园与学生之间是一种监护与被监护的关系。中小学生尤其是未成年学生，由于认知、判断等精神发育状况的限制，需要有监护人对其进行教育和保护。学生就学，尤其是完全封闭的全日制寄读校园，从事实而言，学生已经脱离了家长的监护，家长的监护职责也就自然转移到了校园，校园因此成为监护人，应该对学生在校园期间受到的伤害承担监护人责任。

（七）契约关系

此观点认为，学费毫无疑问地使学生和校园之间在事实上形成了一种契约关系，学生负有支付学习费用的义务，享有到校学习的权利；校园则有收取费用的权利，履行传授知识的义务。基于这种契约关系，则校园对学生在校期间受到的伤害是否承担责任，应当依照相关合同法律规定，核实该伤害是否由校园的违约行为引起；如果是因为校园违约而导致学生受到伤害，校园应当承担责任，否则校园不承担责任。②

（八）教育、管理、保护关系

此观点认为，依据《中华人民共和国教育法》《中华人民共和国未成年人保护法》的规定和教育部《学生伤害事故处理办法》，学校对学生承担的是教育、管理、保护的责任，学生与学校之间是一种教育关系。

二 校园与学生之间法律关系的辨析

（一）校园与学生之间不是监护关系

《天津市学生伤害事故的调查与对策研究》显示，66.2%的学生家长认为，校园是未成年学生的监护人，校园事故发生在校园，校园具有不可推卸的法律责任。一些律师在法庭辩护中也称：学

---

① 秦惠民：《高校管理法治化趋向中的观念碰撞和权利冲突——当前诉案引发的思考》，《现代大学教育》2002年第1期。
② 付小均：《高等院校中的契约关系》，《理论学习月刊》1998年第6期。

自入校之日起，其监护权就由其父母"自然转移"到校园，校园就成了学生的实际监护人，校园与学生之间实为一种"委托监护"关系，因此，不论校园是否有过错都应承担全部法律责任。甚至一些校园由于对相关法律不够理解，也自以为自己是学生的监护人，为了息事宁人，对学生家长提出的赔偿要求一味迁就。

在我国立法中，《学生伤害事故处理办法》在校园与学生之间是否存在监护关系上所做的规定，起到了关键的作用。分析《学生伤害事故处理办法》颁布前后的法律规定，有助于从纵向发展的角度，更准确地理解我国法律关于校园与学生之间是否存在监护关系的问题。

1. 《学生伤害事故处理办法》之前的法律规定

1986年4月12日第六届全国人民代表大会第四次会议通过的《义务教育法》第二十四条规定："学校应当建立、健全安全制度和应急机制，对学生进行安全教育，加强管理，及时消除隐患，预防发生事故。"强调的是校园的教育、管理义务。

1988年《民法通则》第十六条规定，只有父母，祖父母，外祖父母，成年兄姐，关系密切的其他愿意承担监护责任的亲戚，朋友，未成年人父母所在的单位，居民委员会，村民委员会，民政部门可以担任未成年人的监护人。根据法律条文的规定，这其中并不包括校园。

1988年《民通》公布后，紧随其后1988年4月2日印发施行的《最高人民法院关于贯彻执行〈中华人民共和国民法通则〉若干问题的意见（试行）》（以下简称《意见》）第一百六十条规定："在幼儿园、学校生活、学习的无民事行为能力人或者在精神病院治疗的精神病人，受到伤害或者给他人造成损害，单位有过错的，可以责令这些单位适当给予赔偿。"此规定表明，"无民事行为能力人"如果"给他人造成损害"，而校园无过错的情况下，联系《意见》第二十二条、第一百五十九条和《民通》第一百三十三条，应该适用监护人的无过错责任。实质上间接规定了监护人的无过错责任，并将校园排除在监护人之外。

1991年9月4日第七届全国人民代表大会常务委员会第二十一

次会议通过的《未成年人保护法》只是在第二章家庭保护中做出了有关"监护"的规定；第三章学校保护中第二十条和第二十五条两次提到"学校应当与未成年学生的父母或者其他监护人互相配合"，显然把校园排除在"监护人"之外。

2.《学生伤害事故处理办法》的规定

2002年9月施行的教育部《学生伤害事故处理办法》（以下简称《办法》）虽然只是部委规章，只具备教育行政机关的工作依据和司法机关的司法"参照"作用，但其规定比较全面，可以反映当时的行政立法机关对校园与学生的法律关系的一些认识。《办法》比之《意见》，第七条对"监护人"范围做了扩大性规定："学校对未成年学生不承担监护职责，但法律有规定的或者学校依法接受委托承担相应监护职责的情形除外。"照此，一旦校园承担监护职责，则要承担伤害事故无过错责任。

那么，校园是否要承担监护职责以致承担无过错责任呢？我国法律特别是《义务教育法》和《未成年人保护法》规定校园的法定义务是对学生进行人身监督、管理与保护，依法保护未成年学生的生命健康权，都没有规定校园对未成年学生承担监护职责。同时，我国现行立法不允许监护责任推定转移，该条提出的未成年学生监护权向校园的转移，只能是符合《意见》第二十二条"监护人可以将监护职责部分或者全部委托给他人"规定的监护权"委托转移"。监护权"委托转移"的基础是校园与家长之间是委托合同关系，需要当事人双方的意思表示一致才能成立。

一般来说，我国的公立校园与学生的关系主要是基于法律义务而产生的关系，公立校园与学生的监护人不存在任何委托关系。最高法院的这一规定可以明确地表现出，公立校园与学生之间不可能发生监护权的转移。公立校园和监护人之间没有必要也不可能达成这种合意。监护权"委托转移"往往只存在于寄宿制私立校园基于合同与学生家长构成的关系之中。但事实上基于办学风险的考虑，私立校园一般也不会与学生家长签订监护权"委托转移"性质的合同。即使一些私立校园与家长之间存在着委托关系，但家长的监护职责仍然没有发生变化。从法律上来说，监护权还涉及未成年人权益的各个方面，包括财产代管权、代理诉讼权等，这不是校园一般教育职责所能涵盖的范畴。

《办法》第七条引发了学界对校园"监护责任说"的讨论和司法实务中是否适用无过错责任原则的争议，虽然最终被学界和司法界予以否定，但因此条规定在法律之外对"监护人"范围的扩大，至今仍未消除人们对校园可以成为学生"监护人"的法律规定的误读。

3.《学生伤害事故处理办法》之后的规定

2004年5月1日起施行的《最高人民法院关于审理人身损害赔偿案件适用法律若干问题的解释》（以下简称《解释》）是我国涉及校园伤害事故的第二个法律解释。第七条规定："对未成年人依法负有教育、管理、保护义务的学校、幼儿园或者其他教育机构，未尽职责范围内的相关义务致使未成年人遭受人身损害，或者未成年人致他人人身损害的，应当承担与其过错相应的赔偿责任。"延续了《义务教育法》以来关于校园义务的立法思想，明确规定为"教育、管理、保护"义务。

2010年7月1日起实施的《侵权责任法》第三十九条规定："限制民事行为能力人在学校或者其他教育机构学习、生活期间受到人身损害，学校或者其他教育机构未尽到教育、管理职责的，应当承担责任。"校园的义务规定上比之《解释》又有重大改变，由"教育、管理、保护"缩小为"教育、管理"。

（二）高等学校与学生之间存在双重法律关系

我国高等学校实质上具有三重角色：教育教学组织、法律法规授权组织、集合体或者共同体组织。与这三重角色对应，其法律定位则分别为民事主体、行政主体和集体法人。大学生也是多重角色的综合体。参与的事务不同，其扮演的角色也就不同，法律地位也就不同，所享受的权利和承担的义务也就有区别。作为个体，大学生在与高校发生法律关系时，要么以社会公民的角色出现，要么以学生的角色出现。通过分析，笔者认为，我国高校与大学生之间的法律关系可做如下判定：两者之间因教育教学活动或其他民事活动缔结成法律关系，在这类法律关系中，双方均以民事主体的法律身份参与其中，所缔结的法律关系符合民事法律关系的特征，具备民事法律关系的构成要素，应为民事法律关系；当高等学校获得国家授权，对大学生行使国家行政权力，此时，高等学校与大学生分别以行政主体和行政相对人的法律身份参与法律活动之中，因此所缔结的法律关系为行政法律关系，亦即我国行政法学上所讲的外部行政法律关系；当高等学校作为校生共同体的利益和秩序的代言人，与作为校生共同体成员的大学生发生法律关系时，此类法律关系则为特别权力关系，亦即我国行政法学上所讲的内部行政法律关系。

从司法实践看，除颁发学业证书、学位证书外，高校主要以民事主体的资格存在于与学生的法律关系中。高校与学生的行政法律关系只存在于特定的法律法规授权情况下。国外发达国家对于学校体育伤害事故虽然大多采用国家代理的方式，政府介入形成专门处理学校伤害事故社会组织或机构团体，如日本的"学校健康会"，加拿大安大略省的"地方教育局互助保险公司（OSBIE）"。但是责任性质仍然认定为民事责任，如美国的《教职员赔偿免除法》，法国、德国的教师民事责任国家代理立法等。

高校学生伤害事故的实际情况表明，校园活动和运动竞赛是学生人身伤害事故的高发区域，所涉皆民事法律关系。深圳体育信息网2011年1月20日发布的《深圳大学生体育活动风险意识现状调查》表明，高校学生体育活动中60.2%的学生有受伤经历，其中11.1%的受伤发生在体育课上，88.9%的受伤发生在体育课外活动或运动竞赛中。可见，作为高校自主实施办学权的教育教学活动中出现的学生人身伤害，只能纳入民事法律关系范畴，以民事侵权责任法律规范做出调整。

（三）校园与学生之间不存在合同关系

根据《合同法》第九条的规定，当事人订立合同，应当具有相应的民事权利能力和民事行为能力。而《民法通则》明确规定了未成年学生只能是限制民事行为能力人和无民事行为能力人，校园与学生不可能成为平等主体的合同关系的当事人。

第三节 校园安全依法管理的现实分析

一 校园安全依法管理的现实必要性

依法治教是现代教育管理的基本要求。校园制度、活动、教师以及其他教育工作人员资格及行为需要由法律加以规范；学生的权利与义务需要用法律维护；社会在教育活动方面的权利和义务需要用法律加以规范。校园安全管理作为教育管理的重要组成部分，也需要由法律加以规范。实现校园安全管理，法治是保障。

首先，有利于"和谐社会"的建立。校园作为承担教育教学活动的载体，有关安全问题亟待解决，不仅关系到各级各类校园教育教学活动的正常进行，而且涉及我国教育事业的进一步健康发展，关系到我国和谐社会的构建。其次，有助于明确校园安全法律关系主体的权利义务。通过明确法律规定的政府、校园、学生及其监护人应当享有的权利，应当承担的义务，确定各校园安全法律关系主体的地位；从而保护学生的最大利益，减少校园和教师的压力。再次，有助于校园掌握校园安全依法管理的理念、制度、途径和方法，建立起相关的管理制度和管理机制，采取切实可行的管理措施。

二 校园安全依法管理的现实可能性

目前校园安全依法管理理论由于国家层面尚无专门的法律法规，引致学界和实务界对校园安全依法管理有一种普遍的看法：我国校园安全法律体系没有建立起来，不存在整体意义上校园安全的依法管理。本书希望能从理论上明确各校园安全法律关系主体面对校园伤害这一校园安全法律关系中最为突出的客体时各自的法律地位，为校园安全的依法管理提供必要的理论支持。

（一）"中央立法缺位"得不出"不足以规制学校安全的情况"的结论

就法律结构的完整性而言，校园安全立法的体系化是最根本的要求，即"围绕着校园安全，由多层次、多门类、多功能的规范性文件组成一个互相联系、互相制约、规范协调、形式完整、层次分明、结构合理、体例统一的有机整体，从而实现立法体系的完整、配套"①。但是，并不能因为"中央立法缺位"，国家层面关于校园安全事项的专门立法尚在调研阶段，便简单得出"不足以规制学校安全的情况"的结论。

（二）仅靠一部校园安全法难以解决校园安全的全部问题

1999年3月的九届人大二次会议，武汉水利电力大学郭生练教授领衔湖北省代表团提交了相关议案；而在九届人大四次会议上，来自20多个代表团的150多名代表，提交了制定《校园安全法》的连署议案。在这次会议上，总计700名代表向大会议案组提交了21份关于尽快制定《校园安全法》的议案。近十年以来，每逢全国两会，都有代表提出了关于校园安全的立法议案。全国人大内司委曾对校园安全情况做过专题调研，并召开有关部门参加的座谈会听取意见，组织了多次实地调研。但调研结果发现，涉及校园安全的因素很多，比如学生在校园吃校餐中毒属于食品安全问题，做实验时受到伪劣实验器材的伤害属于质量安全问题，校园血案又属于社会治安问题。内容如此之多，一部《校园安全法》难以解决校园安全的全部问题。

（三）校园安全管理的法制体系已基本建立

事实上，诚如全国人大代表、广州市律师协会名誉会长陈舒则强调的，"原则性的大法还是有的，关键是执行好相关的法律"。目前，国家、省、市在校园安全管理方面的法制体系已基本建立。其中主要包括法律11部、行政法规9部、部门规章8部以及地方性法规、地方性规章和大量的行政规范性文件。我国校园安全方面的规范还是较健全的，《中华人民共和国未成年人保护法》《中华人民共和国义务教育法》里都有相关内容。比如，《义务教育法》第二十三条提出，"各级人民政府及其有关部门依法维护学校周边秩序，保护学生、教师、学校的合法权益，为学校提供安全保障"。除了

---

① 李昕：《论校园安全保障的制度现状与立法完善》，《首都师范大学学报》（社会科学版）2011年第3期。

规章、地方法规外，大量的行政规范性文件对校园安全做了更为具体、全面的规定，如公安部的《公安机关维护校园及周边治安秩序八条措施》，在第二条规定"在校园周边治安复杂地区设立治安岗亭，有针对性地开展治安巡逻，强化治安管理"，在第五条规定"在地处交通复杂路段的小学、幼儿园上学、放学时，派民警或协管员维护校园门口道路的交通秩序"。问题是相关的规范并没有很好落实。英国著名的哲学家培根曾说过："有制度不执行，比没有制度危害还要大。"如何依据现有的已基本建立起来的法律法规制度体系，结合工作实际予以全面贯彻落实，构建完善的依法管理校园安全的长效机制，才是教育管理者需要认真思考和切实工作的现实课题。

第四节 深圳校园安全依法管理的法律依据

一 校园安全依法管理的法律法规依据

迄今，在我国现有的法律体系中，尚无专门法律文件，涉及校园安全的法律有 11 部，行政法规 10 部。其中，专属于教育类的法律法规主要有以下 9 部。

（一）《义务教育法》

1986 年 4 月 12 日由第六届全国人民代表大会第四次会议通过，1986 年 7 月 1 日起施行。是新中国成立以来颁布的第一部基础教育方面的法律，是促进和保障我国基础教育健康发展的基本法，标志着我国义务教育制度的正式确立。新《中华人民共和国义务教育法》由第十届全国人民代表大会常务委员会第二十二次会议于 2006 年 6 月 29 日修订通过，自 2006 年 9 月 1 日起施行。《义务教育法》修订前后，立法精神、内容、形式都有了显著变化。关于校园安全方面最主要的变化在于内容的新增、修改、删减三个方面。其中，增加的新内容是最主要的，涵盖比较广泛。

1. 新增内容

（1）引咎辞职的规定。第九条规定："发生违反本法的重大事件，妨碍义务教育实施，造成重大社会影响的，负有领导责任的人民政府或者人民政府教育行政部门负责人应当引咎辞职。"本条是对教育行政主体负责人问责制的规定。

（2）不得开除学生的规定。第二十七条规定："对违反学校管理制度的学生，学校应当予以批评教育，不得开除。"

（3）增加了有关法律责任的条款。首先，政府的法律责任。第五十条规定："县级以上人民政府建立健全义务教育经费的审计监督和统计公告制度。"

其次，校园的法律责任。第五十五条规定："学校或者教师在义务教育工作中违反教育法、教师法规定的，依照教育法、教师法的有关规定处罚。"

（4）增加了有关校园安全保障的条款。首先，校园周边的安全保障。第二十三条规定："各级人民政府及其有关部门依法维护学校周边秩序，保护学生、教师、学校的合法权益，为学校提供安全保障。"

其次，校园内部的安全保障。第二十四条："学校应当建立、健全安全制度和应急机制，对学生进行安全教育，加强管理，及时消除隐患，预防发生事故。县级以上地方人民政府定期对学校校舍安全进行检查；对需要维修、改造的，及时予以维修、改造。学校不得聘用曾经因故意犯罪被依法剥夺政治权利或者其他不适合从事义务教育工作的人担任工作人员。"

2. 改动内容

（1）保障体制的改变。由原来的国家、学校、家庭、社会予以保障，改变为国家必须予以保障（第二条）。

（2）管理体制的改变。由原来的地方负责，分级管理，改变为国家领导、省统筹、县管理（第七条）。

（3）教育方针的改变。由德、智、体改变为德、智、体、美（第三十四条）。

（4）义务教育学制的改变。新法第二条规定国家履行九年制义务教育，而旧法规定可根据发展状况确定推行义务教育的步骤。

3. 删减内容

（1）一种情况是旧法的规定失去了必要性而删除。如旧法第七条，"义务教育可以分为初等教育和初级中学教育两个阶段。在普及初等教育的基础上普及初级中等教育。初等教育和初级中等教育的学制，由国务院教育主管部门制定"。这一条因为意义不大，被删掉。

（2）另一种情况是，旧法的规定与新法的精神不一致而删除。如旧法第九条"国家鼓励企业事业单位和其他社会力量……举办本法规定的各类学校"。根据新法的精神，实施义务教育是政府的责任，不宜不加区别地鼓励民办校园承担义务教育。因此，在新法中删去这一条。在附则中做了原则规定，"民办教育促进法未作规定的适用本法"（新法第六十二条）。

（二）《幼儿园管理条例》

1989年8月20日经国务院批准，1989年9月11日中华人民共和国国家教育委员会令第4号发布，1990年2月1日起施行。是我国第一个关于幼儿园管理的行政法规。首先明确了幼儿园的工作宗旨是"促进幼儿在体、智、德、美诸方面和谐发展"（第三条），管理体制为"地方负责、分级管理和各有关部门分工负责"。其后，对与幼儿安全相关的审批程序、教育职能、行政事务、奖惩规定等做了具体规定。

（三）《学校体育工作条例》

由国家教委、国家体委、财政部、人事部、建设部共同拟订，于1990年2月20日经国务院批准，国家教委、国家体委于1990年3月12日发布施行。是我国第一部关于校园体育工作的行政法规。从体育课教学、课外体育活动、课余体育训练与竞赛、体育教师、场地器材设备和经费、组织机构和管理、奖励与处罚等方面，对校园体育工作的安全管理做出了规定。标志着我国校园体育工作的管理法制化的发端。

（四）《学校卫生工作条例》

1990年4月25日国务院批准，1990年6月4日国家教育委员会令第10号、卫生部令第1号发布，原教育部、卫生部1979年12

月6日颁布的《中、小学卫生工作暂行规定（草案）》和1980年8月26日颁布的《高等学校卫生工作暂行规定（草案）》同时废止。是我国第一部关于校园卫生管理的行政法规。从校园卫生工作要求、校园卫生工作管理、校园卫生工作监督、奖励与处罚等方面，对校园体育工作的安全管理做出了规定。随后国家制定了相应的校园卫生标准，标志着我国校园卫生管理纳入了法制化、规范化、科学化的轨道。

（五）《未成年人保护法》

1991年9月4日第七届全国人民代表大会常务委员会第21次会议通过，1991年9月4日中华人民共和国主席令第50号公布；2006年12月29日第十届全国人民代表大会常务委员会第25次会议第1次修订通过，2006年12月29日中华人民共和国主席令第60号公布；根据2012年10月26日第十一届全国人民代表大会常务委员会第29次会议通过、2012年10月26日中华人民共和国主席令第65号公布、自2013年1月1日起施行的《全国人民代表大会常务委员会关于修改〈中华人民共和国未成年人保护法〉的决定》第2次修正。修订后，在校园安全方面最主要的变化有以下几个方面：

1. 修订的原则

体现了加大未成年人保护的修订原则，即照顾未成年人的生理和心理特点，兼顾本法与其他法律的关系，突出立法的现实针对性和可操作性。

2. 修订的主要内容

进一步明确未成年人保护的原则（第四条），在七章中用近六章的篇幅，强调了未成年人保护的国家、校园、家庭、社会责任，进一步明确了未成年人的合法权益受到侵害的法律责任。

3. 校园保护的特征

实施主体是各级各类校园及其教师和其他校园工作人员，对象是在校学习的未成年学生以及依照法律规定应当接受教育的未入学儿童和辍学流失的未成年人，内容是教育性保护和在实施教育过程中与教育相关的未成年学生的合法权益和身心健康的保护。

4. 校园保护义务中应该被强调的规定

校园有保护未成年人身心健康和安全的义务，保护未成年人受教育权的义务，保护未成年人人格尊严的义务，保护特殊群体未成年人的义务，防范未成年人沉迷网络的义务。

（六）《教育法》

1995年3月18日第八届全国人民代表大会第三次会议通过，1995年3月18日中华人民共和国主席令第45号公布自1995年9月1日起施行。这是新中国成立以来我国制定的第一部教育基本法，是我国教育史上具有里程碑意义的大事。它的颁行，为其他教育法律法规的制定提供了重要依据，也为我国的教育工作提供了重要的法律保障，标志着我国开始进入全面依法治教的新时期。

《教育法》涉及面广，内容丰富，对教育事业各方面进行了总体规范，具有全面性、导向性、原则性等。全文共十章八十四条，与校园安全比较密切的内容主要是：

1. 教育管理体制

《教育法》总则第十四条明确规定："国务院和地方各级人民政府根据分级管理、分工负责的原则，领导和管理教育工作。中等及中等以下教育在国务院领导下，由地方人民政府管理。高等教育由国务院和省、自治区、直辖市人民政府管理。"这是我国现行的教育行政分级管理的基本体制。第十六条又明确规定："国务院和县级以上地方各级人民政府应当向本级人民代表大会或者其常务委员会报告教育工作和教育经费预算、决算情况，接受监督。"这些规定，首要的意义在于明确了国务院和地方各级人民政府对于教育工作具有义不容辞的法律责任。

2. 校园与其他教育机构的权利和义务

《教育法》第二十八条规定："学校及其他教育机构行使下列权利：（一）按照章程自主管理；（二）组织实施教育教学活动；（三）招收学生或者其他受教育者；（四）对受教育者进行学籍管理，实施奖励或者处分；（五）对受教育者颁发相应的学业证书；（六）聘任教师及其他职工，实施奖励或者处分；（七）管理和使用本单位的设施和经费；（八）拒绝任何组织和个人对教育活动的非法干涉；（九）法律、法规规定的其他权利。"

《教育法》第二十九条具体规定："学校及其他教育机构应履行下列义务：（一）遵守法律、法规；（二）贯彻国家的教育方针，执行国家教育教学标准，保证教育教学质量；（三）维护受教育者、教师及其他职工的合法权益；（四）以适当方式为受教育者及其监护人了解受教育者的学业成绩及其他有关情况提供便利；（五）遵照国家有关规定收取费用并公开收费项目；（六）依法接受监督。"这六方面的义务，是与办学自主权相对的，在贯彻办学宗旨，进行内部管理和组织教育活动中必须履行的，而不是作为社会组织的校园及其他教育机构的全部义务。

3. 教师和其他教育工作者的权利和义务

《教育法》第三十二、三十三条规定："教师享有法律规定的权利，履行法律规定的义务，忠诚于人民的教育事业。""国家保护教师的合法权益，改善教师的工作条件和生活条件，提高教师的社会地位。"在《教育法》的"子法"《教师法》中，对教师的权利和义务做了更明确的规定。

4. 受教育者的权利和义务

《教育法》第四十二条对受教育者的具体权利做了比较明确的规定，切实保护受教育者的合法权益是教育法的立法宗旨之一。《教育法》第四十三条规定了受教育者应履行的义务。

5. 教育条件保障

《教育法》第六十四条规定："地方各级人民政府及其有关行政部门必须把学校的基本建设纳入城乡建设规划，统筹安排学校的基本建设用地及所需物资，按照国家有关规定实行优先、优惠政策。"这一规定为加快校园基本建设，保障校园的权益提供了法律依据。

关于扰乱教育秩序与破坏校园财产的法律责任。《教育法》第七十二条第一款规定："结伙斗殴、寻衅滋事、扰乱学校及其他教育机构教育教学秩序或者破坏校舍、场地及其他财产的，由公安机关给予治安管理处罚；构成犯罪的，依法追究刑事责任。"

关于校舍与设施的法律责任认定及处理办法。《教育法》第二十二条规定:"明知校舍或者教育教学设施有危险,而不采取措施,造成人员伤亡或者重大财产损失的,对直接负责的主管人员和其他直接责任人员,依法追究刑事责任。"

(七)《学生伤害事故处理办法》

2002年6月28日以教育部第12号令发布,2002年9月1日实施的部门规章。《办法》共分为:总则、事故与责任、事故处理程序、事故损害的赔偿、事故责任者的处理以及附则等6章40条。目的在于指导和帮助教育行政部门、各级各类校园积极预防、妥善处理学生伤害事故。针对实践中反映突出的学生伤害事故责任的认定、事故的处理程序、损害的赔偿等方面做出规定,为处理学生伤害事故提供了明确具体的依据。

1. 事故责任的认定

规定了在学生伤害事故中校园承担事故责任的情形,校园不承担事故责任的情形,学生或监护人有过错的情形以及其他有过错的当事人应当承担相应责任的情形。

2. 事故的处理程序

明确规定了校园与教育行政部门在处理事故时各自的职责范围和处理工作的基本步骤。校园在事故发生后应及时救助受伤学生和通知其监护人,如果情形严重,应及时向上级行政部门及有关部门报告。校园和受害学生或其家长可以自行协商解决事故责任纠纷,或书面请求主管教育行政部门进行调解。如果事故属重大伤亡事故,教育行政部门有责任及时向同级人民政府和上一级教育行政部门报告;如果认为必要,还可以指导、协助校园处理事故;如果收到调解申请,可以对事故纠纷进行调解。

3. 事故的损害赔偿

一是学生伤害事故性质。属于侵权民事责任,根据《民法》,其承担民事责任的方式主要是经济赔偿。

二是赔偿的范围。《办法》第二十六条规定:"学校对学生伤害事故负有责任的,根据责任大小,适当予以经济赔偿。"赔偿必须是与伤害事故本身直接相关的,而不涉及与之无直接关系的其他事项。因此,第二十六条同时还规定"不承担解决户口、住房、就业等与救助受伤害学生、赔偿相应经济损失无直接关系的其他事项"。

三是赔偿主体。《办法》第二十九条规定:"应当由学校负担的赔偿金,学校应当负责筹措;学校无力完全筹措的,由学校的主管部门或者举办者协助筹措。"这表明如果校园有责任,承担赔偿责任的主体一般是校园,但是考虑到绝大多数校园是国家举办的公共教育机构,属于非营利性的事业单位,没有创收能力提供额外的经费用于赔偿,因此《办法》规定校园的主管部门或举办者有责任协助校园筹措赔偿费,以保证最终有机构承担赔偿受害学生的责任。

四是如何筹措赔偿经费。《办法》在第三十、三十一条分别提出通过设立学生伤害赔偿准备金、鼓励中小学参加校园责任保险、提倡学生自愿参加意外伤害保险等的办法筹措赔偿金。

(八)《中小学幼儿园安全管理办法》

《中小学幼儿园安全管理办法》是我国第一部关于中小学安全管理的行政法规,也是第一个与新修订的《义务教育法》配套的法规性文件。由教育部组织专家、中小学校长、教育行政人员及十个部委的有关同志,历经近两年的时间讨论、起草和修改。2006 年 6 月 30 日教育部、公安部、司法部、建设部、交通部、文化部、卫生部、工商总局、质检总局、新闻出版总署十部委共同会签,以十部委部长令的形式发布,于 2006 年 9 月 1 日起实施。

1. 《办法》的主要内容可以概括为五点:

(1) 校园安全工作保障体系,全面落实安全工作责任制和事故责任追究制,保障校园安全工作规范、有序进行。

(2) 校园安全预警机制,制定突发事件应急预案,完善事故预防措施,及时排除安全隐患,不断提高校园安全工作管理水平。

(3) 校园周边整治协调工作机制,维护校园及周边环境安全。

(4) 安全宣传教育培训,提高师生安全意识和防护能力。

(5) 事故发生后启动应急预案、对伤亡人员实施救治和责任追究。

2. 《办法》规定了校园安全管理的原则和方针

中小学幼儿园安全工作最重要的目的就是预防各类安全事故的发生,即"安全第一,预防为主",保障校园及其学生和教职工的人身、财产安全，维护中小学、幼儿园正常的教育教学秩序。为此，《办法》确定了"积极预防、依法管理、社会参与、各负其责"的安全管理方针。积极预防，就是要求校园和各有关方面要通过调研摸清学生易发生事故的环节、地点和时段，积极预防、科学预防，同时，有针对性地健全安全制度，消除安全隐患，确保学生生命安全；依法管理就是要求各有关部门和校园要按照教育和其他有关方面的法律、法规以及本办法，实施校园安全管理，保证校园和师生安全；社会参与就是要求社会团体、企事业单位、其他社会组织和个人应当参与和支持校园安全工作；各负其责就是要求建立健全安全工作责任制和事故责任追究制，保证安全管理职责落实到位。

3.《办法》体现了《义务教育法》中安全管理方面的规定

新修订的《义务教育法》将校园安全作为保障义务教育实施和规范校园管理的重要方面加以规定，主要体现在第23条、第24条。《办法》作为《义务教育法》实施的一个配套规章，对第23、24条做出了进一步的具体规定，较好地体现和贯彻了《义务教育法》关于校园安全的规定，主要表现在以下几个方面：

第一，校园周边安全管理。《义务教育法》第23条规定各级人民政府及其有关部门依法维护校园周边秩序，为校园提供安全保障。《办法》专设"校园周边安全管理"一章，有针对性地对政府有关部门应当履行的校园周边安全管理职责做出明确规定，有利于安全管理中依法管理、各负其责方针的落实。

第二，校内安全管理。结合《义务教育法》第24条第1款关于加强校内安全制度建设和安全管理以及对学生进行安全教育等规定的精神与要求，《办法》分设"校内安全管理制度""日常安全管理""安全教育"三章，以比较多的条款，对校内安全问题做出全面具体的规定，为落实关于校内安全的法律规定提供了较好的工作基础。

第三，校舍安全管理。校舍是保障义务教育实施的重要的、基本的条件，校舍安全也是比较突出的实际问题，亟须解决。《义务教育法》第24条第2款以及法律责任一章中的第52条对政府保障校舍安全的义务做出了明确规定。《办法》则主要从校园加强安全工作的角度，对其进行校舍安全检查和危房报告做出了规定，有利于各有关义务主体全面贯彻落实法律的规定，共同保障校舍安全和师生生命安全。

4. 《办法》与《学生伤害事故处理办法》和《学校卫生管理条例》的关系

《办法》是专门针对中小学、幼儿园做出的安全管理规定，对人民政府有关部门的安全管理职责、对校园周边和校内安全管理、对安全教育等方面做出了全面的规定，重在加强管理预防发生安全事故。而一旦发生了学生伤害事故，则要依据《学生伤害事故处理办法》的规定，对校园、学生和其他有关主体的责任进行认定与事故处理，重在事故的及时妥善处理。因而，《办法》与《学生伤害事故处理办法》同为部门规章，相互衔接配套，为校园安全管理工作提供了全面依据。

《办法》对中小学幼儿园的卫生安全也做出了规定，与《学校卫生管理条例》关于卫生管理规定的精神与要求是协调一致的，二者将同时发挥作用，为校园卫生安全提供全面的法治保障。

（九）《校车安全管理条例》

2012年3月28日国务院第197次常务会议通过，2012年4月5日起施行。《条例》对校车的管理责任主体、校车使用地区、制定和修订校车安全国家标准的部门、校车驾驶人资格、校车通行安全、校车乘车安全、相关责任等进行了规定。这是我国第一部关于校车安全管理的行政法规。

1. 立法总体思路

依循坚持以人为本，确立保障校车安全的基本制度；坚持从实际出发，保证制度规定切实可行的总体思路。具体说，一是要针对保障校车安全的主要环节，做出符合我国国情、特别是符合农村地区实际情况的校车安全管理规定，切实做到安全有保障，实际可执行。二是条例应主要规定保障校车安全的制度规范，同时要处理好与符合我国国情的校车总体制度和政策的衔接。三是应考虑地区之间、城乡之间的不同情况，在确立全国普遍适用的校车安全管理基本制度的同时,给地方制定符合本地实际情况的具体办法留出较大空间。

2. 保障校车安全的基本制度

(1) 要求地方政府依法保障学生就近入学或在寄宿制学校入学,减少学生交通风险。对确实难以保障就近入学且公共交通不能满足需要的农村地区,要采取措施保障学生获得校车服务。

(2) 明确了政府及有关部门的校车安全管理职责。县级以上地方政府对本行政区域的校车安全管理工作负总责。国务院有关部门对校车安全管理履行统一指导、督促等职责。

(3) 规定了校园和校车服务提供者保障校车安全的义务和责任。建立健全校车安全管理制度,配备安全管理人员,指派照管人员随车照管学生。

(4) 设定了校车使用许可。对校车安全技术条件和校车驾驶人资格条件规定了比一般客车更为严格的要求。

(5) 赋予校车通行优先权,对校车最高时速和严禁超载做了明确规定。

(6) 明确法律责任。对违法使用车辆或提供校车服务、不履行安全管理责任等,分别规定了法律责任,包括依法追究刑事责任。

3. 做出与校车安全密切相关的衔接性规定

(1) 为从源头上减少学生上下学的交通风险,切实贯彻《义务教育法》关于保障学生就近入学,以及设置寄宿制学校保障居住分散学生入学的规定,尽量使中小学学生上学不乘车或少乘车,条例规定:县级以上地方政府应当根据本行政区域的学生数量和分布状况等因素,依法制定、调整校园设置规划,保障学生就近入学或者在寄宿制学校入学,减少学生上下学的交通风险。

(2) 学生集体乘坐校车,交通风险过于集中,一旦发生交通事故,造成大量未成年人伤亡,损失太大。应当优先发展公共交通,包括发展农村客运班线,使学生尽可能乘坐公交车上下学。为此,条例规定:县级以上地方政府应当采取措施,发展城市和农村的公共交通,合理规划设置公共交通线路和站点,为需要乘车上下学的学生提供方便。

（3）明确政府保障的职责范围，规定：对确实难以保障就近入学，并且公共交通不能满足学生上下学需要的农村地区，县级以上地方政府应当采取措施，保障接受义务教育的学生获得校车服务。

（4）对校车服务的政策支持做出原则规定，明确：国家建立多渠道筹措校车经费的机制，并通过财政资助、税收优惠、鼓励社会捐赠等方式，按规定支持校车服务。支持校车服务所需的财政资金由中央财政和地方财政分担，具体办法由国务院财政部门制定；支持校车服务的税收优惠办法，依照法律、行政法规规定的税收管理权限制定。

（5）校车安全管理条例发布不久，国家质检总局、国家标准化管理委员会批准发布了《专用校车安全技术条件》（GB24407—2012）和《专用校车学生座椅系统及其车辆固定件的强度》（GB24406—2012）两项强制性国家标准。标准对车辆安全性能的要求明显提升。根据标准，校车配置也更加人性化。该两项标准于2012年5月1日起实施。

（十）近年高危校园风险专项整改政策

近年来，针对食品安全风险、体育运动风险、留守儿童风险、校园暴力风险、风险防控体系建设等，出台了一系列专项整改高危校园风险的政策。

2015年4月修订《中华人民共和国食品卫生法》，第五十七条：对学校、托幼机构的食堂、供餐单位、集体用餐单位的主管部门做出规定，要求严格遵守法律、法规和食品安全标准；加强食品安全教育和日常管理；降低食品安全风险。

2015年5月发布《学校体育运动风险防控暂行办法》，加强各级各类校园体育运动风险防控工作，保护学生、教师和校园的合法权益，保障校园体育工作健康、有序开展。

2016年2月发布《关于加强农村留守儿童关爱保护工作的意见》，提出加强农村留守儿童关爱保护工作，维护未成年人合法权益。2016年6月《国务院关于加强困境儿童保障工作的意见》，要求加强包含农村留守儿童在内的困境儿童分类保障。

2016年4月发布《关于开展校园欺凌专项治理的通知》，涵盖专题教育、安全教育、法制教育、校园欺凌事件预防和处理、公布学生救助和欺凌治理电话号码等多项要求。2017年4月25日国务院办公厅发布《关于加强中小学幼儿园安全风险防控体系建设的意见》，提出进一步加强和改进校园安全工作，建立健全校园安全风险防控体系。

二 校园安全依法管理的地方立法依据

（一）《深圳市学校安全管理条例》

2002年，深圳市人大提出《深圳市学校安全管理条例》的立法建议，2004年12月30日深圳市第三届人民代表大会常务委员会第三十五次会议通过此《条例》，经2005年1月19日广东省第十届人民代表大会常务委员会第十六次会议批准，自2005年4月1日起正式实施这一地方法规。《条例》分为总则、学校环境安全、学校设施安全管理、学校活动安全管理、应急救助与调查处理、法律责任、附则共7章，59条。在"安全第一，防范为主"的指导原则下，内容主要涉及五个方面：（1）建立校园安全责任体系：政府各职能部门、校园、监护人、学生。（2）涵盖校园内外安全：校园环境和校内设施安全。（3）规定了制度体系：系列校园安全保障制度、校车管理制度、门卫制度、实验室管理、校外活动、卫生保障与住宿管理、应急救助机制等。（4）人身伤害事故的责任与处理：明确各方责任，既利于事故防范，也有利于事故责任划分认定。（5）风险转移机制：购买校方责任险。体现了强化事故防范意识，做到防范与处理并重，校园安全管理与周边环境安全管理并重的立法指导思想。

（二）《深圳市学校安全管理条例实施细则》

2010年1月28日，深圳市政府以市政府令（第215号）发布了经深圳市人民政府四届153次常务会议审议通过的《深圳市学校安全管理条例实施细则》，并于2010年3月1日起施行。《细则》分为总则、学校安全管理机构和人员、学校环境安全管理、学校设施安全管理、学校活动安全管理、应急救助与事故处理、法律责任、附则共8章，61条。作为地方政府规章，围绕社会、校园、家长三位一体的原则，对《条例》做了可操作性、补充性的具体规定。比如：落实了校园注册安全主任为校园安全管理人员，明确了各部门安全管理职责，细化了校园安全管理制度，完善了校园安全保险制度，明确了校园及注册安全主任管理职责，加强了非教育教学时间的安全管理，建立了学生上下学交接制度，规定必须配备法制副校长等。

（三）《深圳市实施〈校车安全管理条例〉若干规定》

2017年3月1日，深圳市人民政府令（第294号）发布了经深圳市人民政府六届六十九次常务会议审议通过的《深圳市实施〈校车安全管理条例〉若干规定》，并于2017年4月1日起施行。《规定》共27条，内容主要涉及六个方面：

（1）校车使用许可有效期限为3年。校园可以配备校车。依法设立的道路旅客运输经营企业、城市公共交通企业，可以提供校车服务。校园或者校车服务提供者使用校车，应当取得校车使用许可，校车使用许可有效期限为3年。教育、交通运输、公安机关交通管理等部门，应当建立校车审查信息系统，方便申请人提交校车许可申请材料，及时共享、通报校车管理信息。

（2）校车服务提供者应当与乘车学生监护人签订乘车安全协议。新规要求，配备校车的校园、校车服务提供者，应当与乘车学生监护人签订乘车安全协议。配备校车的校园、校车服务提供者，应当建立校车安全管理制度，包括校车安全管理责任制度、车辆安全技术状况检查维修制度、驾驶人及随车照管人员岗位操作规程和行为规范等。配备校车的校园、校车服务提供者，应当建立车辆、驾驶人及随车照管人员管理台账，建立车辆安全档案、乘车学生信息档案。

（3）校园应为校车购买保险。配备校车的校园、校车服务提供者，负责学生上车后和下车前乘车期间的人身安全。学生的监护人及其委托的成年人，应当按照乘车安全协议履行监护义务，配合校园或者校车服务提供者的校车安全管理工作，教育学生遵守乘车秩序。配备校车的校园、校车服务提供者应当投保承运人责任保险，保费由校车所有人承担。

（4）校车应当配备专（兼）职校车安全管理人员。配备校车的校园应当配备专（兼）职校车安全管理人员，校车服务提供者应当配备专职安全管理人员。配备校车的校园、校车服务提供者，应当指派照管人员随校车全程照管乘车学生。校车服务提供者为校园提供校车服务的，双方可以约定由校园指派随车照管人员。新规同时规定，校车运载学生过程中禁止搭载货物以及其他影响校车乘车安全的物品。配备校车的校园、校车服务提供者应当对校车进行实时监控并将记录保存，保存期不低于 30 日；涉及安全事故的监控信息，应当及时复制记录，保存期不低于 3 年。

（5）未经备案变更校车行驶路线可罚款 5000 元。配备校车的校园、校车服务提供者临时变更具有合法资格的校车驾驶人、行驶线路、停靠站点等事项，且变更期限在 15 日以内的，应当在变更前通过校车审查信息系统填写由市教育行政部门统一制定的《临时变更备案表》，报规定的校车使用许可部门、交通运输部门和公安机关交通管理部门变更备案。未经备案擅自变更具有合法资格的校车驾驶人、行驶路线、停靠站点的，由公安机关交通管理部门责令改正，并可以对校园或者校车服务提供者处以 5000 元罚款。

（6）明确监管部门责任。市教育行政部门按照管理权限负责实施市属学校和跨区服务多所学校的校车使用许可以及校车违法行为的行政检查和行政处罚，并按照属地管理原则委托新区管理机构、区教育行政部门按照管理权限负责实施本辖区所属学校的校车使用许可以及校车违法行为的行政检查和行政处罚。教育、交通运输、公安机关交通管理等部门应当建立校车审查信息系统，方便申请人提交校车许可申请材料，及时共享、通报校车管理信息。

第五节 深圳校园安全依法管理的工作机制

一 校园安全依法管理的要求

《中小学幼儿园安全管理办法》明确，校园安全的"依法管理就是要求各有关部门和学校要按照教育和其他有关方面的法律、法规以及本办法，实施校园安全管理，保证学校和师生安全"。规定了三项原则，即行为依据的合法性、行为过程的切实性和行为结果的保障性。是对校园安全管理行为中的起点、过程和终点的全面要求，因而也体现出依法管理在合法性、切实性、保障性之外的全面性的原则要求。

第一，和传统的管理模式相比，校园安全依法管理是一种全新的管理模式，它侧重于从法律角度，充分运用法律手段对校园提供安全管理工作所需要的指导、教育、服务和管理。第二，从管理主体来讲，它强调校园所有利益相关者对校园安全事务的计划、组织、协调、监督和控制，校园安全管理的主体由传统的单一校领导，演变为了既包括中层管理人员又涉及广大师生员工的金字塔形管理体系；外围主体还涉及政府职能部门和社会主体对校园安全的监管或参与。第三，从管理的基本内容来讲，校园安全依法管理重视对校园日常运行过程中涉及安全事务的管理，既包括为师生提供生活、学习的教室、公寓、图书馆的不动产财产管理，也包括对为教学服务的设备设施的管理，为师生提供安全的餐饮服务，保障校园安全的保安服务，美化校园的园林绿化服务，为学生提供统一的学生着装管理等。第四，从管理的依据来讲，校园安全依法管理强调法律规范在校园安全管理运作过程中的最高权威，要求校园在制定规章制度、解决争议和纠纷等方面均应遵循法律规范的相关要求，强调法律面前人人平等。第五，从管理的方式来讲，校园安全依法管理不是指消极地运用法律法规管治校园，而是指在管理工作中依据国家的法律和政策，健全校园管理制度，实现管理的规范化、制度化和法制化，树立一种依法育人、依法管理的工作作风。

二 深圳校园安全依法管理的工作机制

"尽管制定了新法律，但是如何一贯地实施和有力地执行这些法律却是最重要的。"① 制度设计的原则、要求以及现实效力，存在于具体的工作机制之中。深圳校园安全管理依法治理的管理制度主

---

① 世界卫生组织：《世界预防儿童伤害报告》，2008 年。

要包括六个机制：法治保障机制，普法教育机制，责任考核机制，监督检查机制，风险转移机制，责任追究机制。

（一）法治保障机制

完善治理领域的立法工作，通过立法保障法治资源的供给，为管理工作机制提供刚性的、更为坚实的基础。深圳市坚持依法治校、依法管理校园安全的原则，充分发挥特区立法权优势，先后颁布实施《深圳市学校安全管理条例》及《实施细则》，以及《深圳市校车安全管理条例》（《深圳市实施〈校车安全管理条例〉若干规定》）等校园安全管理方面的法律法规，并根据工作实际不断修订完善，为深圳市校园安全风险防控体系夯实法制基础。

完善政府依法行政。坚持依法治理，在治理方式、管控规制方面彻底实现向法治化方向的转变。《深圳市学校安全管理条例》明确了各部门、学校的职责：各相关部门依法履行对校园的安全管理职责，并建立校园安全管理协作机制；校园依法对学生进行安全教育、管理和保护。

完善社会组织和公众依法自治并参与社会治理。《深圳市学校安全管理条例》明确了家长及社会依法履行监护的职责。

为了全面落实依法管理，在深圳市校园安全管理中，根据法律法规的要求，分类制定了各项执行性的具体行政规范，使得依法管理获得了切合工作实际的现实依托。2009年以后，密集出台了涉及午休午托管理、校园食堂管理、校车管理、学生装管理、宿舍安全管理、消防安全教育、创建和谐校园等校园安全主要方面的相关文件，构成了校园安全依法管理的现实依托。

（二）普法教育机制

创新法制教育新形式，强化各级管理人员的法治观念，提高其运用法治思维和法治方式化解社会矛盾的能力和水平，通过加强法治宣传教育、弘扬法治精神，促进师生和管理人员自觉养成学法、守法、用法的习惯，增强师生和管理人员的法治意识。

第一，作为全国首创做法，深圳市教育系统特别重视发挥法制副校长、辅导员（校警）法制普法作用。早在2009年，市教育局就与市公安局联合发文，要求法制副校长（辅导员）每学期必须到校开设两次安全法制专题教育,并积极指导协助校园加强内部安全保卫和周边治安综合治理工作。截至2015年,全市公、民办中小学校共配备法制副校长、辅导员(校警)近1000人,配备率接近100%。①

第二,开展安全教育精品课程征集评选活动。为进一步推动深圳市中小学安全教育,丰富和充实安全教育优质教学资源,结合教育部、省教育厅部署,组织全市中小学"安全教育精品课程"征集评选活动。

第三,开展安全教育实验区工作。按照省教育厅部署,在全市中小学校全面开展安全教育实验区工作,组织专项培训,引导广大教师利用信息化平台实施安全教育,使全体学生自主开展安全教育活动,全面提升师生安全防范意识和技能水平。

第四,开展系列专题宣传教育活动。结合新学期安全教育周、5·12防灾减灾日宣传及6·18安全生产咨询日宣传等活动,宣传防溺水、防汛、防地质灾害、防火灾、防交通事故、饮食安全等安全知识。联合市住建局开展深圳市首届"燃气小博士"杯作文大赛活动,发放燃气安全作业本17万册。

第五,重点开展学生防溺水宣传培训。组织各区教育行政部门参加学生防溺水体验式教学培训,通过印发《致学生家长一封信》等方式,加强家校对接,暑假期间重点关注初中毕业生、高中毕业生及外来务工子女群体,提高家长监护人意识,预防学生安全事故发生。

(三) 责任考核机制

责任考核机制既包括常规状态下的责任考核制度,也包括非常态下的问责制,指的是在正常或紧急状态下,对因校园安全事件的发生而造成公共服务供给不足的管理人员,追究责任的相关制度和机制的总称。责任考核机制通过考核,把校园安全管理的总体要求变为可操作、可衡量、可检验的具体行动,为校园安全管理工作提供一种引领、导向和规范的作用。建立责任考核机制的意义在于明

---

① 深圳市教育局:《关于报送平安校园创建工作总结和2015年工作计划的函》,2015年。

确各级管理人员的公共安全职责,理顺各管理部门之间的职能分工,既能指导各部门开展校园安全管理工作,又能为校园安全管理考核提供标准,使之逐步迈向规范化、制度化轨道。责任考核机制的建立主要着眼于以下几个方面:校园安全组织、校园安全责任、校园安全制度、校园安全教育、校园安全检查、校园安全应对、校园安全救济,其中,校园安全组织的架构体现了整体合理、重心下移的要求。

责任考核制度的保障是责任追究机制。《中小学幼儿园安全管理办法》第四十二条规定,要构建学校安全工作保障体系,全面落实安全工作责任制和事故责任追究制,保障学校安全工作规范、有序进行。学校安全工作保障体系中最重要的是组织保障。在"奖励与责任"一章,通过第六十条至六十四条,建立了由民事、行政、刑事三大法律责任和行政奖惩共同构成的责任追究体系。

按照《中小学幼儿园安全管理办法》的要求,深圳市校园安全管理建立健全和全面落实安全工作责任制和事故责任追究制,包括校园举办者、政府有关部门、校园等负有校园安全管理职责的各有关方面和主体的责任(见图5—2)。深圳市将实行校园安全"一把手"工程与"一岗双责"制度,作为落实校园安全责任的重要途径。各级教育部门及校园的"一把手"是校园安全工作第一责任

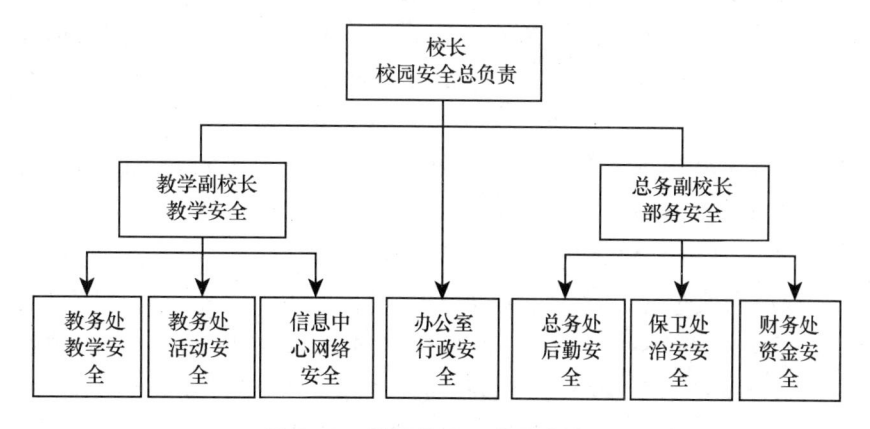

图5—2 校园管理层的职责分工

人,并按照"一岗双责、党政同责、失职追责"的要求逐层落实校园安全管理责任,实行"谁主管、谁负责",建立"横向到边、纵向到底"的校园安全责任体系。

(四)监督检查机制

深圳市将校园安全的工作纳入监督检查法治化的轨道中,在《〈深圳市学校安全管理条例〉实施细则》中通过第八条,规定各有关行政部门依据各自职责每年对校园及周边安全状况进行监督检查,对发现的安全隐患建立台账,并跟踪、指导、监督校园及周边区域安全隐患整改工作。

同时,建立健全包括立法监督、司法监督、执法监督、新闻舆论监督和群众监督等为主要内容的监督机制。突出抓好各级管理部门及其工作人员职务行为的监督,推动人大、政协、新闻媒体、社会各界对校园安全管理的监督,对查处的违法问题,严格按照有关法律法规严肃处理,并提出整改意见,限期改正。

(五)风险转移机制

深圳市在十多年的校园安全风险转移制度创新实务中,逐渐形成了"政策引导、政府推动、多方参与、市场运作"的校园安全风险转移管理体系。即由政府出台相应的政策、法律、制度或者政府提请人大立法,积极推动;在政府的政策、法规和制度推动的同时,充分发挥市场的力量和作用,通过市场运作,依法建立风险管理服务体系,为校园防范风险、转嫁风险提供服务。实现了借助保险防范和化解校园伤害事故风险,实现事前风险防范、事中风险跟踪、事后经济补偿的功能。深圳市校园安全风险转移管理制度,通过强化多元参与机制、法律约束机制、风险转移机制和风险防控机制,得到了进一步完善。

(六)责任追究机制

深圳市通过法制层面的地方性法规、规章的立法、修订等活动和行政规范层面的"一岗双责、党政同责、失职追责"制度的推行,建立并强化了系统的校园伤害事故责任追究制度。通过立法,建立、强化、落实校园伤害事故责任追究制度。

第六章 深圳校园安全综合管理制度

十八届三中全会公报提出,"坚持综合治理,强化道德约束,规范社会行为,调节利益关系,协调社会关系,解决社会问题"。在社会矛盾与问题复杂化、社会治理主体多元化的新形势下,确保校园安定有序,坚持综合治理是有效途径。坚持综合治理,就是实现治理手段从行政手段为主的单一手段运用过多,向采用包括法制约束、道德教育、行为规范自律、社会矛盾调节等多种手段综合运用转变,从基本的标准化、规范化管理,发展到以人为本为基础的科学治理。与系统治理、依法治理和源头治理不同,综合治理主要强调的是治理手段的特点。

国家质量监督检验检疫总局和国家标准化管理委员会于2016年9月30日联合发布,并于2017年1月1日实施的《社会治安综合治理综治中心建设与管理规范》规定:"社会治安综合治理是在党委、政府统一领导下,在充分发挥政法部门特别是公安机关骨干作用的同时,组织和依靠各部门、各单位和人民群众的力量,综合运用政治的、经济的、行政的、法律的、文化的、教育的等多种手段,通过加强打击、防范、教育、管理、建设、改造等方面的工作,实现从根本上预防和治理违法犯罪,化解不安定因素,维护社会治安持续稳定的一项系统工程。"从社会治安综合治理的角度对综合治理的手段做出了明确解释。

大量校园伤害事故的统计数据表明,校园安全风险主要来自于作为未成年人的学生自身,这是由未成年人的生理状况、心理认知和行为方式特点,尤其是其民事行为能力受到一定限制决定的。2008年世界卫生组织发布的《世界预防儿童伤害报告》将"预防儿童伤害的方法"概括为："立法与执法、产品改良、环境改良、支持性的家庭访视和推广安全器具、教育、技能开发和行为转变、基于社区的项目、院前救护、急救医疗和康复预防儿童伤害的方法。"

根据芬克的危机传播四段论模式，完整的校园安全综合管理制度的构建应包括：危机前的预防、危机爆发时的预警、危机爆发时的反应、危机结束期的恢复四个阶段。管理制度的基本要素应该包括：管理主体、管理规范、硬件建设、具体手段、文化氛围、风险评估、风险转移等。其中，管理主体是核心、管理规范是保障、硬件建设是基础、具体手段是方法、文化氛围是条件、风险评估是重心、风险转移是善后。由此，本书将深圳市校园安全综合管理的工作对策，概括为行政、规范、建设、管理、文化、评价、保险七个层面不同方式的结合。

第一节 行政层面的统筹协调与分层负责相结合

深圳市校园安全系统治理的管理制度，突出了行政治理层面的政府主导、多元参与的机制建设，构建起一个立体、多层、动态联系的校园安全管理系统。这一系统按照"分级办学、分级管理"的原则，在市、区、校层面上，明确了校园安全管理工作的主体责任。突出了政府主导、部门统筹的功能，同时将校园安全综合治理的重心逐层下移，形成了综合治理中，行政层面的部门统筹与分层负责相结合。（详见本书第四章"深圳校园安全系统管理制度"）

第二节 规范层面的法律约束与规范约束相结合

深圳市校园安全依法治理的管理制度，突出了规范层面的法律约束与规范约束相结合。在长期的工作过程中，形成了法律约束为主导，规范约束为依托的制度建设格局。

一　法律约束为主导

除国家法律法规外，深圳市以 1 部地方性法规（2005 年 4 月 1 日起施行的《深圳市学校安全管理条例》），4 部地方规章（2006 年 6 月 1 日起施行的《深圳市校车交通安全管理暂行办法》、2009 年 2 月 1 日起施行的《深圳市中小学校外配餐管理办法》、2009 年 2 月 1 日起施行的《深圳市校外午托机构管理办法》、2010 年 3 月 1 日起施行的《深圳市学校安全管理条例实施细则》）为构成管理的主要依据，形成校园安全法律约束的主导。

二　规范约束为依托

为了全面落实依法管理，在深圳市校园安全管理中，根据法律法规的要求，分类制定了各项执行性的具体行政规范，使得依法管理获得了切合工作实际的现实依托。

2009 年以后，出台了一系列涉及校园保险、午休午托管理、校园食堂管理、校车和学生装管理等校园安全主要方面的相关文件：2008 年深圳市教育局印发《深圳市中小学生在非教育教学时间内留校或入校的管理工作试行办法》的通知（深教规〔2008〕2 号），2009 年深圳市教育局印发《深圳市中小学校学生统一着装管理办法》的通知（深教规〔2009〕2 号），深圳市公安局、深圳市教育局印发《深圳市校外午托场所消防安全指引》的通知〔深公（消）字〔2009〕482 号〕，2010 年深圳市教育局印发《关于进一步加强学校安全管理工作创建平安校园专项行动实施方案》的通知（深教〔2010〕184 号），深圳市公安局、深圳市教育局印发《深圳市中小学校和幼儿园配备专业保安员工作实施方案的通知》〔深公（治）字〔2010〕273 号〕，2012 年深圳市教育局印发《深圳市义务教育阶段学校校车接送工作指引》和《深圳市幼儿园校车接送工作指引》的通知（深教〔2012〕585 号），2013 年深圳市教育局先后印发了《深圳市教育局关于全面实行学校安全管理"一岗双责"的实施意见〉的通知（深教〔2013〕176号），深圳市教育局2013年9月29日印发《关于印发〈深圳市教育局平安校园创建规划和工作方案〉的通知》（深教〔2013〕443号），2014年深圳市教育局又先后印发了《关于修改〈深圳市中小学校学生统一着装管理办法〉的决定》（深教规〔2014〕2号）、《关于做好2014年学生人身意外伤害保险投保工作的通知》（深教〔2014〕432号）。在此基础上，深圳市教育局与深圳市公安局消防监督管理局又于近年联合制定了《深圳市学校消防安全标准化管理工作方案（试行）》。这些政策的制定和此前出台的涉及宿舍安全管理、消防安全教育、创建和谐校园等文件一起，构成了校园安全依法管理的现实依托。

第三节 建设层面的校舍建设与标准化建设相结合

一 大力推进"校舍安全工程"和校舍建设

深圳市委、市政府高度重视校舍安全工程。2009年9月22日深圳市人民政府办公厅印发《关于印发〈深圳市中小学校舍安全工程实施方案〉的通知》（深府办〔2009〕105号），按照中央和省的要求，坚持把中小学校舍安全工程建设作为各级政府义不容辞的责任，作为重要的民生工程、民心工程，始终摆在工作的重要位置，保障人力、物力、财力的投入。

《深圳市中小学校舍安全工程实施方案》提出的目标是："通过开展全市中小学校舍抗震加固、危房改造和综合防灾能力建设，使学校校舍达到重点设防类抗震设防标准，并符合对山体滑坡、崩塌、泥石流、地面塌陷和洪水、台风、火灾、雷击等灾害的防灾避险安全要求，确保学校师生生命财产安全。"任务是"从2009年开始，用3年时间，对全市中小学校舍进行抗震加固、危房改造、迁移避险，消除安全隐患，提高综合防灾能力，全面改善我市中小学校舍安全状况，把学校建成最安全、家长最放心的地方"。此后，校舍安全工程一直被列入市政府公共服务白皮书和政府绩效考核体系中，以确保学校安全工作扎实推进。在实施《深圳市中小学校舍安全工程实施方案》过程中，"全市经检测属于危房的学校安全改造和加固"列为深圳市"十二五"规划纲要重点项目。截至2012年6月，全市实际开工面积达92.26万平方米，开工率104.3%，列全省第二；竣工面积78.07平方米，竣工率为88.26%，列全省第十一；完成投资13.41万元，占三年规划的86.02%。在完成第一轮（2009—2012年）校舍安全工程规划的基础上，根据国家和省关于建立中小学校舍安全保障长效机制的精神，深圳市编制了《深圳市2013—2015年校舍安全工程建设计划》，完成101所学校的228栋校舍改造。

深圳市在大力推进"校舍安全工程"的同时，根据城市的快速发展，大力推进校舍建设。"十二五"期间，强力推进基础教育建设工程，完成新改扩建中小学校23所。①《深圳市教育发展"十三五"规划》提出："严格执行住宅小区（含保障性住房和城市更新项目）配套规划建设义务教育学校和幼儿园制度。到2020年，完成约170所义务教育阶段公办学校新改扩建任务，新增公办义务教育学位21万个以上，新增幼儿园学位15万个以上。"

二 大力推进设施设备的标准化建设

"校安工程"的实施，也推进了校园设施、设备的标准化建设。深圳市重视建立健全中小学校舍安全保障制度体系。综合考虑城市发展、人口变化等因素，紧密结合教育事业发展、防灾减灾、校园建设等规划，统筹实施校舍安全保障长效机制。坚持建管并重，加强校舍日常管理和定期维护。

在"安全文明校园"创建工作的基础上，制定和推行了校园安全管理硬件设施、设备的标准化体系，加强校园安全的科学技术保障建设，完善了设施、设备的标准化管理。

校园视频监控设施方面，在教学楼、校门、图书馆、学生公寓、教工住宅、财务室、实验室、食堂、仓库、操场、楼道、重要出入

---

① 深圳市教育局：《深圳市教育局2015年及"十二五"工作回顾》，2015年。

口、周边路段等重点场所和重点部位安装视频监控、消防报警、防盗报警、呼叫求助、门禁对讲以及其他电子监控设施。

投入专项经费维护校园安保设施，从升级消防设施、改造校舍围墙、校车安装卫星定位汽车行驶记录仪、电子门禁等技防措施入手，不断提高校园安全技防水平。全市校园自有校车已100%安装GPS装置，并通过校车更新财政补贴，促进校车更新换代，校车更新率达55%。

2010年，在详细调查摸底基础上，市教育局与市公安局共同研究制定《深圳市中小学校、幼儿园配备专业保安员工作实施方案》，方案要求全市校园除需配备警棍、钢叉、警笛、防割手套外，每所校园还需按照幼儿园每校区不少于2名、小学每校区不少于6名、中学每校区不少于10人的标准配备专业保安人员。不仅从制度上规范和加强了安保队伍的建设，强化了"人防"，而且也是"物防"方面标准化管理的重要成果。目前，全市中小学、幼儿园均按规定配备了保安员，并配齐了警棍、钢叉等相应的安保装备。

深圳市重视推进学生用品的标识化管理，通过采用安全标识，为校园安全提供有效保障。设计并依法采用代表深圳市安全工作理念并具有高度安全认同感的安全标识，用于学生装、学生饮用奶等学生用品的外包装上，以及通过安全标准化验收的学生食堂、校车等设施设备上，树立深圳市校园安全的外在品牌形象，借助法律保护的力量达到防止假冒伪劣学生用品、增强社会关注校园安全意识等目的，为校园安全提供有效保障。

三 采用信息化管理方式

为建立健全全市安全隐患排查治理体系，切实加强安全生产事故隐患排查治理工作，深圳市安委办在全市统一开发了"深圳市安全管理综合信息系统"（以下简称市信息系统），以该系统为载体实现企业自查、政府部门巡查标准统一化、隐患流转自动化。

为保证全市安全隐患排查治理体系的一致性，2014年1月起在全市正式启用该信息系统。深圳市组织教育系统推广使用市安委会统一开发的安全管理综合信息系统，定期上报安全隐患排查治理情况，并根据系统统计数据，协调公安、消防、交通、市场监管、住建、规土、文化、城管相关职能部门，重点开展消防、交通（校车）、食品安全等校园安全隐患排查整治行动，排查整改安全隐患。深圳市教育局在"深圳市安全管理综合信息系统"纳入市政府绩效考核计分的部门中名列前茅，排查整治效果显著，校园安全事故起数与学生非正常死亡人数明显下降。①

全市校园均已于2015年前，纳入"深圳市安全综合管理信息系统"，完成信息采集率100%，学校完成自查率100%，实现了在线督导巡查，利用网络信息技术提升了学校安全隐患排查效率。②

第四节 管理层面的常规管理与隐患排查相结合

深圳市一方面重视做好校园安全的日常管理工作，根据《深圳市校园安全管理常规工作一览表》的工作安排，抓实、抓紧、抓好落实；一方面采取专项活动，强化安全隐患排查整治的专项化、制度化、专业化。二者有机互补、相辅相成，有力地保障了校园安全。

一 强化常规安全工作

（一）开学"六个一"工作

深圳市教育系统已形成新学期开学校园安全"六个一"做法：开学第一次会议部署安全工作、开学各项工作第一项检查安全、国旗下讲话第一项讲安全、上好开学第一堂安全教育课、第一次学生主题活动是安全教育活动、责任督学开学进校第一项工作是督查安全。

---

① 深圳市教育局：《关于报送平安校园创建工作总结和2015年工作计划的函》，2015年。

② 深圳市教育局：《关于中小学安全风险防控体系有关情况的报告》，2016年4月5日。

（二）常规安全工作制度化

按照深圳市每学年季节变化特点、省市教育和安全部门的常规工作要求，将常规安全工作制度化。

二 强化专项隐患排查整治

（一）隐患排查整治专项化

定期会同综治、公安、消防、交通、市场监管、住建、规土、文化、城管相关职能部门，重点加强"隐患多发地带"的校车安全、消防安全、安全保卫、食品安全、校舍安全、危险边坡、校园周边综合治理、民办校园、校外午托机构等方面的安全隐患排查，并加大整治的工作和监管力度。采取明察与暗访相结合，实地检查、听取汇报及查看相关材料等方式，检查督促校园安全隐患整治到位。

（二）隐患排查整治制度化

落实"月查月报"制度、网络化排查制度、整治督办制度和隐患整治档案清单销号制度，确保安全隐患及时发现、及时整治。在专项行动过程中，实行安全隐患"天天巡查、一周一报、月月通报"制度。

（三）隐患排查整治专业化

借助专业机构进行隐患排查并给出解决措施，目前国内有两种模式，一种是"承保公司"模式，由校方责任险承保公司聘请由专业人士组成的评估组对校园进行安全隐患排查，主要方式有发放调查问卷、参照检查标准做现场检查等，形成书面、照片等检查资料，汇总分析后，指出主要问题，提出解决措施，把结果报给教育部门，教育部门根据结果安排各校园进行隐患整治，对整治结果，评估组还要进行复查，再把复查结果报教育部门（见图6—1）。

另一种是"经纪公司"模式，基本流程和上海相同，只是评估组换为保险经纪公司，保险经纪公司是教育部门聘请的风险管理顾问，配合保险管理运作及日常服务工作，提供专业化的技术支持和保险经纪服务，做好事故风险的防范、化解和转移。

深圳市根据校园安全管理制度的规定，参照"承保公司"模式，通过在保险招标中对保险公司责任的细化，增加后续服务内容，实现了隐患排查整治的专业化。组建校园安全管理专家队伍，

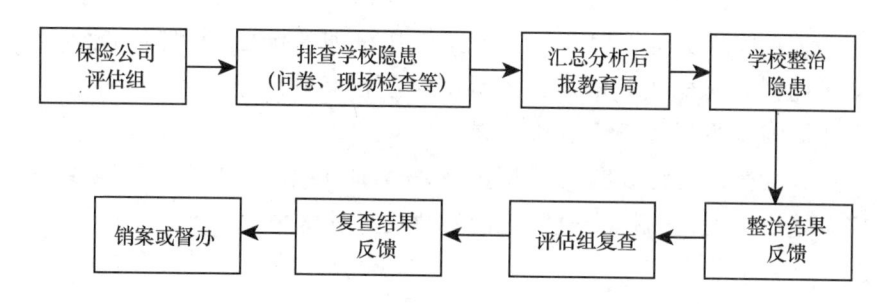

第六章 深圳校园安全综合管理制度

```
保险公司评估组 → 排查学校隐患(问卷、现场检查等) → 汇总分析后报教育局 → 学校整治隐患
                                                                    ↓
销案或督办 ← 复查结果反馈 ← 评估组复查 ← 整治结果反馈
```

图 6—1　隐患排查整治专业化示意图

每季度借助第三方安全专业机构对事故多发的 10 所校园开展风险评估，找出校园安全管理的薄弱点，有针对性予以整改与防范，减少学生安全事故的发生。

第五节　文化层面的知识教育与能力训练相结合

一　分层开展管理人员培训

对于机关管理人员，主要依托专家组和培训机构开展校园安全知识培训，制订计划，定期开展（见图 6—2）。

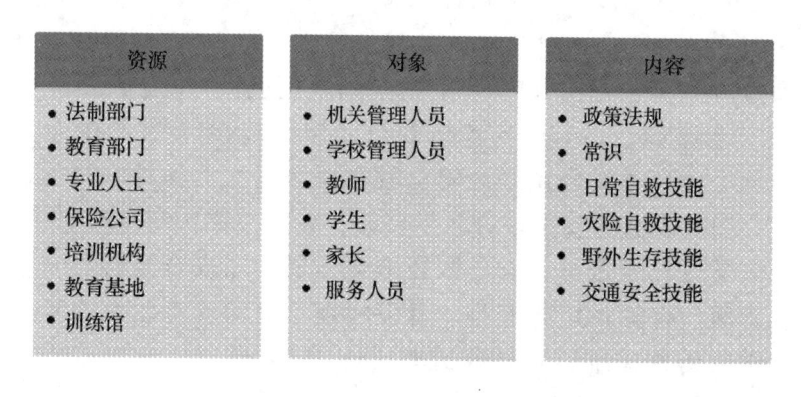

资源	对象	内容
• 法制部门 • 教育部门 • 专业人士 • 保险公司 • 培训机构 • 教育基地 • 训练馆	• 机关管理人员 • 学校管理人员 • 教师 • 学生 • 家长 • 服务人员	• 政策法规 • 常识 • 日常自救技能 • 灾险自救技能 • 野外生存技能 • 交通安全技能

图 6—2　依托优质资源开展安全教育培训

对于校园安全管理人员，主要依托深圳安全监管部门的培训发证机构开展安全业务培训，校园安全主任必须经培训考核合格，获得注册安全主任证书后方可上岗。

对于教师，将校园安全知识纳入教师继续教育内容，定期组织安全培训，提高校园安全队伍的专业化管理水平。

二 分类开展学生安全教育

创新中小学生的安全教育形式，开展类型不同的安全宣传教育活动。

（一）活动型

通过系列活动，增强学生的安全意识。《深圳市学校安全管理条例》规定每学期开学第二周为学生安全教育周，开展形式多样的安全教育活动。

（二）课程型

按照教育部《中小学公共安全教育指导纲要》要求，深圳市规定学校每学期安排10课时用于公共安全教育，做到"计划、课时、教材、师资"四落实，并在学科教学和综合实践活动课程中渗透公共安全教育内容，保证学生安全知识教育的普及。

（三）课件型

全市中小学校"安全教育实验区"项目实施以来，提高安全教育课堂效果。广大师生踊跃参与，目前共有2297所学校、幼儿园通过"安全教育实验区"信息化平台（简称"安全教育平台"）开展安全课程、27426名教师参与授课、699812名学生参与学习。该平台具有充分良好的安全教育课程、配套课件、技能训练短片、图文资料等安全教育教学资源，各学校要为每一位班主任、每一名学生开通账号，充分依托平台开展学生安全宣传教育。各级教育部门将加强统筹安排、督促检查，确保安全教育课程开设率、学生受教育面和课时落实率均达到100%，实现师生安全教育100%全覆盖。

（四）传媒型

2013年制作防溺水、交通安全、防踩踏等系列安全宣传海报、致家长一封信和公益广告短片发放到各校园,并在深圳少儿频道、电视剧频道、娱乐频道等媒体播放公益广告短片。人保公司在市教育局学校安全管理部门指导下,制作了《珍爱生命,谨防溺水》宣传片在深圳市电视台播出,取得广泛影响,被广东省教育厅紧急调用,以省政府名义于7月5日至8月5日,每天在广东电视台广东卫视、珠江、广东新闻、佳佳卡通4个频道播出,使全省尤其是深圳市的学生溺水伤亡率当年大幅下降,并逐年呈下降态势,得到省政府相关部门的充分肯定。

(五) 阅读型

为了提倡并弘扬"用安全知识守护生命"的理念,2012年,市教育局组织编印了《深圳市中小学安全知识读本》,作为安全教育的补充教材,免费发放至全市中小学。该读本的网络版也在教育局门户网站上线,供全市广大师生浏览学习。该《读本》根据各年龄段不同特征,将各类安全知识分门别类编制成若干系列,图文并茂、寓教于乐,对在中小学生中普及安全知识具有显著作用。2014年,《深圳市中小学安全知识读本》分别在国家级和深圳市"2012—2013年度哲学社会科学优秀成果评奖"中获得"优秀著作"奖项。

(六) 专题型

深圳市教育局为全方面地保障《深圳市学校安全管理条例》及《实施细则》得到有效贯彻落实,以2010年3月1日《实施细则》的正式实施为契机,组织开展了一系列专题宣传贯彻活动。这些活动主要包括:《实施细则》宣讲报告会、中小学安全主任培训、中小学多媒体在线安全知识竞赛、完善校园和学生安全保险机制、校园安全工作互检走访、安全金点子征集、学生安全实景模拟教育活动、校园安全应急演练比赛、创建安全文明校园等。这些宣传及实践活动,有力地保障了《深圳市学校安全管理条例》及《实施细则》的顺利实施,有利于增强广大师生教职员工的安全管理认识,有利于校园安全管理工作相关制度的落实。

三 定期开展实景模拟教育

按照《深圳市学校安全管理条例》及其实施细则规定,深圳全市的学校依托公共安全教育馆和安全教育基地，每一学期至少安排一次学生生存自救演习，对学生进行实景模拟教育，提高学生的安全防备意识和应对技巧。每年有近20万学生到基地接受实景模拟教育。

（一）深圳市现代安全实景模拟教育基地实景模拟教育

2010年，按照深圳市安委办《关于组织全市中小学生参加深圳市现代安全实景模拟教育基地公益教育活动的通知》（深安办〔2010〕26号）要求，深圳市教育局会同市应急办组织开展了参观深圳市现代安全实景模拟教育基地（以下简称教育基地）的活动，要求各学校周密部署、合理安排，高度重视学生的参观活动。并决定从2011年开始，各学校要将该参观活动纳入安全教育内容，每年定期组织。

深圳市现代安全实景模拟教育基地是深圳市政府投资建设的公益性安全教育项目。它主要由建筑、机械、消防、交通、危险化学品、职业卫生、自然灾害、公共安全、家居安全等十六个安全体验学习馆组成，是目前国内第一家市级综合型安全教育场馆。深圳市现代安全实景模拟教育基地运用各种高科技演示手段模拟事故现场，有利于参观者学习安全知识和提高防护技能。目前，深圳市应急办与市教育局联合授予现代安全实景模拟教育基地为"深圳市中小学生安全教育基地"称号，每周三、周五两天定为学生专场日向全市学校开放。

（二）安全教育馆和安全教育基地实景模拟教育

为了使中小学生更充分地了解社会环境和自然环境，培养中小学生的公共安全意识，提高中小学生面临自然灾害或突发安全事件时自救自护的应变能力，深圳市教育局联合市应急办、消防局等部门，在全市建立了多个中小学生安全教育馆和安全教育基地，通过实景模拟教育方式，提高学生实际安全能力。其中，2011年11月，深圳市教育局在深圳育新学校指导深圳市中小学德育基地建立的"公共安全教育馆"，发挥了突出的模拟教育功能。

在教育实践中，"公共安全教育馆"坚持实践性、实用性、实效性原则进行教学。实践性，就是让学生充分地参与各类设置的互动活动，把知识学习和实践活动紧密地结合起来。实用性，就是教育的内容要密切联系学生的生活实际，学生接受教育之后，对解决社会生活中的相关问题会有所裨益。实效性，就是充分利用声、光、电技术，主要以实践演练、场景观摩、视频演示、模型拼装、仪器观察、知识抢答等生动活泼的教育方式，向学生介绍预防和应对社会安全、公共卫生、意外伤害、自然灾害等影响自身安全的事故或事件的常识。教学中结合了现代科技手段及中小学生的认知爱好，大量采用信息化技术和亲身体验设施，向中小学生系统展示了公共安全的相关知识。

"公共安全教育馆"以《中小学公共安全教育指导纲要》为内容依据，构建了不同的教育功能区。各功能区通过图文、实物、标本、模型，系统地介绍了十一类安全知识和七大类自然灾害知识。"公共安全教育馆"通过刷卡积分的方式，对参与活动的学生进行了效果评价。同时，在教育活动中还注意培养学生的团队意识和集体观念，促进了学生相互学习意识、集体观念的培养，收到了较好效果。为了让学生了解与安全卫生知识有密切关联的人体结构知识，并通过人体结构知识的学习更加珍惜生命，"公共安全教育馆"还设置了"人体探密区"，详细介绍了人体各个系统的生理功能和安全健康要求。

2011年11月19日，深圳市发生了2.8级地震，2010年11月19日与2013年2月22日河源两次地震。面对突如其来的地震，深圳市教育局学校安全管理部门反应迅速，安全管理人员全部在岗在位，及时接听校园电话指导应急工作，并保持与地震部门的联络，第一时间向校园发布了深圳市政府的统一信息；绝大部分校园能按照应急预案，迅速反应，组织学生有序疏散到操场等空旷地带，做好学生情绪的安抚工作，并及时报送应急信息。整体上，体现了反应及时、应急高效、避险科学、信息发布及时畅通的特点，有效保障了学生生命安全和教学秩序，社会、媒体对校园的应急反应能力给予了普遍肯定，市领导对教育系统有效应对地震情况也做了书面批示给予表扬。

四 定期开展应急避险疏散演练

深圳市教育局于 2010 年 11 月 16 日发出《关于印发深圳市中小学应急避险疏散演练比赛工作方案的通知》（深教〔2010〕515号），提出"为加强我市中小学应急避险演练工作，进一步增强广大中小学生的安全防范意识和安全逃生技能，提高应急防范水平，市教育局决定举办全市首届中小学应急避险疏散演练比赛"。市教育局联合市公安局、市应急办、市反恐办等相关部门，组织相关专家制定了比赛方案、赛程和评分规则。比赛分初赛选拔、决赛评比、颁奖大会暨汇报表演三个阶段举行。在初赛基础上，专家组深入学校进行检查指导与评比，并从全市选拔出 32 所学校参加决赛评比。颁奖大会暨汇报表演观摩获得比赛一等奖学校的应急避险演练、市公安局和市教育局组织的学校反恐演练、学校保安队伍和学校义务消防队的汇报表演。

演练比赛的宗旨是"以赛促练、功在平时"，比赛不仅考核学校现场演练组织表现，还从预案制定、师生应急知识问答等方面进行评比，力求全方面检验和展示深圳学校防范和应对突发事件的能力与水平。比赛的创新形式有效激发了各学校加强应急避险演练的积极性和自觉性，对深圳市学校安全应急工作起到了极大的促进作用。《深圳市学校安全管理条例》及其实施细则规定，全市学校每学期至少安排一次学生生存自救演习。首届中小学应急避险疏散演练比赛推动了《深圳市学校安全管理条例》及其实施细则的全面持久落实，此后，全市学校形成了每一学期至少安排一次学生生存自救演习的长效机制。

第六节 评价层面的管理标准与示范评级相结合

一 实施《深圳市学校安全管理标准化建设》项目

2012 年 2 月，深圳市教育局向市安委办申报《深圳市学校安全管理标准化建设》项目,经市安委办专家组研究评审,获得立项。深圳市教育局委托专业机构开展项目实施。2013年底,项目完成。

标准化建设方案项目实施方案包括组建专家组调研、资料收集、汇编法律法规规章制度、制定校园安全管理标准化规范、制定校园安全隐患排查量化评分工作手册、选定校园开展试点、校园安全管理人员辅导培训等。

(一)组建标准化专家组,深入开展调研

由创建服务机构牵头,聘请国内创建校园安全管理标准化的权威部门中国教科院和国家教育行政学院的专家教授,以及深圳市各职能部门安全管理方面的权威专家组建成项目专家小组。专家组对校园安全管理制度、安全保卫、校舍安全、消防安全、校车安全、食品安全、活动安全、设施安全、周边安全、事故防范、安全教育等子项目进行调研。通过调研,结合深圳的实际情况,形成调研报告,提出校园安全管理标准化创建的总体要求和具体方案。

(二)编制、评审安全标准化相关文件

(1)研究分析深圳市校园安全管理的标准化、规范化建设现状与需求,对比国内外已有的校园安全管理标准化、规范化情况;收集汇总、研究确定需汇编入册的法律法规、标准、规范与规章制度;制定《学校安全管理标准规章制度汇编》。

(2)制定《深圳市学校安全管理标准化规范》,包括安全管理、组织架构人员及职责、设施设备的技术标准、安全管理、组织实施、隐患排查、事故预防等方面的职责要求以及应急处置预案及处置要求等方面的内容。

(3)征求各相关职能部门的意见,并组织《深圳市学校安全管理标准化规范》的评审工作。

(4)对学校安全隐患排查进行细化、量化,编制《深圳市学校安全隐患检查量化评分工作手册》。

(三)开展标准化创建试点工作

由项目领导小组办公室确定具有代表性的试点学校。具体工作流程如下：

1. 宣传发动

组织培训由市教育局拟发通知，开展创建宣传工作，并由试点校（园）成立相应的安全标准化建设领导小组及其办公室，全面部署"安全标准化建设活动"工作，采取多种形式大力宣传安全生产标准化知识，尤其是新颁布的安全标准。由标准化创建服务机构通过举办培训班、组织专家宣传咨询，及时协调解决工作中存在的问题、难点，为学校（幼儿园）安全生产标准化建设提供有效的指导服务。

2. 自评

创建学校按照专业机构制定的标准规范，开展标准化创建试点工作，查找学校安全隐患和管理的薄弱环节，按照标准要求进行整改，进行达标创建和开展自评，形成自评报告。

3. 开展省、市安全文明校园创建

在开展安全标准化创建的同时，根据省、市创建安全文明校园的有关要求，同步开展创建省、市级安全文明示范校园的工作。

4. 评审

学校将自评结果报标准化办公室，由标准化办公室安排具有标准化评审资质的机构进行资料审查，符合规范要求达到相关级别标准的，由评审机构组织专家按照相关评分细则对学校开展评审并形成评审报告；不符合要求的，通知学校进行整改。

5. 备案

通过评审达到标准要求的报送标准化办公室备案；不符合要求的，限期整改后重审，最终形成复审报告，再送标准化办公室备案。

6. 审核、公告

标准化办公室对提交的评审报告进行审核，符合标准的学校予以公告；对不符合标准的，书面通知并说明理由。

7. 颁发证书、牌匾

经标准化办公室公告的学校，颁发参照国家安全生产监督管理总局监制的安全生产标准化证书和牌匾。

8. 验收

由专业机构对试点工作写出总结报告，提出标准化建设的改进意见，进一步完善标准化体系。由标准化办公室组织验收，并对验收成果提出修改、补充、改进意见，完善学校安全标准化体系，正式颁布实施。

9. 推广

在全市中小学校、幼儿园，开展安全标准化创建培训，推广校园安全标准化创建工作。

二　通过示范评级推进校园安全管理标准化建设

深圳市坚持走校园安全管理精细化、规范化、标准化之路，通过创建平安校园等系列示范校，推进校园安全管理标准化的落实。通过实施平安校园三年工作计划，每年联合市综治办、公安局评审40所"市级平安校园示范校"，引领全市校园总体创建率达95%，荣获市委市政府"深圳市平安建设先进单位"荣誉称号。制定校园安全管理标准化体系，并开展2批共38所试点学校创建；部署开展50所防震减灾示范校创建，通过国家防震减灾示范城市专家组考核验收；120所学校被评为省级食品安全示范学校，南山区、光明新区获得省级学校食品安全示范区称号，全市中小学食堂均已达到安全量化B级以上，整体优良率达100%。系列安全管理示范校的创建，起到了良好的示范带动作用，促进了校园安全管理规范化水平。

第七节　保险层面的校方责任险与意外险相结合

深圳市高度重视校园安全风险分散转移制度的建设，不断完善校园及学生保险工作。深圳市从2006年开始实施校方责任险，并从2010年9月开始实行"双险"捆绑模式的校园安全保险机制，校方责任险保费由财政承担，学生意外伤害险保费由市区财政、教育发展基金会和学生监护人按1∶1∶1的比例承担。深圳市于2014年将校方责任险最高赔付标准从30万元提高至95万元，保费由每人每年5元提高到11.04元，为校园提供更加有力的安全风险保障。"双险"捆绑模式可以互为补充、相辅相成，较好地承担了不同情况下的校园风险。（详见本书第八章第四节）

第七章　深圳校园安全源头管理制度

十八届三中全会公报提出,"坚持源头治理,标本兼治、重在治本,以网格化管理、社会化服务为方向,健全基层综合服务管理平台,及时反映和协调人民群众各方面各层次利益诉求"。从治理方向上提出把治理关口从事后处置向事前和事中延伸。与系统治理、依法治理和综合治理不同,综合治理主要强调的是治理方向的特点。

2017年4月12日,国务院总理李克强主持召开国务院常务会议,部署加强中小学幼儿园安全风险防控体系建设。4月21日和4月28日,国务院教育督导委员会办公室和国务院办公厅分别下发《关于加强中小学(幼儿园)安全工作的紧急通知》《关于加强中小学幼儿园安全风险防控体系建设的意见》,要求进一步加强校园安全风险防控。校园安全风险防控一直是国家强调的重点、社会关注的热点、教育部门的难点和校园管理的痛点。国务院一个月之内三次部署该项工作,充分说明了党和国家对校园安全风险源头管理这项工作的高度重视。

校园安全危机,是校园安全事件得以产生的源头。从源头上预防和减少校园安全危机,是校园安全治理的重点。源头治理包括两重含义,首先就是把危机的治理关口从事后处置向事前和事中延伸,对危机的酝酿期、爆发期、扩散期、处理期、处理结果和后遗症期,从整体上予以治理;另一个含义是校园安全管理的各项决策在决策前要广泛听取各界意见,经过充分论证和必要听证,保证决策符合校园安全管理的客观实际。校园安全危机的源头治理有赖于校园安全危机管理机制与校园安全危机过程的同向建立。

"机制"就是通过对若干要素和要素相互间的连接以及运行方式构成的系统。"校园安全危机管理机制"是指为确保校园安全而构建的,对相关安全信息进行统计、分析、评估和决策并及时提醒对象采取措施排警,避免事故发生,或即使发生也能采取措施救治或帮助,把损伤控制在最小范围内的综合运行系统。

"建立"是根据一定目的,对事物各要素按照各自功能、作用,形成的有内在逻辑联系的有机模式。"校园安全危机管理机制的建立"是政府领导,政府部门组织和管理,社会各界特别是交通、防疫、医疗、公安、教育、环保、校园等部门参与,其他界支持,由校园安全管理专业技术人员组成建立的,采用有关法规、制度特别是责任制度保证的有效的校园安全管理模式。

斯蒂文·芬克(Fink)用医学术语将危机生命周期理论分为四个显著阶段,即:危机的酝酿期、危机的爆发期、危机的扩散期、危机的处理期。[①] 根据芬克的危机传播四段论模式,完整的校园安全危机源头治理机制的构建应包括:危机前的预防、危机爆发时的预警、危机爆发时的反应、危机结束期的恢复四个阶段。通常被简称为PPRR,即指预防(Prevention)、预警(Predict)、反应(Response)和恢复(Recovery)的简称(见表7—1)。

表7—1　　　　　校园安全危机源头治理机制的各阶段

	校园安全预防	校园安全预警	校园安全反应	校园安全恢复
时间	事前	事前	事中	事后
背景	事故可以避免	事故难以避免	事故不幸发生	损失已经形成
途径	通过预测避免	通过妥善预警	通过妥当应对	通过妥当处理
作用	避免事故发生	发生概率降低	损失降到最低	维护各方利益

校园安全危机源头治理机制的四个阶段,以危机的应急保障为

[①] Steven Fink, *Crisis Management*: *Planning for Inevitable*, American Management Association, 1986.

核心，由预防准备、监测预警、信息报告、决策指挥、危机沟通、社会动员、恢复重建、调查评估等，构成一个完整的校园安全危机源头治理机制流程（见图7—1）。

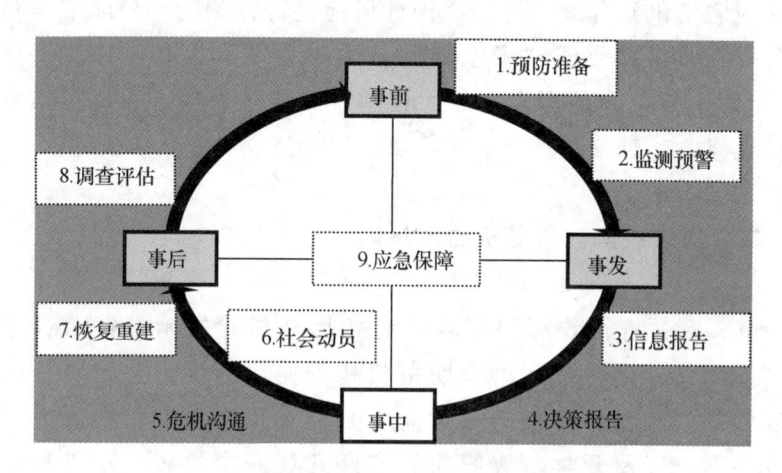

图7—1 校园安全危机源头治理机制流程

深圳市在校园安全管理制度创新实践中，经过长期深入全面探索，构建了一个由危机前的预防、危机爆发时的预警、危机爆发时的救助、危机结束期的恢复构成的校园安全危机源头治理机制。这一机制包含在深圳市教育局制定的《深圳市校园安全稳定突发事件应急预案》（以下简称《应急预案》）中，更体现于深圳市校园安全管理制度创新实践中，本书结合两个方面进行分析。

第一节 校园安全危机的预防机制

一 校园安全危机的"预防"

校园安全危机的"预防"，就是"预先防备"，做好准备以应对风险攻击并避免受害；"校园安全预防"是指政府、政府主管部门、校园以及有关专业技术主体在校园安全事故发生之前，根据对校园各种伤害事故成因的系统分析，通过有效的管理、保障和技术手段对发现的问题实施有效的防范，将可能的伤害或损失降低到最低程度的活动。

风险控制最为经济的办法是将事故的避免作为第一阶段。大多数安全风险在发生之前都是由一场事故、一个错误或是某些警告信号（风险警讯）作为先导的，因此风险是可预测的。校园安全危机预防机制的建立应以"安全第一、预防为主"为基本原则，坚持"防范胜于救灾"的理念，加大校园事故防范力度。通过探索安全工作规律，针对校园安全事故特点，逐步建立风险预防机制。

二 深圳校园安全危机的预防机制

（一）《应急预案》规定

市、区教育行政部门要采取有效措施指导校园有针对性地开展预防工作，促使校园健全防范机构、完善制度，并将责任分解落实到部门和具体责任人。建立安全检查预防机制，在进入事故高发期前，以及开学、放假前后定期开展安全检查，重点检查事故多发、易发地区和管理薄弱校园，及时消除隐患，有效预防事故发生。

各级各类校园要按照国家和教育行政部门的要求，健全校园安全管理制度，落实各项安全工作责任；改进校园安全管理，加强校园管理者和全体教职工的安全工作能力建设；做好应对校园安全突发事件的人力、物力和财力方面的储备工作，确保应急设施、设备和经费落实。

（二）机制构成

1. 隐患排查

将调查潜在安全隐患（弱点分析）作为危机源头治理的重中之重。在隐患排查基础上，对可能发生的各种危机事件做出预测和分析，预测的内容包括有多少种可能发生的事件，各类事件的性质、规模，事件发生后产生的影响和范围等。尤其注意预测最可能发生事件的时间、地点、涉及对象等，以便重点防范。

2. 制定预案

内容一般包括应急管理工作的组织指挥体系与职责；突发事件的预防与预警机制；处置程序；应急保障措施；事后恢复与重建

措施。

3. 化解矛盾

掌握并及时处理校园内存在的可能引发公共安全突发事件的问题，防止矛盾激化和事态扩大。

4. 加强教育

把应急知识教育纳入教育教学内容，对师生进行应急知识教育和必要的应急演练，培养师生的安全意识和应对技能及自救与互救能力。

5. 配套保障

配备必要的报警装置和应急设备、设施，注明其使用方法，并显著标明安全撤离的通道和路线，保证安全通道和出口畅通。

第二节　校园安全危机的预警机制

一　校园安全危机的"预警"

危机发展具有急剧变化性和潜在的巨大破坏性，危机状态下很多因素都是不确定的，因而要在最短的时间内做出应对。在这个阶段，强调快速决策、争取时间尽快控制危机事态、解决危机是最重要的。由于危机的存在、出现、发展直至被控制是在一定时段内进行的，因而，危机的应对机制体现为与危机存在阶段相一致的预警机制（见图7—2）。

"预警"是指在危机出现之前，有关政府机关或组织根据专业技术部门提供的危机可能发生的分析、判断，采取适当措施并通过有效途径向社会公众或者责任主体发出警报，以便做好应对的准备，最大限度控制危机发生的活动。"校园安全预警"是地方政府主管部门或校园根据专业技术组织对安全问题的统计、分析、预测和预报，发出警示，以便在各方面做好准备，应对危机的管理活动。"预警"不同于"预防"，"预警"基于危机出现的必然性，"预防"则基于危机出现的或然性。

事故预警需要完成的任务是针对各种事故征兆的监测、识别、

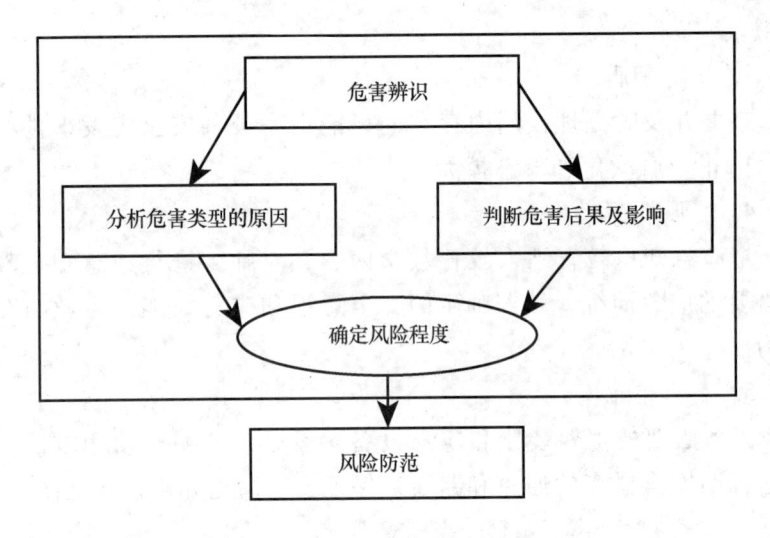

```
        ┌──────────┐
        │ 危害辨识 │
        └────┬─────┘
       ↙          ↘
┌──────────────┐  ┌──────────────┐
│分析危害类型的原因│  │判断危害后果及影响│
└──────┬───────┘  └──────┬───────┘
        ↘          ↙
        ( 确定风险程度 )
              ↓
         ┌────────┐
         │ 风险防范 │
         └────────┘
```

图7—2 危机的预警机制

诊断与评价，及时报警，并根据预警分析的结果对事故征兆的不良趋势进行矫正、预防与控制。基本功能决定其必须具备如下特点：（1）快速，预警系统能够灵敏快速地进行信息搜集、传递、处理、识别和发布，否则预警就失去了意义；（2）准确，要对复杂多变的信息做出准确的判断；（3）公开，客观、如实地向社会公开发布，因为控制事故发展和应急救援需要社会的参与，公开影响事故发生的各种信息不仅有利于社会监督，也有利于及时采取有效措施，控制事故发生；（4）完备，从不同角度、不同层面全过程地分析事故的发展态势；（5）连贯，每一次信息公开应以上次的信息为基础，确保预警信息的紧密衔接。

二 深圳校园安全危机的预警机制

（一）《应急预案》规定

市、区教育行政部门建立校园事故灾难统计分析工作机制，按季度、半年和年度对事故发生情况进行统计分析，及时、全面把握不同时期安全工作面临的突出问题和主要矛盾，有针对性地提前发布预警信息，指导校园采取有效预防措施。各级各类校园针对上级教育行政部门的预警信息和工作要求，及时做好人力、物力和财力方面的储备和安排。

（二）机制构成

坚持"防范胜于救灾"的理念，积极探索安全工作规律。针对校园安全事故特点，逐步建立风险预警机制：

第一，定期汇总分析全市校园安全事故与安全隐患的季节性、地域性及危害性等特点，举一反三，找出其中规律与应对措施，提前做好工作部署，提醒各级教育行政部门及家长做好相应防范措施。

第二，组织委托专业机构对市局直属学校逐一进行安全评估，形成安全评估报告，查找安全隐患与薄弱环节进行整改。

第三，与市气象局研究确定灾害天气预警发布机制，制定符合全市教育实际的灾害性天气防御指引。参考借鉴香港经验做法，对不同时间节点发布预警信号时的学校的防御措施进行了细化。

第四，2014年以来，在教育系统推广使用"深圳市安全管理综合信息系统"，实现巡查标准统一化、隐患流转自动化。

第三节 校园安全危机的救助机制

一 校园安全危机的"救助"

危机爆发时的反应管理体现为危机的救助。"救助"就是指由于外在力量影响，使主体生命、财产受到损失时或者损失后的救济和帮助。"校园安全救助"就是指在一定区域范围内，通过对校园安全事故成因系统的分析，对其发生、发展及造成的危害进行测度后采取的恰当的救济和帮助活动。

当危机一旦成为事实，则应急救助机制必须迅速启动、运转，这是整个应急反应机制的核心部分。危机事件的救助主体是所有相关政府机关、校园、专业机构。各个救助主体都应该预先将可能发生的危机事件分类，并做出对每类事件的救助预案。一个完整的应急救助预案应包括组织体制、运作机制、法制基础、保障系统四个

部分，每个部分又应该分为若干方面。（见图7—3）

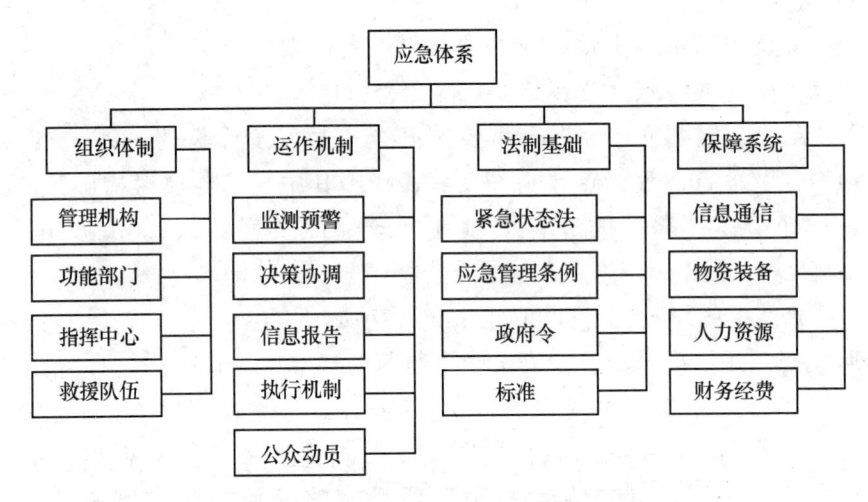

```
                          应急体系
        ┌──────────┬────────┴────┬──────────┐
      组织体制    运作机制      法制基础     保障系统
      ┌────┐    ┌────┐       ┌──────┐    ┌──────┐
      管理机构   监测预警     紧急状态法    信息通信
      功能部门   决策协调     应急管理条例  物资装备
      指挥中心   信息报告     政府令        人力资源
      救援队伍   执行机制     标准          财务经费
                 公众动员
```

图7—3　完整的突发事件应急救助体系

当然，校园是处理校园安全危机事件的主要责任主体，理应制定更为切实、详尽的处理预案。在危机救助阶段，校园的主要工作机制是：

第一，降低危机破坏后果。危机事件必然带来损害，因此，危机管理的要义就是要最大限度地降低危机的破坏后果。

第二，隔绝危机潜存因子。危机可视为社会一股会传染的"疾病"，必须隔离传染病病人，才能防止传染病的肆虐流行。阻止危机的扩散速度，只有隔绝危机的病源（危机因子）。因此，隔绝危机潜存因子，是危机管理的必要手段。

第三，减缓危机扩散速度。危机处理要减缓危机扩散的速度，防止危机的扩大与恶化，不致引发一波未平一波又起的另一场危机。

第四，有效处理危机。处理危机为危机管理最重要的一环。不过要先知先觉及早处理危机，并非一般人所能完成，必须在诸多条件与时空因素配合下，才能有效进行；在危机爆发后，必须做有效迅速的处理，才能将危机化为转机。

二 深圳校园安全危机的救助机制

（一）《应急预案》规定

1. 校园的响应

事发校园按照本校园应急预案进行处置，同时将情况上报上级教育行政部门。

2. 市、区教育行政部门的响应

（1）市、区教育行政部门负责人进入事发校园或事故现场，指挥事发地教育行政部门和校园按照地方党委、政府的要求开展应急处置工作。

（2）市、区教育行政部门负责人到达事故现场后，及时听取、了解情况，配合有关部门进行现场勘察，对事故做出判断，共同制定、部署抢救方案，迅速开展救援工作。

（3）协调有关单位分工负责救援工作，保障人力、设备支援。监督专项资金、物资的使用情况。

（4）在迅速组织抢险救护工作的同时，要严格保护事故现场。

（5）认真、如实地做好人员伤亡、财产损失的统计工作，将事故灾情向上一级教育行政部门应急处置工作组汇报，提供关于事件信息对外公布的口径、时间方面的建议。

（6）会同市、区宣传部门做好新闻报道和新闻管理工作，掌控网络信息，有力引导舆论，按照主管部门的要求，及时、准确地发布统一口径的消息。

（7）对于造成校内师生严重伤亡和严重干扰校园正常教学秩序的事件，在处置过程中尤其要组织力量做好师生的心理抚慰工作，稳定师生情绪，尽快恢复校园正常秩序。

（8）总结事件的教训，推广事故处置的成功经验和做法，做好表彰和惩处工作。

3. 信息报送

（1）信息报送原则

① 迅速：发生突发事件的校园，应在第一时间向当地党委、政府和上级教育行政部门上报事故信息。

② 准确：信息内容要客观翔实，全面准确，不得漏报、瞒报、谎报、延报。

③ 直报：一般突发事件信息采取分级报送的原则。发生特别重大事件，必要时校园可越级上报。

④ 续报：事件情况发生变化后，校园和地方教育行政部门应及时续报。

（2）信息报送机制

① 初次报告

各级各类校园发生突发事件后，应在第一时间（事发2小时内）将事件初步情况报告上级教育行政部门和当地党委、政府。

市、区教育行政部门接到报告后，初步判断事件等级，在2小时内报告上一级教育行政部门和当地党委、政府。

重大、特别重大突发事件发生后，必要时校园或教育行政部门可以越级报送。

初次报告内容：事件发生时间、地点、规模、破坏程度、伤亡人数、可控程度、发展趋势、事件的初步性质和事故可能原因等。

② 过程报告

重大、特别重大突发事件处置过程中，校园应每天将事件发展情况报告上级教育行政部门，市、区教育行政部门要逐级每日报告上级教育行政部门直至教育部应急处置工作组。

较大事件（Ⅲ级）和一般事件（Ⅳ级）突发事件处置过程中，校园应及时将事件发展情况报告上级教育行政部门，市、区教育行政部门要逐级报告上级教育行政部门直至教育部应急处置工作组。

过程报告内容：事件发展状态、控制情况、伤情变化、事故分析、性质判断、采取措施、下一步处置安排等。

③ 结果报告

事件结束后，应将事件处理结果逐级报告上级教育行政部门直至教育部应急处置工作组。

结果报告内容：处理结果、影响程度、责任追究、整改情况、公众及媒体各方面的反应等。

(3) 信息报送系统

① 电话报送

在发生突发事件后，校园和市、区教育行政部门可以在第一时间通过电话进行信息初步报送，有条件地使用保密电话或加密传真。

② 紧急文件报送

市、区教育行政部门在信息报送过程中要以书面材料形式向当地党委、政府和上级教育行政部门报告。由于事故原因导致无条件上报书面材料可先口头报告，事后补报书面材料。

(4) 信息发布

信息发布要全面、客观、准确、及时。重大信息发布应当按照有关程序履行审批手续。

(二) 机制构成

深圳校园安全危机的救助机制有四个方面的主要工作：

第一，组建并通过危机管理小组开展救助。在危机或危机事件出现之前，危机管理小组的成员就已经各司其职，并且做好一切准备。成员包括可以迅速联系到的核心人员，他们拥有在任何危机情境下行动的知识和技能。这些人包括校长、副校长、校长助理、班主任、医生和护士、校园心理咨询教师、一个或多个精选出来的教师、校园安全保卫人员等。（见图7—4）

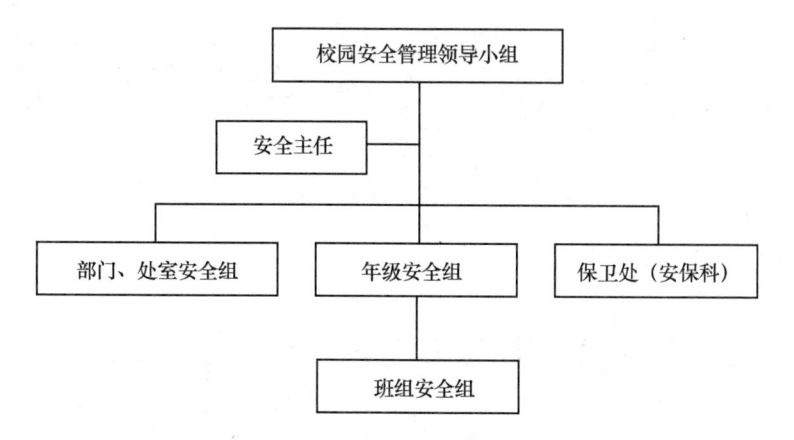

图7—4　校园三级安全管理组织机构层级图

第二，实施危机处理计划。校园的危机管理计划包括先期规划、介入（应对）、危机后的活动这三个方面的详细规定。

第三，进行危机管理沟通。学生家长和家庭成员、教职员工的家庭成员被告知危机情境，其中包括他们家人或孩子所处的情况。与法律部门和其他紧急事件服务部门保持及时联系。

第四，快速信息报送。

校园或者危机管理小组的成员获得与危机情境及时相关的信息后，将这些信息发送到中心办公室和其他受影响的校园及单位。另外，校园向新闻媒体告知客观的、及时的危机信息。

具体报送程序如图7—5所示。

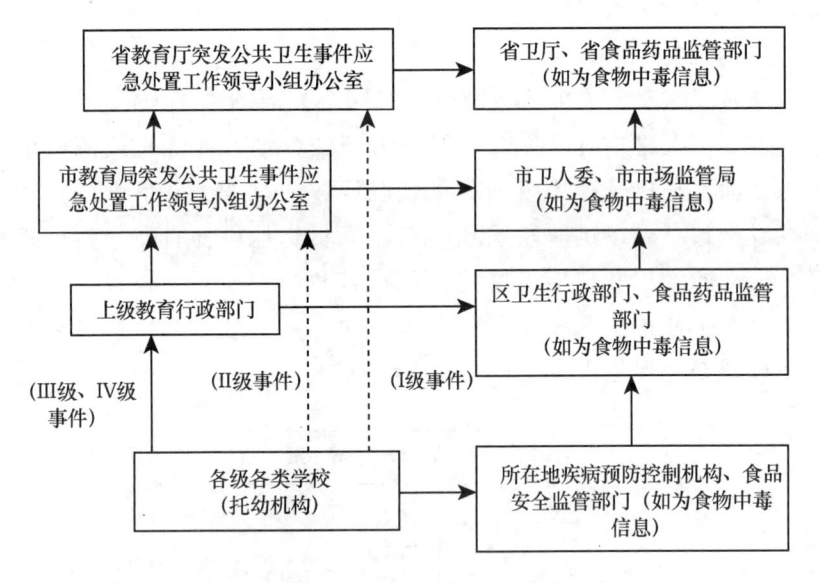

图7—5 突发公共卫生事件报送流程

第四节 校园安全危机的恢复机制

一 校园安全危机的"恢复"

恢复管理是维持校园和个人存在和走向常规的必要条件。危机总是能够带来一定的损害，虽然危机得以克服，但经历危机冲击的校园或个人如何在危机后走向危机发生前的状态也是一个亟待解决的问题。危机恢复管理的首要目的就在于将危机主体恢复到危机前的状态，其次，危机恢复管理是校园或个人获得新的发展的前提准备，可以为校园的新一轮发展提供契机。

危机消除后的恢复可从制度与秩序、校园形象、设施设备、生理和心理等方面进行。完整的危机恢复计划依照其内容及实施步骤可以分为校园危机背景简介、校园危机恢复目标、危机恢复对象、危机恢复工作的策略和方法、计划的拟订者和执行人、计划的物质准备、使用条件及有效期等几个部分。[①]

二　深圳校园安全危机的恢复机制

（一）《应急预案》规定

1. 教育行政部门

教育行政部门要协调好事发单位与有关部门的工作，争取在最短时间内完成善后与恢复工作。如火灾、建筑物倒塌、校园爆炸等事故严重破坏了教学场所，影响了教学秩序，要积极协调有关部门，争取各种资源，通过在安全地带临时搭建校舍、借（租）用房屋或异地复学等方式尽快恢复教学秩序，保障教育教学的延续性。

根据受灾地区实际及灾情核查、评估结果，制定恢复重建方针、目标、政策、重建进度、资金支持、优惠政策和检查落实等工作方案。

按照政府统一安排做好救灾物款的筹措和拨付，在政府的统一领导下，充分利用各类救灾资金开展灾后校园重建工作。

组织专业人员对师生进行心理干预和辅导。

对积极参加突发事件应急处置的集体和个人，给予表彰和奖励；对在突发事件的预防、报告、调查、控制和处置过程中有玩忽职守、失职、渎职等行为的相关责任人，要依照有关法律、法规和规定，给予行政处分，乃至依法追究其刑事责任。

---

① 纪宝成：《从"非典"防控看高校的危机管理》，《中国高教研究》2003年第8期。

2. 各级各类校园

积极配合有关部门，加快校园灾后恢复重建工作。

采取多种措施，尽快恢复校园的正常教育教学秩序。

校园要关注师生的心理、情绪变化，积极转化师生的心理行为问题。

总结经验教训，调查、总结原因，找出预防、预警和处置环节中出现的问题，及时修订应急预案，对管理上的薄弱环节进行整改。

（二）机制构成

第一，秩序的恢复。恢复到保证教学秩序的正常运行，包括财产、设备、教学工作和成员恢复到正常状态。

第二，形象的恢复。危机事件发生后的校园形象不仅关乎社会、政府对校园的评价，也关系到校园未来的发展。因此，迅速澄清事实，消除负面影响是危机事件后校园亟待解决的问题。

第三，基础设施的恢复。基础设施承载校园各种制度和活动，对其展开的恢复是基础性的工作。

第四，心理的恢复。危机事件的有形损害程度明确，对其恢复相对较易；而无形损害常常因其隐蔽，往往会被忽视。其中最为重要的是危机对学生心理的损害。学生特别是低龄学生的身心尚未发育成熟，耐挫力和心理承受能力较差，常常会表现出恐慌、后怕、怨天尤人、内疚、抑郁等心理。对其心理教育的方法从两方面入手：一是校园激励。以教育和培训为路径，通过专职心理教师的个别疏导、谈心等形式开导、化解学生的心理负担，培养他们面对现实的信心和决心。二是家人关心。家庭成员对危机受害者的心理障碍要给予更多的照顾和理解，通过细致入微的关心，化解危机后的紧张和后怕，校园邀请家长一同参与危机恢复的有关活动。

第八章　深圳校园安全事故风险转移制度

校园安全事故具有易发性、多样性、复杂性的特点，一旦发生，不仅给受伤害的学生及其家长造成身体和精神创伤，也会使校园和家庭背负沉重的经济负担，巨额的赔偿费用往往使校园难以承受，校园正常的教育教学活动也会受到影响。2017年5月《人民日报》刊登《校园安全要加压也要松绑》一文，文中提到教育部政策法规司"学校安全风险防控机制研究"课题组通过对29个县区的1596位校长、76811位家长的问卷调查结果显示，校园安全事故一旦发生，94.2%的校长选择需要家长的理解；而41.4%的家长认为校园一定有责任，85.8%的家长会去找班主任，79.5%的家长会去找校园领导，23.8%的家长会去找政府。其中，即使能得到全额赔偿，也只有23.6%的家长觉得满意。① 针对校园和家长之间的矛盾，需要以法治方式健全安全事故处理和风险化解机制。基于风险转移与保险理论，引入保险转移机制，发挥保险的社会保障功能和社会管理功能，将校园风险管理与保险有机结合起来，是转移事故风险、完善校园安全管理制度的重要内容，也是政府管理教育的重要手段。

第一节　学生安全事故的处理

在发生地震、洪水、泥石流、台风等自然灾害和重大治安、公

---

① 《校园安全　要加压也要松绑》，《人民日报》2017年5月5日。

共卫生突发事件时，校园及相关部门应当立即启动应急预案，及时转移、疏散学生，或者采取其他必要防护措施，保障校园安全和师生人身财产安全。当校园内发生火灾、食物中毒、重大治安等突发安全事故以及自然灾害时，校园应当启动应急预案，及时组织教职工参与抢险、救助和防护，保障学生身体健康和人身、财产安全。在积极保障学生安全时，若发生学生意外伤害事故，校园应该按照《学生伤害事故处理办法》规定的原则和程序，及时实施救助，并进行妥善处理。

一 学生安全事故的处理程序

《中华人民共和国未成年人保护法》规定，校园对未成年学生在校内或者本校组织的校外活动中发生人身伤害事故的，应当及时救护，妥善处理，并及时向有关主管部门报告。校园安全工作无小事，各校园必须加强管理，务必把学生的安全放在更加重要的位置，始终保持高度的警觉。同时，如果发生意外伤害事故，必须按照相关规定，及时进行妥善处理。

（一）及时告知监护人，紧急救援

教育部颁布的《学生伤害事故处理办法》第十五条明文规定，发生学生伤害事故，校园应当及时救助受伤害学生，并应当及时告知未成年学生的监护人；有条件的，应当采取紧急救援等方式救助。例如，设有校医的校园，在发生学生伤害事故后，应立即通知校医在第一时间内到达事故现场，对受伤学生进行现场救护。校医再根据学生受伤情况，决定是否应当采取紧急报警救护措施。如需要采取紧急报警救护措施的，校园应立即采取紧急报警救护措施。①

（二）及时向上级主管部门报告

《学生伤害事故处理办法》第十六条规定："发生学生伤害事故，情形严重的，学校应当及时向主管教育行政部门及有关部门报告。属于重大伤亡事故的，教育行政部门应当按照有关规定及时向同级人民政府和上一级教育行政部门报告。"学校应根据事故发展、

---

① 教育部：《学生伤害事故处理办法》，2002年9月。

救治的情况，随时向上级相关部门进行汇报，不得隐瞒不报、谎报或者拖延不报。

下列伤害事故为学校应当向教育行政部门报告的情形严重的学生伤害事故：（1）学生伤害情形不严重但涉及学生面广，可能影响学校正常教育教学秩序的；（2）可能导致学生残疾，影响学生正常学习生活的；（3）学生集体食物中毒的；（4）宿舍失火，教室、体育设施等学校设施垮塌造成学生伤害的；（5）校外人员进入学校殴打学生造成学生伤害的；（6）学生死亡或者群伤的。

事故报告的形式和内容。学校除了口头报告外，应当在24小时内做出书面报告，一般认为伤亡20人以下的应该在6小时以内报告。事故报告应当包括以下内容：（1）事故发生的时间、地点；（2）当事人姓名、年龄；（3）当事人所在年级、班级；（4）事故概况和事故原因；（5）事故造成的损害；（6）救助情况。对于应当报告的事故，学校不得隐瞒，不得歪曲事故的事实和原因。发生学生食物中毒事故，学校还应向当地卫生行政部门报告。重大伤亡事故，教育行政部门接到学校的报告后，应当在24小时内向当地人民政府和上级教育行政部门报告。

（三）教育行政部门指导、协助校园处理事故

《学生伤害事故处理办法》第十七条规定，学校的主管教育行政部门应学校要求或者认为必要，可以指导、协助学校进行事故的处理工作，尽快恢复学校正常的教育教学秩序。

（四）教育行政部门进行调解

《学生伤害事故处理办法》第十九条规定，教育行政部门收到调解申请，认为必要的，可以指定专门人员进行调解，并应当在受理申请之日起60日内完成调解。经教育行政部门调解，双方就事故处理达成一致意见的，应当在调解人员的见证下签订调解协议，结束调解。在调解期限内，双方不能达成一致意见，或者调解过程中一方提起诉讼，人民法院已经受理的，应当终止调解。调解结束或者终止，教育行政部门应当书面通知当事人。

现实中，由于我国缺乏有关校园伤害事故处理的专门法律，《学生伤害事故处理办法》属于部门规章，在司法实践中只能被法

院参照，校园对学生的法律责任性质的认定与家长的认识存在明显的分歧，加上缺乏可信任中介调节机构，往往导致学生伤害事故不能够通过调解途径得到有效的解决。其结果一方面受伤害学生得不到及时的救助，另一方面也直接影响校园正常的教育教学工作。

（五）报告处理结果

学生伤害事故经过协商、调解或者诉讼做出终局性的处理后，校园应当在 30 日内，将事故处理结果书面报告教育主管行政部门。对于重大伤害事故的处理结果，校园主管的教育行政部门应书面报告当地人民政府和上一级教育行政部门。

事故处理结果报告包括以下内容：（1）事故发生的时间、地点；（2）当事人姓名、年龄；（3）当事人所在年级、班级；（4）事故概况和事故原因；（5）事故造成的损害；（6）救助情况；（7）伤害程度鉴定；（8）事故责任和赔偿争议及争议的解决方式；（9）事故赔偿金额；（10）事故责任人的处理及追偿；（11）事故的教训和改进工作的措施。事故结果报告应附有已经履行的协商达成的协议、已经生效的调解协议或人民法院的法律文书。教育行政部门收到事故处理结果报告后，连同事故报告一并存档。重大伤亡事故的处理结果报告，应当同时抄报上级教育行政部门和当地人民政府。

二 学生安全事故的法律救济

《中小学幼儿园安全管理办法》第四十二条规定，要构建校园安全工作保障体系，全面落实安全工作责任制和事故责任追究制，保障校园安全工作规范、有序进行。法律救济是指公民、法人或其他组织认为对方当事人行为直接侵害其合法权益，请求有权的国家机关依法实施纠正，并追究其法律责任，以保护自身合法权益的行为。"没有救济的权利不是真正的权利"，"有权利就必须有救济"，法律救济对保障学生的合法权益有重要意义。目前我国对学生伤害事故的法律救济主要有以下两种途径：

（一）行政机关的救济

学生行政申诉制度。当权益受到侵害时，学生可向所在校园提出申诉，如果对申诉决定不服或受理申诉的主体未按期做出决定的，可提出行政复议。

（二）司法机关救济

我国《教育法》第四十二条第四项规定，受教育者拥有对学校、老师侵犯其人身权、财产权等合法权益，提出申诉或依法提起诉讼的权利。《学生伤害事故处理办法》第二十一条规定，经调解达成的协议，一方当事人不履行或者反悔的，双方可以依法提起诉讼。因此，当权益受到侵害时，学生可提出行政复议，也可提起诉讼。诉讼应该是解决双方纠纷的一种最终有效的机制。

1. 教育民事诉讼制度

校园、教师、学生及社会其他平等主体为解决学生伤害事故中产生的纠纷，保护自己的合法权益，应依法向法院提起诉讼，由法院进行审理并做出判决，这就是教育民事诉讼制度，它是受害人保护自己合法权益的最有效的手段之一，在司法实践中的运用也较为普遍。

2. 教育刑事诉讼制度

我国《刑法》第一百三十八条规定，"明知校舍或者教育教学设施有危险，而不采取措施或者不及时报告，致使发生重大伤亡事故的，对直接责任人员，处三年以下有期徒刑或拘役，后果特别严重的，处三年以上七年以下有期徒刑"。对此类情况造成的伤害事故，受害人或其监护人可通过刑事诉讼寻求法律救济。

历年来，中小学校舍安全工程建设工作一直被列入深圳市政府公共服务白皮书和政府绩效考核体系中，以确保校安工作扎实推进，真正把学校建成最安全、家长最放心的地方。从 2009 年开始，实施《深圳中小学校舍安全工程实施方案》，"全市经检测属于危房的学校安全改造和加固"已列为深圳市"十二五"规划纲要重点项目，在全市各学校开展校舍抗震、危房评估、综合防灾能力等方面的安全排查整治工作，建立起全市中小学校舍维修改造长效机制，提高了抗震设防标准，全面改善了中小学校舍安全状况。

第二节　学生安全事故的赔偿

我国相关法律文件对学生安全事故的赔偿做出较为全面的规定，为赔偿主体、赔偿对象、赔偿范围、赔偿标准等相关问题的确定，提供了基本依据。

一　赔偿主体

《学生伤害事故处理办法》第二十三条规定："对发生学生伤害事故负有责任的组织或者个人，应当按照法律法规的有关规定，承担相应的损害赔偿责任。"

2008年4月15日，教育部、财政部、中国保监会联合下发的《关于推行校方责任保险　完善校园意外伤害事故风险管理机制的通知》提出，"九年义务教育阶段学校投保校方责任保险所需费用，由学校公用经费中支出，每年每生不超过5元。其他学校投保校方责任保险的费用，由省、自治区、直辖市教育行政、财政部门和保险监管机构，按照《中共中央国务院关于加强青少年体育增强青少年体质的意见》（中发〔2007〕7号）的精神，制定相关办法"[①]。从该文件的规定来看，保险费的承担方应该是学校。

在校园责任保险实务中，各地又有差异，主要有三种基本做法：第一种是由校园出资，即校园承担保险费用，如湖南、广西、安徽、福建、广东；第二种是由校园与政府或社会共同出资，如山东、重庆、江西；第三种是由政府承担，如上海、江苏、北京。

根据"谁受益，谁出钱"的原则，由作为投资方的校园举办方来缴纳保费是理所当然的。这里有两类情况：对公立校园而言，校园经费来自国家财政拨款，国家是国有资产的所有者，国家也是校园侵权责任的最终承担者，各级政府承担保费，为校园投保，分担风险、补偿损失，理所当然；对民办校园而言，校园资产非国有资

---

① 教育部、财政部、中国保监会：《关于推行校方责任保险　完善校园意外伤害事故风险管理机制的通知》，2008年4月。

产，其举办人对其享有财产权利，同时依法对校园内部事务进行管理，并承担独立的民事责任，校方责任保险费应由校园举办者支付。具体来看，应有三种情况：（1）义务教育阶段校园的教职员工校方责任保险费在公用经费中列支，由市、教育局统一支付；（2）幼儿园的教职员工校方责任保险费在公用经费中列支；（3）其他非义务阶段校园的教职员工校方责任保险费由校园举办者支付。

二 赔偿范围

（一）赔偿规定

《学生伤害事故处理办法》第二十四条规定，学生伤害事故赔偿的范围与标准，按照有关行政法规、地方性法规或者最高人民法院司法解释中的有关规定确定。教育行政部门进行调解时，认为校园有责任的，可以依照有关法律法规及国家有关规定，提出相应的调解方案。

2003年12月4日最高人民法院审判委员会第1299次会议通过，2003年12月28日颁布，2004年5月1日起实施的《最高人民法院关于审理人身损害赔偿案件适用法律若干问题的解释》第17条做了如下规定：[①]

受害人遭受人身损害，因就医治疗支出的各项费用以及因误工减少的收入，包括医疗费、误工费、护理费、交通费、住宿费、住院伙食补助费、必要的营养费，赔偿义务人应当予以赔偿。

受害人因伤致残的，其因增加生活上需要所支出的必要费用以及因丧失劳动能力导致的收入损失，包括残疾赔偿金、残疾辅助器具费、被抚养人生活费，以及因康复护理、继续治疗实际发生的必要的康复费、护理费、后续治疗费，赔偿义务人也应当予以赔偿。

受害人死亡的，赔偿义务人除应当根据抢救治疗情况赔偿本条第一款规定的相关费用外，还应当赔偿丧葬费、被扶养人生活费、死亡补偿费以及受害人亲属办理丧葬事宜支出的交通费、住宿费和误工损失等其他合理费用。

---

① 《最高人民法院关于审理人身损害赔偿案件适用法律若干问题的解释》，2003年12月。

此外,《最高人民法院关于审理人身损害赔偿案件适用法律若干问题的解释》第十八条还规定：受害人或者死者近亲属遭受精神损害,赔偿权利人向人民法院请求赔偿精神损害抚慰金的,适用《最高人民法院关于确定民事侵权精神损害赔偿责任若干问题的解释》予以确定。精神损害抚慰金的请求权,不得让与或者继承。但赔偿义务人已经以书面方式承诺给予金钱赔偿,或者赔偿权利人已经向人民法院起诉的除外。

《中华人民共和国侵权责任法》（以下简称《侵权责任法》）第十六条规定："侵害他人造成人身损害的,应当赔偿医疗费、护理费、交通费等为治疗和康复支出的合理费用,以及因误工减少的收入。造成残疾的,还应当赔偿残疾生活辅助具费和残疾赔偿金。造成死亡的,还应当赔偿丧葬费和死亡赔偿金。"[①]

（二）赔偿项目

按照上述法律规定,学生伤害事故赔偿的类别主要有：医疗费、误工费、护理费、交通费、住宿费、住院伙食补助费、营养费；残疾赔偿金、残疾辅助器具费、被扶养人生活费,以及因康复护理、继续治疗实际发生的必要的康复费、护理费、后续治疗费；丧葬费、被扶养人生活费、死亡补偿费以及受害人亲属办理丧葬事宜支出的交通费、住宿费和误工损失等其他合理费用；受害人家属精神损害抚慰金等。

《学生伤害事故处理办法》第二十六条规定,学校对学生伤害事故负有责任的,根据责任大小,适当予以经济赔偿,但不承担解决户口、住房、就业等与救助受伤害学生、赔偿相应经济损失无直接关系的其他事项。学校无责任的,如果有条件,可以根据实际情况,本着自愿和可能的原则,对受伤害学生给予适当的帮助。

（三）合理费用

何谓合理费用？《最高人民法院关于审理人身损害赔偿案件适用法律若干问题的解释》第十九条规定："器官功能恢复训练所必要的康复费、适当的整容费以及其他后续治疗费,赔偿权利人可以

[①]《中华人民共和国侵权责任法》（中华人民共和国主席令第21号）,2009年12月,中央政府门户网站。

待实际发生后另行起诉。但根据医疗证明或者鉴定结论确定必然发生的费用,可以与已经发生的医疗费一并予以赔偿。"这里的"另行诉讼"主要指通过诉讼进入司法程序的人身伤害事故。校方责任险的赔偿案件并非都要通过司法程序解决,因而这里的"合理费用"应根据"医疗证明或鉴定结论确定必然发生的费用,与已经发生的医疗费一并予以赔偿"来确定。

(四) 精神损害赔偿

《侵权责任法》第二十二条规定:"侵害他人人身权益,造成他人严重精神损害的,被侵权人可以请求精神损害赔偿。"这是我国法律中第一次明确精神损害赔偿。同时,这个规定对精神损害赔偿做了双重限制,一方面把精神损害赔偿严格限制在侵害人身权益上,侵害人身权益就包括侵害生命权、健康权、名誉权、隐私权等,并不包含财产权;另一方面限定在了"严重精神损害"的程度上。

2001年3月最高人民法院的《关于确定民事侵权精神损害赔偿责任若干问题的解释》对适用精神损害赔偿的范围、精神损害赔偿的种类、精神损害赔偿数额确定等多方面做出了明确的规定。2003年12月,最高人民法院发布的《关于审理人身损害赔偿案件适用法律若干问题的解释》对于人身损害赔偿的范围、项目和标准都进行了很大的调整,并对我国精神损害赔偿再次予以明确肯定。2008年,教育部发布的《通知》要求"各省、自治区、直辖市参照《最高人民法院关于审理人身损害赔偿案件适用法律若干问题的解释》规定的项目,结合当地实际情况确定校方责任保险赔偿范围"。可见,该《通知》所强调的赔偿范围自然包括精神损害赔偿内容。

从一些地方的校园责任保险实践来看,保险公司关于校方责任保险产品的条款中,一般会把精神损害赔偿列入责任免除项目中。如安邦财产保险股份有限责任公司"学校责任保险条款"〔安邦(备案)〔2009〕N19号〕第六条。到底如何看待这种情况?作为商业保险,在校园责任保险中校园和保险公司可以就保险条款的内容进行协商,如果双方把精神损害赔偿排除在保险赔付之外,自然无可厚非，但如果将校园责任保险定性为强制性保险，那么保险合同的条款和赔付范围自然不能完全由保险公司自行通过格式合同条款予以排除。事实上，《关于推行校方责任保险，完善校园伤害事故风险管理机制的通知》提出的"在全国中小学校中推行意外伤害校方责任保险制度"，已经表明了校方责任保险的行政强制性质。将精神损害排除在校园责任保险赔偿范围之外，不符合上述规定。

三　赔偿标准

（一）赔偿标准和计算方法

与《侵权责任法》第十六条规定的赔偿项目相对应的赔偿标准和计算方法，通常依据《最高人民法院关于审理人身损害案件适用法律若干问题的解释》（以下简称《司法解释》）执行。这些项目和计算标准，应在同保险公司的合作协议中作为专门条款予以列明。伤残赔偿金与死亡赔偿金部分的执行标准，依据《侵权责任法》的规定，应实行同命同价，不能划分为城镇和农村两个不同标准予以赔偿。

此外，根据《保险法》的相关规定，各地还应根据实际情况就校方责任险出险事故中的财产损失、法律费用和事故发生后的合理的、必要的施救费用等项目的赔偿责任与保险公司进行约定。并在《校方责任保险服务手册》中有明确记录，可供各级各类校园借鉴使用。

（二）不适用医保目录

校方责任险中的医疗费用不适用医保目录。第一，校方责任险承保的是校园在学生伤害事故中应当承担的民事经济赔偿责任，而民事经济赔偿责任的有无并不取决于医保目录的承认与否。第二，《侵权责任法》对医疗费赔偿的表述是"应当赔偿医疗费"，并未讲到适用医保目录。第三，《司法解释》对医疗费赔偿的表述是，"医疗费的赔偿数额，按照一审法庭辩论终结前实际发生的数额确定"。"实际发生的数额"从实质上排除了医保目录。

（三）补偿原则的使用

"补偿原则"是国内外保险行业普遍使用的基本原则之一，也被我国《保险法》规定。保险在本质上是互助共济的公益性行为。投保人不能通过购买保险获利，保险人借助补偿原则规避保险道德风险。因此，在各类重复投保的商业保险中，只有死亡和残疾适用给付原则，因为生命是无价的，其他保障项目一律适用补偿原则。也就是说，当校方责任保险与其他商业保险发生重复保险时，保险公司可按照保险合同的最高责任限额与所有有关保险合同的最高责任限额总和的比例，承担相应比例的赔偿责任。

(四) 伤残程度的认定

学生伤害事故的赔偿，涉及对学生伤残程度的认定标准。据此标准，才能确定赔偿金额。按照《学生伤害事故处理办法》第二十五条规定，对受伤害学生的伤残程度存在争议的，可以委托当地具有相应鉴定资格的医院或者有关机构，依据国家规定的人体伤残标准进行鉴定。

第三节 国内外校园安全事故风险转移的制度

校园安全保险是校园安全风险分散转移的重要方式。充分利用保险工具处理校园发生的安全责任事故，将风险转移给保险公司，具有突出的现实意义：对校园而言，有利于防范和妥善化解各类校园安全事故责任风险，减少由于意外事故发生给校园带来的负面影响和经济损失，解除教育部门和校园的后顾之忧，维护正常的教育教学秩序；对于学生和家长而言，可以最大限度保障被侵权者的利益，使其赔偿请求得以实现，保障广大在校学生的权益，避免或减少经济纠纷，维护校园和谐稳定，促进青少年健康成长。

一 国外校园安全事故的风险转移制度

通过商业保险转移风险是国际上通常采用的主要风险转移方式。现代发达国家，不论美国、英国、德国、法国等欧美国家，还是日本、韩国等亚洲近邻，都已经对校园安全事故建立起适合本国的赔偿法制。这一制度的核心在于，在查明事故原因及责任的同时，校园的赔偿责任由国家承担。普遍建立了国家作为赔偿主体，以国家经费作为主要赔偿金的保险救济制度。迄今，这些国家的保险业已相对发达，民众普遍具有投保意外险的意识，保险险种多样，可以满足校园安全事故风险转移的需求。

（一）法国

1937年4月5日立法，规定公立教职员的赔偿责任由国家代理，受害人及其代理人不能对该教职员直接提起民事诉讼。即教师的工作过失，只是国家的民事责任，教师个人不承担责任。国家提供的赔偿金可以以养老金形式提供，国家对社会保险提供特别补偿。

法国义务教育阶段学生的保险主要包括人身意外伤害保险和医疗保险两种，这两种保险均包含在父母的社会保险内，即只要父母购买了保险，其在接受义务教育或无业的26岁以下子女就自然享有保险。父母全保则子女全保，父母保70%则子女也只享受70%，随父亲还是母亲，由家庭自行选择。一旦子女年满18岁，按保险要求需办理自己的保险。当发生不可抗力事故和偶发事故（即原因不明的意外事故）时，不产生国家民事责任和行政赔偿责任，需要参加校园保险。

尽管义务教育阶段的学生因受益于父母的社会保险而有了人身保障，但在校方的劝说下，众多家庭加入了儿童、学生事故共同救济保险或儿童、学生家长协会的团体保险，一种专门的校园保险，作为对父母社会保险的补充。该险属于人身意外保险，它分为任意保险和强制保险两种。任意保险适用于教学计划内在校内或校外进行的强制参加的活动，有专门规定的除外。强制保险适用于所有在校外进行、学生任意参加的活动，如集体出行和旅行、校外自然和文体活动、班级交流等。对于第二类不属于强制参加的活动，校园或家长可以不让学生参加，但是一旦参加，就必须购买校园保险并向校园提供保险证明，或者向校园提供父母亲的相关社会保险证明。另外，在校园的权限范围内，学生还加入专门为体育运动会和修学旅行设立的保险。

（二）德国

1971年3月18日制定的联邦法律"为保护儿童、学生及幼儿的有关灾害的保险"中，明确规定从幼儿园到大学的校园灾害，被看作是劳动灾害保险法上的劳动灾害。各级校园由国家财政为其投保，以校内、上学放学路上、校外校园活动中的灾害为对象，进行包括致残抚恤在内的保险支付。本质上是世界上最早的一部校园灾害补偿保险法。

（三）美国

第二次世界大战之后，美国校园事故呈大规模、急剧增加的趋势。1961年包括纽约州在内的五个州制定了"教职员赔偿责任免除法"，规定被判定为有责任的教职员的赔偿金等将由学区教育委员会代之负担。这一立法受到教职员团体及教育委员会联合会等组织的欢迎，并逐步得到普及。学区在没有法律依据时可利用责任保险，大多数学生家长都加入了具有伤害保险性质的校园事故保险。[1]

（四）日本

根据《独立行政法人日本体育振兴中心法》，日本的中小学都加入了"学校伤害救济补偿"（学校灾害共济给付）保险制度，国家辅助1/3的经费，对于"学校管理"下的儿童、学生的伤害事故，支付一定数额的医疗费、伤残费、死亡慰问金等，赔偿金额较高。在与校园事故有关联的伤害保险中，有体育安全协会伤害保险、学龄儿童团体伤害保险、幼儿园团体伤害保险等。赔偿责任保险中，有全国市长学校管理者赔偿责任保险、都道府县立学校管理者赔偿责任保险、幼儿园赔偿责任保险、体育运动指导者赔偿责任保险等。如果学校没有尽到法定的"安全注意义务"而有过失，家长还可根据《国家赔偿法》和《民法》提起诉讼，赔偿金由国家法定的经费支付。[2]

日本认定校园事故责任的原则比较明确。日本对于校园事故赔

---

[1] 常爱芳：《论学生伤害事故赔偿制度存在的困境和出路》，《黑龙江省政法管理干部学院学报》2008年第3期。

[2] 曾庆欣：《国外学校体育伤害的防范处理对我国的启示》，《河北师范大学学报》（教育科学版）2011年第8期。

偿责任的认定，还是根据校园是否有过失，即"过失责任"原则来判断的，这和我国校园事故的归责原则"过错责任原则"是一致的，但判断校园是否有"过失"或"过错"的标准是不同的。日本主要根据校园是否违反"安全注意义务"；而我国在判断校园是否有过失时，主要根据校园是否尽到了"教育、管理的职责"。相比较之下，"安全注意义务"是法律范畴的定义，有固定的内涵和外延，而"教育、管理的职责"只是学校管理工作的一种表述，还不具有法律意义上固定的概念，其内容过于宽泛，很难界定，因此，也就很难判断学校在学校事故中的过失，这也是我国学校事故责任认定困难的主要原因之一。[①]

（五）韩国

校园安全保险的前身是学校安全协议会。学校安全协议会是汉城特别教育厅于1987年12月，鉴于校园安全事故的日益增多，设立的非营利性法人团体，以保护校园及学生和教员安全为宗旨，在全国16个市、道都设立。学校安全协议会采用会员制，校园都可以申请加入，会员校园每年向协议会缴纳一定会费，会员经费来源是校园每年预算内安排的。当发生学生伤害事故时，安全协议会将代替校长对受害人进行赔偿，并协调学生家长与校园之间的矛盾。为维持正常运营，除会费外，地方政府也给予一定拨款。

2004年2月，韩国教育人力资源部出台《学校安全事故预防及赔偿的特别法》，学校安全协议会更名为学校安全保险，在市、道内下设学校安全保险员，建立统一的学校保险制度，建立学校安全保险联合会。国家或地方教育厅在每年预算范围内，安排校园安全事故、校园安全保险事业所需经费及校园安全保险的保险费。保险赔偿采取校园安全保险赔偿审议委员会和再审议委员会来审查事故，如果对处理不满，才可以向法院提起诉讼。[②]

[①] 牛志奎：《从诉讼案例看日本学校事故责任的归责原则——池田小学外来伤害事件》，《外国教育研究》2012年第5期。

[②] 郑波：《中外学校体育伤害事故处理方式比较研究》，《体育世界》（学术版）2012年第2期。

二 我国校园安全事故的风险转移制度的建立

（一）校园安全事故风险转移制度出现之前的规范

2002年9月1日起实施的《学生伤害事故处理办法》在第三十一条提出，"学校有条件的应当依据保险法的有关规定，参加学校责任保险。教育行政部门可以根据实际情况，鼓励中小学参加学校责任保险"。这是教育部规章首次涉及校园安全事故风险转移制度的问题。在此之前，我国法律制度重在对校园安全事故风险的预防和规制方面进行规范。

1986年7月1日起施行的《中华人民共和国义务教育法》第十六条规定："学校建设，应当符合国家规定的办学标准，适应教育教学需要；应当符合国家规定的选址要求和建设标准，确保学生和教职工安全。"第二十四条规定："学校应当建立、健全安全制度和应急机制，对学生进行安全教育，加强管理，及时消除隐患，预防发生事故。县级以上地方人民政府定期对学校校舍安全进行检查；对需要维修、改造的，及时予以维修、改造。学校不得聘用曾经因故意犯罪被依法剥夺政治权利或者其他不适合从事义务教育工作的人担任工作人员。"

1987年1月1日起施行的《中华人民共和国民法通则》第一百〇六条规定："公民、法人由于过错侵害国家的、集体的财产，侵害他人财产、人身的，应当承担民事责任。"

1988年1月26日，最高人民法院审判委员会讨论通过的《关于贯彻执行〈中华人民共和国民法通则〉若干问题的意见》第一百六十条规定："在幼儿园、学校生活、学习的无民事行为能力人或者在精神病院治疗的精神病人，受到伤害或者给他人造成损害，单位有过错的，可以责令这些单位适当给予赔偿。"

1991年9月4日，第七届全国人民代表大会常务委员会第21次会议通过的《中华人民共和国未成年人保护法》第六条指出："国家、社会、学校和家庭应当教育和帮助未成年人维护自己的合法权益，增强自我保护的意识和能力，增强社会责任感。"第二十二条规定："学校、幼儿园、托儿所应当建立安全制度，加强未成年人的安全教育，采取措施保障未成年人的人身安全。学校、幼儿园、托儿所不得在危及未成年人人身安全、健康的校舍和其它设施、场所中进行教育教学活动。学校、幼儿园安排未成年人参加集会、文化娱乐、社会实践等集体活动，应当有利于未成年人的健康成长，防止发生人身安全事故。"第二十三条规定："教育行政等部门和学校、幼儿园、托儿所应当根据需要，制定应对各种灾害、传染性疾病、食物中毒、意外伤害等突发事件的预案，配备相应设施并进行必要的演练，增强未成年人的自我保护意识和能力。"第二十四条规定："学校对未成年学生在校内或者本校组织的校外活动中发生人身伤害事故的，应当及时救护，妥善处理，并及时向有关主管部门报告。"

1995年9月1日起施行的《中华人民共和国教育法》第二十九条规定："学校及其他教育机构应当履行维护受教育者、教师及其他职工合法权益的义务。"

（二）校园安全事故风险转移制度的建立

2002年9月1日起实施的《学生伤害事故处理办法》第四条规定："学校的举办者应当提供符合安全标准的校舍、场地、其他教育教学设施和生活设施。"第五条规定："学校应当对在校学生进行必要的安全教育和自护自救教育；应当按照规定，建立健全安全制度，采取相应的管理措施，预防和消除教育教学环境中存在的安全隐患；当发生伤害事故时，应当及时采取措施救助受伤害学生。学校对学生进行安全教育、管理和保护，应当针对学生年龄、认知能力和法律行为能力的不同，采用相应的内容和预防措施。"第八条规定："学生伤害事故的责任，应当根据相关当事人的行为与损害后果之间的因果关系依法确定。因学校、学生或者其他相关当事人的过错造成的学生伤害事故，相关当事人应当根据其行为过错程度的比例及其与损害后果之间的因果关系承担相应的责任。当事人的行为是损害后果发生的主要原因，应当承担主要责任；当事人的行为是损害后果发生的非主要原因，承担相应的责任。"第九条规定因12种情形造成的学生伤害事故，学校应当依法承担相应责任。第十三条提出"学校有条件的应当依据保险法的有关规定，参加责任保险。教育行政部门可以根据实际情况，鼓励中小学参加学校责任保险"。

2003年12月4日最高人民法院审判委员会第1299次会议通过的《最高人民法院关于审理人身损害赔偿案件适用法律若干问题的解释》第七条规定："对未成年人依法负有教育、管理、保护义务的学校、幼儿园或者其他教育机构，未尽职责范围内的相关义务致使未成年人受到损害的，应当承担与其过错相应的赔偿责任。第三人侵权致未成年人遭受人身损害的，应当承担赔偿责任。学校、幼儿园等教育机构有过错的，应当承担相应的补充赔偿责任。"

2006年9月1日实施的《中小学幼儿园安全管理办法》提出"有条件的学校举办者应当为学校购买责任保险"，"鼓励和提倡监护人自愿为学生购买意外伤害保险"。

2006年12月12日颁布的《教育部中国保险监督管理委员会关于加强学校保险教育有关工作的指导意见》指出："加强保险创新，努力为教育发展服务。各保险机构要积极参与教育行业风险管理服务体系建设。"

2007年5月24日，国家颁布了《中共中央国务院关于加强青少年体育 增强青少年体质的意见》。这是国家根据目前不同地区、不同校园因财力不同而导致校园安全责任险落实的不平衡情况而制定的。《意见》的第十二条明确提出："所有的学校都要建立校园意外伤害事件的应急管理机制。建立和完善青少年意外伤害保险制度，推行由政府购买意外伤害校方责任险的办法，具体实施细则由财政部、保监会、教育部研究制定。"这也是首次在中央文件中明确校园安全责任保险将由政府购买。

2008年4月，教育部、财政部、中国保险监督管理委员会颁布《关于推行校方责任保险，完善校园伤害事故风险管理机制的通知》（教体艺〔2008〕2号）的部门联合规章。"决定在全国中小学中推行意外伤害校方责任保险制度。"从校方责任险投保范围、责任范围、赔偿范围、经费保障、责任限额等关键方面对推行该项制度的基本原则进行了框定。

首先提出了制度化要求。进一步细化了《意见》中有关校方责任险的指导政策，对校园责任保险做了详细规定。（1）投保范围：由国家或社会力量举办的全日制普通中小学校（含特殊教育学校）、中等职业学校，原则上都应投保校方责任保险。（2）责任范围：校方责任保险基本范围包括因校方责任导致学生的人身伤害，依法应由校方承担的经济赔偿责任。具体可参照教育部2002年所颁的《学生伤害事故处理办法》规定的事故责任类型由当地实际情况确定。（3）赔偿范围：各省、自治区、直辖市应参照《最高人民法院关于审理人身损害赔偿案件适用法律若干问题的解释》规定的项目，结合当地实际情况确定校方责任保险赔偿范围。（4）经费保障：九年义务教育阶段学校投保校方责任保险所需费用，由学校公用经费中支出，每年每生不超过5元。（5）责任限额：各地要统筹考虑学校经济负担能力、责任范围、赔偿范围、保费水平等因素，结合当地经济、社会发展实际情况科学合理制定责任限额。（6）责任险投保将实行"阳光采购"。根据《通知》，校方责任险的运作模式是，由各省级教育行政、财政部门和保险监管机构具体负责制定本行政区域实施校方责任保险制度的政策办法，并负责校方责任险投保工作，具体可"通过招标等形式合理选择承保机构实施统一投保"，"尽快促使全国全日制普通中小学（含特殊教育学校）和中等职业学校全面实现应保尽保"。

《通知》对校园责任保险的发展起到了积极推动作用。照此，由国家或社会力量举办的全日制普通中小学校（含特殊教育学院）、中等职业学校，原则上都应投保校方责任保险；全国九年制义务教育阶段的费用由学校公用经费支出，不得向学生收取，每年每生不超过5元。

《通知》为校园伤害事故的化解和转移提供了切实的途径。使由国家或社会力量举办的全日制普通中小学校（含特殊教育学校）、中等职业学校的校方和学生明确了各自的责任，一旦发生学生伤害事故，学校有过错且需要承担损害赔偿责任时，便可由保险公司在第一时间向受伤害学生提供赔偿。借助社会保险这一有效途径，可以让受伤害的学生得到合理赔偿，把当事各方的损失降至最低，使事故得以解决。

2009年《教育部　财政部　中国保险监督管理委员会关于中等职业学校推行学生实习责任保险的通知》（教职成〔2009〕13号）规定："各省级教育行政部门、财政部门和保险监管机构及中等职业学校要充分认识做好学生实习责任保险工作、加快建立中等职业学校学生实习风险管理制度的重要性"；"真正做到中等职业学校参加实习的学生人人参保、应保尽保"。

2010年7月1日起实施的《中华人民共和国侵权责任法》，明确规定"无民事行为能力人在幼儿园、学校或者其他教育机构学习、生活期间受到人身损害的，幼儿园、学校或者其他教育机构应当承担责任，但能够证明尽到教育、管理职责的，不承担责任"（第三十八条）；"限制民事行为能力的人在学校或者其他教育机构学习、生活期间受到人身损害，学校或者其他教育机构未尽到教育、管理职责的，应当承担责任"（第三十九条）；"无民事行为能力人或者限制民事行为能力人在幼儿园、学校或者其他教育机构学习、生活期间，受到幼儿园、学校或者其他教育机构以外的人员人身损害的，由侵权人承担侵权责任；幼儿园、学校或者其他教育机构未尽到管理职责的，承担相应的补充责任"（第四十条）。这些规定将以往的校园伤害事故中的"过错责任"归责原则改为了"过错推定责任"的归责原则，即幼儿园、学校或者其他教育机构证明自己已经尽到了相应的教育、管理责任并实施了合理的行为，可以免责或者减轻责任，这就要求幼儿园、学校或者其他教育机构更好地履行对学生的安全保障义务，做好校园安全风险管理工作。

此前，关于学生伤害事故归责的规定，主要见于司法解释、部门规章以及地方性法规，直到2010年7月，我国才以《侵权责任法》这部法律的形式予以规定。《侵权责任法》依据未成年学生的年龄把幼儿园、学校或者其他教育机构的责任区分为三种情况，在责任的构成和分配上更趋于精细化，强调校园对未成年学生是一种教育、管理职责，对于化解社会矛盾，平衡学生、教育机构的相互利益起到了积极作用。

2011年2月13日，教育部文体艺司与保监会财产保险监管部召集了中国人民财产保险公司等参加的关于校（园）方责任保险业务座谈会。座谈会上,教育部文体艺司负责人表示,为鼓励学校组织学生体育运动、开展丰富多彩的课外活动的积极性,解除学校的后顾之忧,教育部将通过商业保险的机制为学校购买责任风险保障,使用统一条款、拟定统一费率,并采用统一投保模式,为包括高等院校在内的学校购买校方责任保险,同时为学校提供相关的风险管理服务,避免、减少学校安全事故。保监会财产保险部门负责人在会上强调:保险行业要统一认识,一方面校方责任保险业务经营要发挥社会管理的效用,另一方面也要发挥经济效益,实现微利经营;严格区分校方责任险和学平险等意外险,政府要解决学校的责任风险问题,学生和家长自身的风险意识应当逐步培养起来;制定统一的框架性主体条款,责任范围要符合法律规定的要求,设定基本保障;实行统一投保,统保业务由各级政府有关部门组织、实施,鼓励提供差异化的风险管理服务;由公安、法院、学校和保险公司共同参与,综合治理。①

2017年4月25日,国务院办公厅印发了《关于加强中小学幼儿园安全风险防控体系建设的意见》(国办发〔2017〕35号,以下简称《意见》),强调指出要"建立多元化的事故风险分担机制"。《意见》明确要求,"学校举办者应当按规定为学校购买校方责任险,义务教育阶段学校投保校方责任险所需经费从公用经费中列支,其他学校投保校方责任险的费用,由各省(区、市)按照国家有关规定执行;各地要根据经济社会发展情况,结合实际合理确定校方责任险的投保责任,规范理赔程序和理赔标准;有条件的地方,可以积极探索与学生利益密切相关的食品安全、校外实习、体育运动伤害等领域的责任保险,充分发挥保险在化解学校安全风险方面的功能作用;保险监管部门要加强对涉及学校的保险业务的监督和管理,会同教育部门依法规范保险公司与学校的合作,严禁以学校名义指定学生购买或者向学生直接推销保险产品;要大力增强师生和家长的保险意识,引导家长根据自愿原则参加保险,分担学生在学校期间因意外而发生的风险"。

---

① 彭远汉:《用保险防范化解校园安全风险》,《中国保险报》2017年5月10日。

综上所述，校园安全管理工作关系到全面贯彻党的教育方针，是学生健康成长、全面发展的前提和基础。利用商业保险有效分散和转移校园安全事故风险，可以避免或者减少由此产生的法律纠纷和经济赔偿损失，维护校园正常的教育教学秩序，一举多得。

三 我国校园伤害保险及其分类

校园伤害事故既非单纯的时间概念，也非单纯的地域概念，学生伤害行为或结果必须有一项是发生在校园对学生负有教育、管理、保护职责的期间和地域内才能构成校园伤害事故。从我国校园伤害事故现有法律规范、事故类型和保险实务三个方面看，校园伤害事故保险主要分为校（园）方责任险和学生人身意外伤害保险两类。如何构建相应的保险机制，是切实解决校园伤害事故保险的基本问题。

（一）校方责任险

校方责任险是指校园实施的校内或校外教学活动中，发生学生伤害事故校园有过错，依法应由校园承担赔偿责任，由保险公司在赔偿限额内负责赔偿的保险。

1. 校方责任险的由来

我国的校方责任险是国家做出相关规定校园参加的险种，是我国第一个由国家政府部门联合发文推行的政策性商业保险。我国的校方责任险最早由《上海市中小学校学生伤害事故处理条例》做出规定，2001年由上海市教委统一为上海市各级政府主管部门批准的公立和私立中小学购买了校方责任险。2002年教育部颁布的《学生伤害事故处理办法》，2007年《中共中央国务院关于加强青少年体育增强青少年体质的意见》也都提到并倡导校方责任险。2008年由国家教育部、财政部、中国保监会联合发布的《关于推行校方责任保险完善 校园伤害事故风险管理机制的通知》中明确规定在全国中小学推行校方责任险，投保校方保险费用在学校公用经费中支出。校方责任险制度在全国范围的推行，一定程度上缓解了学校对校园伤害事故赔偿责任的压力，通过校方责任险使学校在处理相关伤害事故时的责任承担和损失赔偿相分离，这也是国际上较为认可的方法。

2. 校方责任险的责任范围

国家《教育部财政部中国保险监督管理委员会关于推行校方责任保险完善校园伤害事故风险管理机制的通知》（教体艺〔2008〕2号），关于校方责任险制度的基本原则中，对责任范围是这样表述的："校方责任保险基本范围包括因校方责任导致学生人身伤害，依法应由校方承担的经济赔偿责任，具体可参照《学生伤害事故处理办法》（教育部12号令）规定的事故责任类型，由各省、自治区、直辖市结合当地实际情况确定。"

（二）非校方责任

除了设立校方责任险之外，转移校园办学风险、走出学生意外伤害事故困境的另外一个思路，是积极鼓励学生通过投保获得社会保险来弥补意外伤害造成的损失。教育部2002年颁布的《学生伤害事故处理办法》第三十一条就明确规定：教育行政部门可以根据实际情况，鼓励中小学参加学校责任保险；提倡学生自愿参加意外伤害保险；在尊重学生意愿的前提下，学校可以为学生参加意外伤害保险创造便利条件，但不得从中收取任何费用。学生投保的性质属于商业保险，其与校方责任险是两回事，性质也不同，学生如果因为学校过错而发生事故，不仅可以得到学校的赔偿，同时也可获得保险公司的赔偿。

1. 意外伤害保险

意外伤害已成为世界各国0—14岁儿童的第一"杀手"，儿童意外伤害给家庭和社会造成的损失是巨大的：美国每年此项经济损失达100亿美元；日本政府每年用于儿童意外伤害的开支为15亿美元；中国儿童死亡原因中26.1%为意外伤害，而且这个数字还在以每年7%—10%的速度上升。估计全国每年约有4250万中小学生遭受各种伤害，其中需要门诊或急诊治疗的1360万人，住院335万人，120万人正常功能受损。40万人因伤害造成残疾，2万人因伤害致死，估算经济损失30亿元，缺课2.6亿天。中小学生意外伤害，已被许多学者视为当今最严重的社会、经济、医疗和公共卫生问题之一，在我国独生子女的家庭模式中，失去一个孩子或儿童终身残疾给父母带来的心理打击更是难以估量。

学生人身意外伤害保险是以在校学生作为保险对象的一种商业人身保险,一般对被保险人因意外事故引起的身故、残疾、烧伤或需要进行医疗救治的,进行理赔保险金或赔付医疗费用。学生人身意外伤害保险的特点:一是学生人数众多、社会效应巨大;二是费率水平低,保障程度高。自 2007 年底开始,天津市政府从社会保障基金里为每个参加社会医疗保险的学生拨付 15 元,投保了在校意外伤害保险。

2. 学生平安保险

学生平安保险简称"学平险",又称学生幼儿平安保险,承保对象是在校学生(包括大学生)以及所有未成年人。"学平险"对于处在好动年龄、容易发生磕碰意外的未成年人来说,是一种非常切实有用的险种。一般来说,对于每一个学生来说,每年缴纳几十元的保费就可以得到意外保险、意外急诊医疗保险、意外医疗住院补贴、住院医疗保险和定期寿险的综合保障。

3. 城镇居民基本医疗保险

自 2007 年底开始,天津市通过政府资助 40 元和个人分担 60 元的方式将所有在校学生纳入了社会医疗保障体系,可为因疾病住院的学生提供最高额度为 18 万元的保险救助。中小学生意外伤害保险与城镇居民基本医疗保险具有互补之处。学生因意外伤害发生的医疗费用,由学生意外伤害附加保险基金予以报销。学生因意外伤害住院治疗发生的医疗费用超过 3000 元的,超出部分由城镇居民基本医疗保险基金按照相关规定报销。参加城镇居民基本医疗保险和意外伤害附加保险的学生,同时参加其他同类商业保险的,在报销医疗费用时,先由城镇居民基本医疗保险基金或学生意外伤害附加保险基金予以报销,再由同类商业保险按照保险合同(协议)相关约定报销。

4. 无过失责任险

由于校方责任险产品在设计上存在费率偏低,保障程度偏高的缺陷,导致保险公司在理赔上往往不能充分履行保险赔偿责任,不足以化解校园越来越重的经济赔偿责任风险。设计和推行校方无过失责任险，是将该产品作为校方责任险的附加险，对学校无过错的侵权行为进行赔偿，分担学生伤害事故中校园的无过失责任，达到通过保险转移校园伤害事故风险的目的。

第一，校方无过失责任险的责任范围。可以概括为，学生在校活动中，不因学校过失而因自然灾害、学生特异体质、特定疾病导致猝死，或人身伤害、来自校内外的突发性侵害，或学生自身行为导致学生人身伤害和财产损失，由保险公司赔偿。具体来讲，包括两个方面：一是校园投保了校方无过失责任险后，在校园内或在学校统一组织的校（园）活动中及学生在学校监管时空范围内，虽然校园履行了相应职责，无任何过失，但又必须承担一定学生伤害事故的责任，或经司法机关判决、裁决应由校园承担事故的责任，保险人均应依据约定负责赔偿。尤其对无民事行为能力和限制民事行为能力的未成年人更是责无旁贷。二是承保公司对诸如：自然灾害、学生体质特异、来自校内外的突发性侵害、学生自身行为等可能在条款中加以限制，但这些限制并不影响校方无过失责任险的赔付。

第二，校方无过失责任险的赔偿原则。在校方无过失责任保险赔偿中，一是要坚持诚实信用原则，即坚持按保险合同约定履行赔偿责任和义务；二是同校方责任险适用补偿原则，即校方责任险赔偿项目中，赔偿金额不足部分，可由校方无过失责任险项下予以补偿。这样，校园才可以通过投保校方无过失责任险，充分化解校园责任风险带来的经济赔偿损失。

（三）校方责任险与学平险、意外伤害保险的区别

从各自的保险功能看，校方责任险和学生意外险的结合能够相互补充，为校园和学生提供更加全面的风险保障。校方责任险促使校园方面对学生人身安全方面的工作加以重视，学生意外险让受害学生在意外伤害事件发生后能得到充分补偿，使校园和受害学生共同受益。在具体实施中由校园和家长在同一个保险公司为学生投保这两个险种，既可以简化理赔程序，提高学生伤害事故处理的效率，又能降低保费，为学生提供更好的保障。

在现实中，某些校园、教育行政部门和部分家长将校方责任

看作是与学平险、校园意外伤害保险和其他学生保险的重复。其实，校园责任险与其他学生保险制度之间有着本质的区别：

1. 险种性质不同

校方责任险保障的是校园对学生伤害事故所承担的民事赔偿责任风险，属于责任保险范畴，只能由具有经营责任保险业务资格的财产保险公司承保，经营寿险业务的保险公司不能承保责任保险业务；学生平安保险和校园意外伤害保险属于人身保险范畴。学生医疗保险属于社会保险范畴，由社会保险基金统筹安排管理。

2. 被保险人不同

校方责任险的被保险人是校园，由校园向保险公司提出索赔；学平险、校园意外伤害保险是由学生或监护人向保险公司提出索赔；学生医疗保险则是向社会保险管理部门申请费用报销。

3. 保险责任不同

校方责任险承保的是学生在校园内或校园统一组织、安排的活动中，由于校园过错导致学生伤害事故发生，依法应由校园承担的经济赔偿责任，这种赔偿责任是围绕民事侵权责任而展开的；其他学生保险责任却与是否存在民事侵权无关。校方责任险是其他学生保险制度的必要补充，它可以有效解决因校园责任而导致的学生伤害事故的赔偿问题（见表8—1）。

表8—1　　　　学生平安保险和校方责任保险的比较

	学生平安保险	校方责任险
投保人	学生自愿	校园
保险对象	大学、中学、小学、幼儿园	大学、中学、小学、幼儿园
保险责任	学生的人身伤亡	校方的疏忽或过失造成的人身伤亡
赔偿责任	每人死亡或伤残补偿金最高限额10万元、每次事故每人医疗费最高限额1万元	每人每年累计赔偿限额95万元，每所学校（含幼儿园）每次事故累计最高赔偿限额500万元

续表

	学生平安保险	校方责任险
保险费率	保费每年 15 元/人，由学生家长、财政、教育发展基金按 1∶1∶1 比例分担，即财政、教育发展基金会和学生监护人各支付 5 元	保费为每年 11.04 元/人，由市、区财政承担
保险次数	可重复投保	不可重复投保

资料来源：2010 年 7 月深圳市人民政府办公厅发布的《关于印发深圳市推行学生人身伤害校方责任保险和学生人身意外伤害保险实施方案的通知》（深府办〔2010〕60号）、2014 年 9 月深圳市教育局发布的《关于做好 2014 年学生人身意外伤害保险投保工作的通知》（深教〔2014〕432 号）。

四　我国校园安全事故的风险转移运行模式

校园安全事故的风险通过保险转移的实务，基本形成"政策引导、政府推动、多方参与、市场运作"的运行模式。即由政府出台相应的政策、法律、制度或者政府提请人大立法，积极推动；在政府的政策、法规和制度推动的同时，充分发挥市场的力量和作用，通过市场运作，依法建立风险管理服务体系，为校园防范风险、转嫁风险提供服务。但在现实中对校园责任保险保险人的选择方式，即"市场运作"的具体方式上却不完全相同，主要有三种基本方式：

（一）主管部门指定

由地方教育主管部门指定保险机构，如上海市、辽宁省。

上海市校园保险起步较早。2001 年 7 月《上海市中小学生伤害事故处理条例》经上海市第十一届人民代表大会常务委员会第二十九次会议通过，条例规定：市教委统一为符合规定的在册中小学生每生每年投保 3 元学校责任保险。2001 年，中国平安保险公司率先与上海市政府合作设立了学校责任保险，由上海市政府出资为全市 3000 多所小学向中国平安上海分公司购买了学校责任保险。

上海市的学生保险体系非常完善，包括医疗保险、红十字互助基金、校方责任险、校园意外伤害险、学生平安保险、意外伤害医疗保险、住院医疗补贴保险等。其中校园意外伤害险是以学校为投保人，学校在自愿原则下为学生购买每年每人2元的意外伤害保险。校方责任险赔偿金额每人每年累计最高20万元，每所学校每年累计最高500万元。

校园意外伤害险、学生平安保险、意外伤害医疗保险、住院医疗补贴保险等保险由上海市教委下属单位上海市教育发展有限公司负责与各承保公司开展工作。上海市教育发展有限公司人员编制22人，具体负责保险工作方案制定，开展保前、保中、保后各项工作（如组织保险公司开展保险宣传、收取保费、数据汇总统计、理赔纠纷化解、安全防范等工作），还有为全市特困学生免费购买保险等工作。

上海市教委要求保险公司必须在各区县成立专门机构，指定专管员，并公开联系方式。保险公司必须定期向教育行政部门通报理赔人数、金额、事故分类等情况，并通过网站发布校园安全信息，为学校安全管理提供指导；另外，还要向教育部门提供每个学校的风险勘察报告。

（二）主管部门委托

由地方教育主管部门委托特定的保险经纪公司，如北京市、浙江省和江西省。2003年，教育部科技发展中心成立了北京联合保险经纪有限公司，全力建立全国教育系统风险管理服务体系，并在全国20多个省市设立了分公司，并受聘为所在省市教育行政部门的风险管理顾问，为当地建立学校责任保险，选择责任保险承保人提供咨询服务。

北京市的学生保险模式是北京市教育委员会委托北京联合保险经纪公司开展具体工作，经纪公司从保费中抽取30%的佣金，教育行政部门主要做好指导、协调工作。北京市投保校方责任险的具体运作方法是：建立起以市教委统筹领导、各区县教委具体负责组织、指导学校风险管理，保险公司负责核保和出险理赔，保险经纪公司协调保险公司和提出风险管理建议的校方责任保险工作格局。尽管这种做法对促进我国学校责任保险的建立和发展起到了很大的推动作用，但它带有浓厚的行政垄断色彩，不符合市场经济规律。

北京市的学生保险险种有校方责任险、学生意外伤害险、短期意外险等。校方责任险由学校举办者购买（每生每年5元），公办学校由政府财政购买，民办学校由举办者购买。学生意外伤害险由学生家长自愿购买，保险经纪公司和保险公司在开学初两周左右组织人员下学校收费，教育行政部门负责发文通知学校提供必要的条件。校方责任险赔偿金额每人每年累计最高100万元，每所学校每年累计最高500万元。

保险招标文件由保险经纪公司草拟，北京市教委审核，招标文件分别对保险公司注册资金、保险方案、保险服务、案例分析等进行评分。保险条款包括要充分体现教育行政部门的话语权。招标严格按程序办。

（三）市场招投标

由地方教育主管部门引入了市场机制，通过招投标的方式选择保险人，如深圳市、天津市、福建省和广东省。

天津市学生保险有校方责任险、学生儿童医疗保险（包含学生意外伤害险），校方责任险由政策法规处负责，医疗保险由学校后勤处牵头，具体由天津市中小学后勤管理服务中心（事业单位，于2009年6月2日成立）负责。

天津保险的主要特色体现在学生意外伤害险和学生医疗保险捆绑实施。学生医疗保险是学生全员参加城镇居民基本医疗保险，保费学生个人一年缴50元，财政补贴50元，一年共100元；意外保险名称为学生意外伤害附件险，是城镇居民基本医疗保险的附加保险，适用于参加城镇居民基本医疗保险的各类学生，保费一年15元/人，由社保局在城镇居民基本医疗保险基金中划拨给商业保险公司。因社保基金的性质已不是政府财政经费的直接投入，天津市没有集中采取政府采购方式确定承保公司，而是遵循市场化原则，由各区县、大学自主选择。

随着我国保险市场的发展，未来将有越来越多的商业保险公司开始承保学校责任险，参与到当地学校责任保险的市场竞争中，而同业竞争会促使它们针对不同学校提供个性化的风险咨询与管理，并协同学校举办部门协商保险条款，最后达成保险协议，从而更能体现政府、学校、学生以及保险公司各自利益的均衡化。因此，引入市场机制,通过招投标的方式来选择学校责任保险的保险人将是一个最符合市场规律的选择。

第四节 深圳市校园安全事故风险转移的创新实践

一 深圳市校园安全事故风险转移制度的实施概况

深圳市高度重视校园风险分散转移工作,校园及学生保险工作一直走在全国前列。根据2005年公布的地方性法规《深圳市学校安全管理条例》、2010年公布的地方政府规章《〈深圳市学校安全管理条例〉实施细则》和2014年公布重新修订的《深圳市学校安全管理条例》,在深圳市取得合法办学资格的全日制大中小学校、中等职业学校(包括普通中专、成人中专、职业高中和技工学校)、特殊教育学校、幼儿园,建立并完善了学生人身伤害校方责任险和学生人身意外伤害险制度(以下简称"双险项目")。

"双险项目"始于2006年实施的校方责任险,2010年9月开始实行"双险捆绑"模式的校园安全保险机制,校方责任险保费由财政承担,学生意外伤害险保费由市区财政、教育发展基金会和学生监护人按1∶1∶1的比例承担。2014年将校方责任险最高赔付标准从30万元提高至95万元,保费由每人每年5元提高到11.04元,为校园提供更加有力的安全风险保障。"双险捆绑"模式可以互为补充、相辅相成,较好地承担了不同情况下的校园风险。

深圳市在10多年的校园安全风险转移制度创新实务中,逐渐形成了"政策引导、政府推动、多方参与、市场运作"的校园安全风险转移管理体系。即由政府出台相应的政策、法律、制度或者政府提请人大立法,积极推动;在政府的政策、法规和制度推动的同时,充分发挥市场的力量和作用,通过市场运作,依法建立风险管理服务体系,为校园防范风险、转嫁风险提供服务。实现了借助保险防范和化解校园伤害事故风险,事前风险防范、事中风险跟踪、事后经济补偿的功能。深圳市校园安全风险转移管理制度,通过强化多元参与机制、法律约束机制、风险转移机制和风险防控机制，得到了进一步完善。

二 深圳市校园安全事故风险转移制度的创新

（一）强化多元参与机制

在当前开放的社会环境中，社会多元化正在成为时代的新特征，由政府单一主体来履行社会治理责任的时代正渐行渐远，非政府组织和其他社会自治力量正快速成长，逐渐在社会治理中扮演越来越重要的角色。校园安全管理仅仅依靠政府或者校园，较难高效、全面地做好校园安全管理工作，社会多元主体共同治理的模式是构筑校园安全的一项重要管理模式，大大强化校园、家庭、社会之间的协同，形成相互监督、相互制约的体制，提高校园安全管理的效率。

校园伤害保险和纯粹的商业保险不同，既非一般的市场行为，也非一般的行政管理行为，既需要政府的"有形之手"，也离不开市场的"无形之手"。深圳市采用"政府主导、市场运作"的模式，形成了"政府主导、市场运作、社会参与"的多元参与机制。

1. 政府主导

深圳市校园"双险项目"构建以来，深圳市政府在启动、运行、监管、评估等方面，一致发挥主导作用：市教育局、教育基金会积极推动学生积极投保，对深圳市校园双险的保费承担给予财政的大力支持，促进承保企业提供适宜的保险产品和高质量的保险服务，组织保险专家组对各级各类校园面临的所有责任风险进行全面客观的评估，监督保险公司的服务行为，维护投保双方的共同利益，促进"双险项目"的健康持续发展。

2. 市场运作

充分发挥市场的力量和作用，通过公开招标，统一选择承保的保险机构，引入商业保险运营机制。要求保险机构应当具备充足的偿付能力、完备的服务功能和优质的服务水平等条件。

从2010年9月1日起，深圳市教育局在原有的校方责任险基础上为全市大、中、小学及幼儿园统一推行学生意外险，实行两险捆绑运行。2011年、2014年，通过公开招投标，人保公司在往年校方责任险承保的基础上，两次顺利中标，连续为全市2000余所校园及160多万学生提供优质的保险服务。

"双险项目"实施过程中的社会参与，即政府、企事业组织、非政府组织、公民个人等都可以成为校园安全风险管理的主体，彼此在共同的目标下共享资源，相互作用，达到校园安全风险管理的目标。具体情况是，市教育局作为投保人和中标的人保公司签订《校方责任险协议》，市教育局作为投保人委托市教育发展基金会和中标的人保公司签订《学生意外伤害险协议》。保险责任期限内的日常运作、经营结果以及由此产生的风险和相关费用由人保公司承担，政府有关职能部门落实监督和协调。同时，学生监护人"按1∶1∶1的比例承担"意外险的原则，缴纳保费，参与其中。非政府组织在校园安全风险管理研究和评估中，发挥了积极作用。

（二）强化法律约束机制

1. 法律约束机制得到不断强化

2005年2月18日深圳市人大公布《深圳市学校安全管理条例》，按照《条例》第五十条的规定，从2006年起，由政府出资为全市全日制大中小学校、幼儿园统一购买校方责任保险。

2010年1月，深圳市人民政府出台的《〈深圳市学校安全管理条例〉实施细则》第四条规定："政府建立和完善学校人身伤害校方责任险和学生人身意外伤害险制度。学生人身伤害校方责任险和学生人身意外伤害险由政府集中采购机构统一组织招标购买。学生监护人可以自愿参加学生人身意外伤害险，保险费用由财政、教育发展基金和学生监护人按1∶1∶1的比例承担。"据此规定，从2010年9月1日起，深圳市在原有校方责任保险的基础上，正式推行学生意外伤害保险，施行"全覆盖、全序列"两险捆绑运行。深圳市、区财政出资（每生每年保费5元）为全市大中小幼学生购买了校方责任险；按照"学生监护人可以自愿参加学生意外伤害险，保险费用由财政、教育发展基金会和学生监护人按1∶1∶1的比例承担"的原则，市、区财政、教育发展基金会出资（每生每年保费15元，财政、教育发展基金会和学生监护人各支付5元）为全市大中小幼学生购买了学生意外伤害保险。校方责任险最高赔付每人 30 万元，每学校 500 万元；学生意外伤害险最高赔付 10 万元。

在基于前几年工作实践上，通过深入调研，全面考量，深圳市教育局于 2014 年开始将校方责任险最高赔付标准从 30 万元提高至 95 万元，保费由每人每年 5 元提高到 11.04 元，为校园提供更加有力的安全风险保障。"双险捆绑"模式可以互为补充、相辅相成，较好地承担了不同情况下的校园风险。

2014 年 12 月 31 日，深圳市人大常委会公布《深圳市人民代表大会常务委员会关于修改〈深圳市学校安全管理条例〉的决定》，增加规定"建立和完善学生人身伤害校方责任险和学生人身意外伤害险制度"。"学生人身意外伤害险由监护人自愿购买，财政、教育发展基金按照规定给予适当补贴。"据此，深圳市有关校方责任保险和学生人身意外伤害保险的相关法律规范得到进一步强化，逐步完善了校园伤害保险的法律约束机制。

上述法律规范和行政规定，为校园安全风险转移管理提供了充足的法律和政策依据。通过与校园以外的保险公司订立保险合同，向保险公司缴纳一定保险费，校园可以将风险转移给保险公司。一旦风险发生并造成经济财产损失，校园可以依据保险合同的约定获得相应的经济赔偿，保障校园办学秩序不因风险的发生而受到影响。

2. 校园安全风险法律关系得以形成

（1）法律关系类型方面，形成了"双险捆绑"式的法律约束机制，充分发挥出了两种保险相辅相成、互为补充的功能。

校方责任险的保险责任为"有责即赔"，即在被保险人的教育教学活动中或由被保险人统一组织或安排的校（园）内外活动过程中，发生学生人身伤亡或财产损失，依法应由被保险人承担的赔偿责任，保险人负责赔偿。学生人身意外伤害保险的保险责任则为"有险即赔"，即在保险期间内被保险人遭受意外伤害，并因该意外伤害导致其身故、残疾或烧伤或需要进行医疗救治的，保险人依保单约定给付保险金或赔付医疗费用。

（2）法律关系主体方面，形成了对教育行政法律关系和教育民事法律关系各类主体的法律约束机制。校园双险承保的主体分别是校园和学生,而二者又同为校园安全风险的两个主体,校园双险有效承担了不同情况下的校园安全风险,同时在保额上也大幅度提升,有效扩大了保障范围。

(3) 法律关系客体方面,形成了直接约束机制和间接约束机制。其中直接约束机制包括合同约束机制、章程约束机制和机构约束机制。间接约束机制包括法律约束机制、市场约束机制、行业约束机制和媒体约束机制。

(4) 法律关系内容方面,确立了对校园安全风险转移法律关系当事人,即校园的举办者、政府、教育行政部门、校园、家庭、学生、承保保险企业等多方面主体,在校园安全风险转移法律关系中不同的法律地位,形成了以相应权利、义务为法律关系内容的法律约束机制。

(5) 在法律关系确立方面,形成了外生性和内生性两种约束机制。外生性约束机制是在校园伤害保险法律关系外部强制形成的,体现的是"制度的意志";内生性约束机制是校园伤害保险法律关系内部自然形成的,体现的是"主体的意志"。内部机制是外部机制存在的基础,但外部机制有规范、调整内部机制的作用。目前,特别是 2014 年 12 月 31 日深圳市人大常委会公布《深圳市人民代表大会常务委员会关于修改〈深圳市学校安全管理条例〉的决定》以来,外生性约束机制得到了前所未有的强化,但内生性约束机制中学生及其家长的校园安全意识与外生性约束机制相比,还有一定差距。

(三) 强化风险防控机制

校园安全风险防控,处于校园安全危机源头治理机制的前两个阶段,即校园安全预防、校园安全预警阶段。其机制的构建,即校园安全预防和校园安全预警阶段机制的构建。

1. "预防阶段"机制的构建

深圳市校园安全危机预防机制的建立,是以"安全第一、预防为主"为基本原则,坚持"防范胜于救灾"的理念,通过探索安全工作规律,针对校园安全事故特点,加大校园事故防范力度,逐步建立起来的。

(1) 科学预测

调查潜在安全隐患（弱点分析），在调查基础上，对阶段性可能发生的各种危机事件做出预测和分析，预测的内容包括有多少种可能发生的事件，各类事件的性质、规模，事件发生后产生的影响和范围等。尤其注意预测最可能发生事件的时间、地点、涉及对象等，以便重点防范。

① 校园安全风险分析报告。有针对性地开展隐患排查、分析、评估，并根据校园保险风险分析报告中的风险高发点，开展校园专项防灾防损工作。

2013年12月，组织力量对深圳市校园后勤安全与依法管理进行专业性研究，尤其对校园食品安全管理进行深层次分析，为深圳市校园后勤安全与依法管理工作提出了实质性建议。

2014年2月，为了进一步完善校园风险保障、提供可行性研究方案，组织专业人员对深圳市校园无过错责任险项目进行深入、细致的研究，并提出关于"深圳市校园伤害事故法律责任归责"和"深圳市设立校园无过错责任险"两方面的相应政策建议，为完善深圳市校园风险防范保障机制提供理论依据。

② 校园安全风险实地评估。定期对各校园，尤其是安全事故发生率较高的校园的安全状况进行重点查勘，出具学生保险安全事故风险分析报告，提出安全整改措施，进而对校园的风险管理形成外部监督机制，有效改善和提高校园自身风险管理水平。

2014年3月，人保公司经与教育局研商决定，委托第三方评估机构对罗湖区30所中小学分别进行校园安全风险管理评估，并对深圳中小学安全风险管理进行总体研究。

(2) 强化防范

① 设立基金。深圳市在"双险"招标需求中明确要求承保公司从保费中提取一定比例设立防灾防损基金，并在"双险"协议中列出专门条款明确防灾防损的内容，开展以校园安全宣传教育、培训、定向预防等为主的防灾防损工作。

② 媒体宣传。通过电视、报纸、网络等媒体对学生保险政策进

行充分宣传，详细介绍学生保险等方面的法律法规、政策及相关规定。2013年人保公司组织制作的《珍爱生命，谨防溺水》宣传片在深圳市电视台播出，取得广泛影响，被广东省教育厅紧急调用，以省政府名义每天在广东电视台广东卫视、珠江、广东新闻、佳佳卡通4个频道播出，并得到省政府防溺水督查组的充分肯定。

③ 资料宣传。近几年来，人保公司重视资料宣传，组织编写新版教育安全读本、拍摄制作各种学生安全主题宣传片，为学生及家长普及校园安全知识、保险理赔常识。人保公司出资协助深圳市教育局编制、印刷《深圳市学校安全法律法规制度汇编》，免费派送至全市2000多所大中小学及幼儿园，为各校园处理校园安全事故提供法律法规资料。制作了一系列以校园安全管理为主题的宣传展板、《学校安全管理条例学习册》及宣传海报等资料，在全市选择了80所安全教育基础较为薄弱的民办校园，逐个开展安全宣传教育活动，加强校园的安全管理意识，提高学生对安全知识的了解，以减少各类校园安全事故的发生。

另外，人保公司积极响应国家减灾委员会关于做好每年5·12防灾减灾日活动文件精神，配合深圳市教育局踊跃参加每年的5·12防灾减灾日活动，制作各类安全知识手册及主题展板，在活动现场向市民免费发放安全宣传资料及相关学习礼品，进一步加强对学生安全防灾减灾知识和技能的普及和教育，使广大市民识别学生身边的各类灾害风险，掌握应急避险和自救互助能力，最大限度减少灾害对学生造成的伤害损失，为发展学生安全风险防范管理机制营造良好环境。

④ 安全培训。根据深圳市教育局的统筹安排，人保公司对全市安全管理干部和内部员工开展不同内容、形式的校园安全知识培训。并于每年9—12月对全市2000多所大中小学、幼儿园开展系统的投保宣传，对校园双险的保障内容、参保方式、理赔流程等内容进行了细致宣传。

⑤ 定向防范。根据每年《深圳市学校安全管理常规工作一览表》的工作安排，深圳市教育局要求承保机构做好常规风险防控工作。定期汇总分析安全事故与安全隐患，对安全事故与安全隐患的

季节性、地域性及危害性等特点进行数据分析，找出其中规律与应对措施，报送管理部门提前做好工作部署。

2．"预警阶段"机制的构建

① 建立信息监测系统。将对危机的监测常规化纳入日常管理中来，通过专业组织针对各种事故征兆进行监测、识别、诊断与评价。

② 建立信息处理分析系统。通过先进的信息技术平台，将信息监测系统收集到的有关危机事件的各方面信息，进行科学的处理分析并做出预测和决策，做出是否需要发出预警报告的判断。

③ 建立信息处理分析系统。将信息处理分析系统做出的预测和决策，及时、准确地预警报告，提高人们对危机事件的警觉意识，做好应对危机的准备，提高应对危机的能力，减少危机造成的危害，以促进校园教学活动和学生学习生活的正常进行。

深圳市教育局指导人保公司委托了第三方评估机构，按照各类事故性质排名，对上一年度事故率或事故数量排名前十的学校，逐一开展有针对性的安全评估工作，提出整改意见，落实整改情况。目前已对全市共20所学校进行了实地安全考察，并分别提出安全整改意见与管理建议，督促相应校园改善校园安全环境。

（四）强化风险转移机制

深圳市推行"双险项目"以来，校园安全风险转移机制的作用显著，维护了校园正常的教育教学秩序，保障了广大在校学生的权益，避免或减少了经济纠纷，减轻了校园办学负担，从而实现了经济补偿、校园管理和公益互助的统一。通过优化风险转移的投保、理赔两大流程，强化了深圳市校园安全风险转移机制。

1．优化投保流程

为方便学生和家长完成投保手续，2011年深圳市教育局学校安全管理部门指导人保公司专门设计开发了《深圳市校（园）方责任保险及学生人身意外伤害保险管理系统》，研发了可同时供超百万用户访问的学生保险投保网站，调整了学生意外险投保流程图（见图8—1）。经过近几年的发展，"双险项目"投保的组织、实施逐步完善，投保流程得到优化。

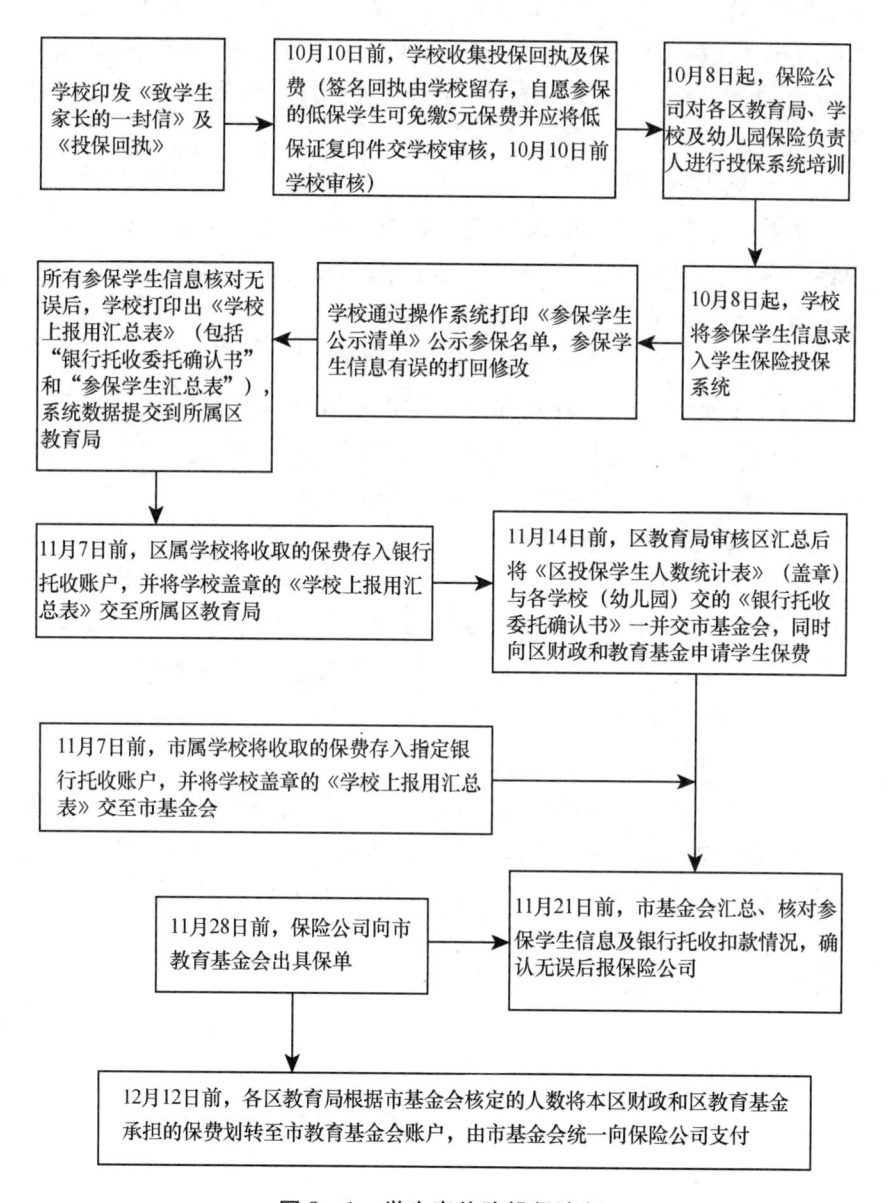

```
学校印发《致学生家长的一封信》及《投保回执》
    ↓
10月10日前，学校收集投保回执及保费（签名回执由学校留存，自愿参保的低保学生可免缴5元保费并应将低保证复印件交学校审核，10月10日前学校审核）
    ↓
10月8日起，保险公司对各区教育局、学校及幼儿园保险负责人进行投保系统培训
    ↓
10月8日起，学校将参保学生信息录入学生保险投保系统
    ↓
学校通过操作系统打印《参保学生公示清单》公示参保名单，参保学生信息有误的打回修改
    ↓
所有参保学生信息核对无误后，学校打印出《学校上报用汇总表》（包括"银行托收委托确认书"和"参保学生汇总表"），系统数据提交到所属区教育局
    ↓
11月7日前，区属学校将收取的保费存入银行托收账户，并将学校盖章的《学校上报用汇总表》交至所属区教育局
    ↓
11月14日前，区教育局审核区汇总后将《区投保学生人数统计表》（盖章）与各学校（幼儿园）交的《银行托收委托确认书》一并交市基金会，同时向区财政和教育基金申请学生保费
    ↓
11月7日前，市属学校将收取的保费存入指定银行托收账户，并将学校盖章的《学校上报用汇总表》交至市基金会
    ↓
11月21日前，市基金会汇总、核对参保学生信息及银行托收扣款情况，确认无误后报保险公司
    ↓
11月28日前，保险公司向市教育基金会出具保单
    ↓
12月12日前，各区教育局根据市基金会核定的人数将本区财政和区教育基金承担的保费划转至市教育基金会账户，由市基金会统一向保险公司支付
```

图 8—1 学生意外险投保流程

2014 年以来，为方便各区校园及学生家长能更顺利完成意外

险投保工作，人保公司对网上投保操作平台及门户网站进行了多次优化升级，逐步简化了相关操作流程，更新了系统服务器设备，优化了往年较为棘手的系统功能，实现了学生保费从校园直接到保险公司的代扣功能，大幅度提升了全市学生保险的投保工作效率。

2. 优化理赔流程

在由"出险报案—现场查勘—提交索赔资料—核定责任、损失项目和金额—划付赔款"环节构成的理赔流程中，根据校园工作、安全事故、学生及其监护人的特点，优化了赔付流程，得到校园、学生及其监护人的广泛肯定。理赔案件实行"日清日结"制度，当天案件当天处理完成，有效提升了案件处理速度。连续多年实现了以"零投诉"和"五满意"（合作方满意、校园满意、学生家长满意、公司满意、员工满意）为目标的服务要求。

（1）优化报案环节

在广泛宣传传统的电话、传真报案方式之外，人保公司研发了在投保平台上进行自助微信理赔的功能，便于校（园）方安全主任、学生或家长（监护人）在发生伤害事故后，及时通知保险公司报案。目前该功能正在全面推进中。

（2）优化现场查勘环节

事故索赔金额在5000元以内的案件，实行免查勘制度。由被保险人或家长向保险人提供索赔资料直接索赔。对于事故原因复杂，致被保险人重伤、伤残、死亡或影响重大的事故，必要时由保险公司、公估公司等单位进行事故调查与分析，相关人员将于2小时内赶到现场进行事故处理。

（3）优化提交索赔资料环节

明示被保险人或家长向保险人提供索赔资料的类别，方便了被保险人、家长以及校园在提交索赔资料环节对相应材料的辨识与选择（见表8—2）。

（4）优化核定责任、损失项目和金额环节

保险公司根据报案和索赔资料，对事故责任、损失项目和理赔金额进行核定，并经被保险人或家长确认。

表 8—2　被保险人或家长向保险人提供的索赔资料清单

1. 必须提供的资料	（1）保险金给付申请书（学幼险专用）； （2）被保险人的身份证或户口本复印件（二代身份证需正反复印）； （3）索赔申请人与被保险人的亲属关系证明材料（户口本、出生证明等）复印件； （4）收款人身份证复印件（二代身份证需正反复印）、银行存折或银行卡复印件； （5）其他与确认保险事故性质、原因、损失程度相关的证明材料。
2. 医疗费用补偿所需理赔资料	（1）完整的门诊、急诊病历原件，医生诊断证明原件； （2）医院签发的医药费原始收据原件及用药清单； （3）医院出具的所有检查报告单原件； （4）住院案件另需提供出入院证明。 注：要求为二级及以上医院，并请留意伤者名字是否有误，发票有无盖医院收费章，若存在以上问题，请到治疗医院更改与补盖章。
3. 伤残赔偿金给付所需理赔资料	（1）司法机构或三甲以上医院出具的《伤残鉴定书》原件； （2）完整的门、急诊病历，出入院证明等医疗文件。
4. 身故保险金给付所需理赔资料	（1）死亡证明、火化证明原件； （2）户籍注销证明原件； （3）事故证明原件（如交通事故证明等）； （4）保险金分配公证书。

（5）优化划付赔款环节

双方对保险责任和理赔金额达成一致、索赔资料齐全后，保险公司 7 个工作日内支付赔款。针对重大学生意外事故采用"绿色通道、快速赔付"的应急处理办法。

第九章　深圳校园伤害事故责任追究制度

作为校园安全风险防控的主要负责方，一旦发生校园事故，校园则被视为最大的责任方。据教育部政策法规司"学校安全风险防控机制研究"课题组的调查发现，在校园安全事件的责任追究上，41.4%的家长认为校园一定有责任，其中有34.4%的家长认为校园应该负全部责任，"这就不难理解安全为何始终是悬在校长头上的'达摩克利斯之剑'了"[①]。因此，校园安全管理必须建立健全和全面落实安全工作责任制和事故责任追究制，包括校园举办者、政府有关部门、校园等负有安全管理职责的各有关方面和主体的责任，增强人人心中有安全、人人工作抓安全的意识，做到对国家财产和师生生命安全高度负责，从思想上、管理上、制度措施上把校园安全管理工作落实到实处，切实将校园安全工作做到常抓不懈、防微杜渐，使校园安全管理工作能够跃上一个新台阶。

第一节　校园伤害事故责任追究原则

虽然学术界对校园伤害事故责任追究原则的研究进行了许多探讨，但对其研究既没有系统化也未能形成权威的理论，众说纷纭，相关法律纠纷并没有得到有效抑制，依然不断发生。深圳市尝试从校园伤害事故归责原则的演进着眼，在厘清《侵权责任法》相关规定由演进而来的特定含义的基础上加以适用。

[①] 李凌、章雨飞：《校园安全风险防控如何为学校"松绑"?》，《中国教育报》2017年6月9日。

一 校园伤害事故责任追究原则的内涵

（一）校园伤害事故法律责任及其特点

1. 校园伤害事故法律责任

法律责任有广、狭两种含义。广义的法律责任与法律义务同义，如公民的守法责任（义务），人民法院保护当事人合法权利的责任（义务）等，法学上称其为"第一性义务"。狭义的法律责任是指法律关系主体实施了违法行为而必须承担的否定性的法律后果，法学上又称"第二性义务"，即加于违法的法律关系主体的直接强制义务，包括受制裁、强制和给予补救，是一种追诉性的责任。人们通常说到法律责任时是在狭义上使用这个概念。基于此，校园伤害事故法律责任可以做如下表述：是校园伤害法律关系的主体因实施了违反校园安全法律规范的行为，依照有关法律、法规应当承担的否定性的法律后果。

2. 校园伤害事故法律责任的特点

（1）行为的违法性

法律责任与违法有密不可分的联系，责任主体实施违法行为是承担法律责任的根据。其他社会责任如工作责任、管理责任、道义责任等并不以违法为前提，与法律责任有原则的不同。

（2）主体的特定性

责任主体无论是自然人和法人，均必须是处在校园伤害法律关系中，侵犯了校园安全法上规定的权利和违反了校园安全法上规定的义务。不是校园伤害法律关系中的责任主体，其行为不影响校园安全法上的权利义务，就不会导致校园伤害法律责任。

（3）法律的规定性

校园伤害法律责任的认定、法律责任的大小、范围、期限、性质、种类、担责主体等均有法律、法规明确规定。《教育法》第九章、《教师法》第八章、《义务教育法》第十五条、第十六条和《义务教育法实施细则》第七章等，都有关于法律责任的明文规定。

（4）强制的国家性

校园伤害法律责任的承担以国家强制力，而非一般社会行为中的强制作为保证。因此，只能由国家司法机关和国家授权的专门机关来追究法律责任，其他任何组织和个人都无此项权力。

(二) 校园伤害事故归责原则

归责，是指法律责任的归结，即"责任应归谁"。归责原则，是指确定侵权行为人侵权损害赔偿责任的基本准则，即确定"责任应归谁"所依据的准则。它是侵权行为法律规范的核心和基础，决定着侵权行为的类型、构成条件、举证分担、赔偿原则和方法，也是法律适用的前提。

校园伤害事故归责原则，是指在校园伤害事故中确定侵权行为人侵权损害赔偿责任的基本准则。

二 校园伤害事故归责原则的演进

我国《侵权责任法》施行以来，校园伤害事故归责原则研究的纷纭和适用的乱象并没有随之趋缓。相反，"目前，理论界对校园伤害事故归责原则的观点尚无定论，归责原则的规定相互冲突、不尽完善的问题仍然存在，相关法律纠纷并没有得到有效抑制，依然不断发生"[1]。其中的原因固然复杂，但未能从校园伤害事故归责原则的演进着眼，在厘清《侵权责任法》相关规定由演进而来的特定含义的基础上加以适用，应该是问题的症结之一。

(一)《侵权责任法》实施前校园伤害事故归责制度的演进

归责原则是关于侵权责任归责的基本规则，对应于侵权类型，由不同规则构成完整的结构体系，用以实现对侵权行为的全面规制。《侵权责任法》"解决的核心问题是哪些权利或利益应当受到其保护"[2]。归责的核心是解决行为人因何种事由对谁承担责任的问题，因而，侵权责任法律关系中的行为人（或责任主体）、受害人以及客体中的事实、行为等构成要件便成为具体归责的基础。校园伤害事故的有关归责原则以《民法通则》（以下简称《民通》）为依据，相继规定于相关司法解释、部门规章和地方性法规中。从

---

[1] 李国旗、尤月成：《我国〈侵权责任法〉中的校园伤害事故归责原则探析》，《天津法学》2011年第1期。

[2] 姜强：《侵权责任法的立法目的与立法技术》，《人民司法应用》2010年第3期。

《民通》到《侵权责任法》的不同阶段,校园伤害事故归责原则的规定由简到繁,由单一到全面,留下一条演进轨迹。分析每一阶段归责原则的结构体系和具体原则构成要件的演进,有助于从纵向发展的角度,更准确地理解和适用我国法律关于校园伤害事故的归责原则。

1988年公布的《民通》第一百〇六条第一款对归责原则做了阐述,第一百〇六条第二款、第一百〇六条第三款、第一百三十二条分别规定了过错责任原则、无过错责任原则、公平责任原则,从而建立了我国民事责任的归责原则体系。《民通》没有对校园伤害事故归责原则做具体规定,1988年4月2日印发施行的《最高人民法院关于贯彻执行〈中华人民共和国民法通则〉若干问题的意见(试行)》(以下简称《意见》)对有关条款做出了解释。

1. 《意见》阶段

《意见》第一百六十条规定:"在幼儿园、学校生活、学习的无民事行为能力人或者在精神病院治疗的精神病人,受到伤害或者给他人造成损害,单位有过错的,可以责令这些单位适当给予赔偿。"该法释作为第一个涉及校园伤害事故归责问题的法律文件,在两个方面做出了规定:

一是在归责原则结构方面,规定了适用于校园伤害事故的两种责任:校园的过错责任和监护人的无过错责任。首先,直接规定了校园在无民事行为能力学生"受到伤害或者给他人造成损害"两种情况的校园伤害事故中"有过错的",适用过错责任原则。其次,间接规定了监护人的无过错责任:"无民事行为能力人"如果"给他人造成损害",而校园无过错的情况下,联系《意见》第二十二条、第一百五十九条和《民通》第一百三十三条,应该适用监护人的无过错责任。可见,比之《民通》三种归责原则构成的体系,《意见》对校园伤害事故责任原则规定的最大不同是没有涉及安全原则。应该理解为对在校园伤害事故中直接套用《民通》归责原则体系,把校园作为责任主体适用无过错责任这种简单做法的否定。

二是按照校园伤害事故法律关系的特点,规定校园伤害事故过错责任原则的构成要件包含以下几个方面:(1)受害人有两类:第一类是过错责任原则下的无民事行为能力人，即不满十周岁的未成年人和不能辨认自己行为的精神病人；第二类是无过错责任原则下的"他人"，根据本条将无民事行为能力人纳入特别保护范围的释法意图，"他人"也应指无民事行为能力的学生。《民通》的受害人包括所有公民，《意见》却做了限制性规定，在所有学生中，将无民事行为能力学生作为校园伤害事故法律保护的对象，体现了过错原则和无过错责任原则适用中保护对象的特定性。（2）与两种归责原则相对应，责任主体也有两类：一是有过错的校园，二是"给他人造成损害"的学生。虽然法释中"给他人造成损害"的行为人是无民事行为能力人，但是按照"举轻明重"的规则，"给他人造成损害"的行为人应该包括无民事行为能力人和限制民事行为能力人两类，即所有学生。

2.《办法》阶段

2002年9月施行的教育部《学生伤害事故处理办法》（以下简称《办法》）虽然只是部委规章，只具备教育行政机关的工作依据和司法机关的司法"参照"作用，但其规定比较全面，可以反映当时的行政立法机关对校园伤害事故的一些认识。《办法》第八条规定了校园伤害事故责任的过错性质以及确定过错责任的依据；第九条列举了校园应当承担过错责任的12种情形；第十条至第十四条列举了校园伤害事故校园不承担责任，减轻责任的各种情形，并规定了承担相应责任的主体。校园伤害事故归责原则结构和归责原则构成要件上，《办法》比之《意见》有两方面不同：

一是扩大了校园伤害事故中无过错责任适用的范围。延续了《意见》的认识，规定了适用于校园伤害事故中校园的过错责任和监护人的无过错责任。但在第七条对"监护人"范围做了扩大性规定："学校对未成年学生不承担监护职责，但法律有规定的或者学校依法接受委托承担相应监护职责的情形除外。"照此，一旦校园承担监护职责，则要承担无过错责任。

二是第三十七条将责任主体规定为全日制大中小学校，因而，受害人由《意见》的"无民事行为能力人"扩大为上述全日制大中小学的学生。《意见》的立法意图在于保护作为"无民事行为能力人"的儿童和小学生，《办法》显然背离了《意见》的精神。

3.《解释》阶段

2004年5月1日起施行的《最高人民法院关于审理人身损害赔偿案件适用法律若干问题的解释》（以下简称《解释》）是我国涉及校园伤害事故的第二个法律解释。第七条规定："对未成年人依法负有教育、管理、保护义务的学校、幼儿园或者其他教育机构，未尽职责范围内的相关义务致使未成年人遭受人身损害，或者未成年人致他人人身损害的，应当承担与其过错相应的赔偿责任。第三人侵权致未成年人遭受人身损害的，应当承担赔偿责任。学校、幼儿园等教育机构有过错的，应当承担相应的补充赔偿责任。"《解释》不仅延续了《意见》对未成年人加以特别保护的思路，而且校园伤害事故归责原则的结构趋于完整，构成要件也更具体。

首先，归责原则结构由三种责任构成：一是延续《意见》做法，规定了校园"未尽职责范围内的相关义务致使未成年人遭受人身损害，或者未成年人致他人人身损害"的过错责任。二是新增了一项学校的补充过错责任，"第三人侵权致未成年人遭受人身损害的"情况下，"学校、幼儿园等教育机构有过错的，应当承担相应的补充赔偿责任"。将《意见》学生"受到伤害或者给他人造成损害"情况下，单纯由校园承担的责任一分为二："第三人"过错责任和学校的补充过错责任，使得过错责任内部结构的划分更加切实，更具公平性。三是用直接规定的方式明确了监护人的无过错责任，"第三人侵权致未成年人遭受人身损害的，应当承担赔偿责任"。比《意见》间接规定的做法，更具规范性和操作性。

这里的"第三人"应包括"未成年人致他人人身损害的"中的"未成年人"（侵权责任由其监护人承担）和不包括校内人员的学校范围意外的第三人。如果校内人员侵权，按"责归于上"的原则，责任依然由学校承担，校内人员也只能是侵权方的当事人，不可作为"第三人"。

其次，归责原则构成要件比《意见》具体。责任主体方面，在《意见》的学校、学生及其监护人之外，引入了作为校外侵权主体的"第三人"。三种责任主体界限的划分，为学校的过错责任和补充过错责任、监护人的无过错责任以及第三人的赔偿责任的归责提供了依据，从责任落实上加大了对未成年人的保护。受害人方面，由《意见》的无民事行为能力人扩大到包括限制民事行为能力人的全部未成年人，覆盖了所有中小学校学生和幼儿园学童，从范围上加大了对未成年人的保护。

（二）《侵权责任法》归责原则构成的结构体系及内部构成要件

2010年7月1日起实施的《侵权责任法》，进一步完善了《民通》构建的归责原则体系，确立了由过错责任原则、无过错责任原则、严格责任原则三大"基本准则"和特殊侵权责任构成的归责原则体系。与以往法律规定及司法解释相比，《侵权责任法》在校园伤害事故归责问题上也做了较大调整，充分体现了"保护民事主体的合法权益"的立法宗旨，为校园伤害事故责任构成、认定和纠纷处理提供了新的法律依据。

1. 建立了体系化分类的校园伤害事故归责原则结构

延续《解释》责任分类的思路，根据校园伤害事故中需要建立的法律关系及其构成要件的特点，做了比《解释》更为全面细致的体系化分类。从责任类型看，对应于过错、无过错责任类型，规定了过错责任原则作为一般原则，无过错责任原则为补充的归责原则体系。其中，过错归责原则占据主导地位，统领校园伤害侵权责任体系中的各项具体归责规则，如过错推定责任、补充责任、过错相抵责任等。公平责任、连带责任原则均被排除在对校园归责之外。这种原则体系的结构，也符合杨立新等不少学者对《侵权责任法》二元归责原则的认识。[①] 从责任主体看，规定了校园的过错责任、过错推定责任、补充责任，监护人的无过错责任和受害人的过错相抵责任。从规定方式看，采取直接、间接两种方式，对校园的推定责任和监护人的无过错责任采用了直接规定的方式，避免了《解释》采用间接方式，容易引起歧义的不足。总之，全面细致的体系性分类，在提高了立法技术、立法质量的同时，也有助于司法实践中适用效率的提高。同时，对正确理解和适用也蕴含了一个要求：

---

① 杨立新：《〈中华人民共和国侵权责任法〉条文解释与司法适用》，人民法院出版社2010年版。

在整体结构体系背景下把握具体归责原则。

2. 完善了校园伤害事故具体归责原则的内部结构

《侵权责任法》对《民通》以来校园伤害事故中具体归责原则的构成要件，如校园伤害法律关系中的行为人（或责任主体）、受害人以及客体中的事实、行为等，做出了更为完善的规定（具体分析见如下的"校园伤害事故归责原则的构成"）。

(三) 校园伤害事故归责原则演进的启示

从《民通》《意见》《解释》再到《侵权责任法》的演进过程中，每一阶段校园伤害事故归责原则结构体系和具体原则构成要件都有其特定法律含义，同时也留下了由简到繁，由单一到全面的发展轨迹。对我们今天的认知和适用，都具有重要的启示作用。

1. 校园伤害事故归责原则结构体系方面

《民通》没有做具体规定，紧随其后施行的《意见》规定了校园的过错责任和监护人的无过错责任。《办法》延续了《意见》的规定，但对无过错责任适用的范围，做了有悖于《意见》的扩大。《解释》新增了校园的补充过错责任，用直接规定的方式明确了监护人的无过错责任。使归责原则内部结构的划分更加切实，更具公平性。《侵权责任法》在校园伤害事故归责问题上也做了较大调整，建立了体系化分类的校园伤害事故归责原则结构。从责任类型看，对应于过错、无过错责任类型，规定了过错责任原则作为一般原则，无过错责任原则为补充的归责原则体系。其中，过错归责原则占据主导地位，统领校园伤害侵权责任体系中的各项具体归责原则，如过错推定责任、补充责任、过错相抵责任等。公平责任、无过错责任原则、连带责任原则均被排除在对校园归责之外。

2. 受害人方面

《意见》规定为无民事行为能力学生。《办法》扩大为上述全日制大中小学的学生，明显不符合《意见》的释法意图。《解释》由《意见》的无民事行为能力人扩大到包括限制民事行为能力人的全部未成年人，覆盖了所有中小学校学生和幼儿园学童，从范围上加大了对未成年人的保护。《侵权责任法》采用先对未成年学生的民事行为能力进行划分，在此基础上再确定适用不同归责原则受害人的分类规定方式,进一步加大了对未成年人特别是无民事行为能力人的保护力度。

3. 责任主体方面

在《意见》中责任主体分为有过错的校园和"给他人造成损害"的学生两类。《办法》同《意见》,但"学校"被规定为全日制大中小学校,也不符合《意见》的释法意图。《解释》在学校、学生及其监护人之外,引入了作为校外侵权主体的"第三人",比《意见》全面。《侵权责任法》涵盖了幼儿园、学校或者其他教育机构,并将幼儿园置于首位,突出了对无民事行为能力人保护的重视;同时,延续了《解释》关于第三人造成学生损害的,由第三人负责的规定。

4. 归责事由方面

《意见》规定为"受到伤害或者给他人造成损害,单位有过错"。《办法》延续《意见》,另外规定了校园有"依法接受委托承担相应监护职责"。《解释》在《意见》之外,增加了"第三人""致未成年人遭受人身损害"和与此同时校园"有过错"规定两项,比《意见》更趋完整具体。《侵权责任法》最重要的改进一是将校园的归责范围由"教育、管理、保护"缩小为"教育、管理",彻底否定了一直以来争讼不已的校园监护职责问题,二是不再规定校园对学生致他人损害承担过错责任,这是对《意见》及《解释》的重大修改。在加大校园责任的同时,也加大了对校园的保护。

第二节 校园伤害事故责任追究制度的构成及其适用

归责原则是关于侵权行为"归责"的基本规则,归责的核心是行为人因何事对谁承担法律规定的责任。法律规定、行为人(或侵权主体)、受害人、归责事由成为归责原则必须具备的基本要件。侵权行为的类型化,决定了具体归责原则的构成要件的特殊性,亦即内部结构的个性化。这种具体归责原则结构的个性化,是上述校园伤害事故归责原则结构体系的局部构成。《民通》实施以来，在校园伤害事故归责原则的演进中，归责原则结构的个性化特征基本形成，为对其分析提供了可能。在整体结构体系背景下的局部构成分析，亦即"结构分析"，应该成为理解和适用归责原则的逻辑起点。本书将结合相关法律规定的演进，从一般原则、补充原则、排除原则三个方面展开校园伤害事故归责原则的适用的分析。

一 一般原则：校园伤害事故以适用过错责任原则为主

校园伤害事故过错责任原则作为一般原则，占据主导地位，统领校园伤害侵权责任体系中的各项具体归责规则，包括过错责任、推定责任、补充责任、过错相抵责任等。

（一）过错责任原则的构成及适用

《侵权责任法》第三十九条规定："限制民事行为能力人在学校或者其他教育机构学习、生活期间受到人身损害，学校或者其他教育机构未尽到教育、管理职责的，应当承担责任。"过错责任的构成比之《解释》有两点重要不同：

受害人由"未成年人"在表述上缩小为"限制民事行为能力人"。按照"举重明轻"规则，应该包括"无民事能力人"，但是，联系《侵权责任法》第三十八条来看，此处应单指"限制民事行为能力人"。原因是作为限制民事行为能力的学生，已经具备了一定的认知和自我保护能力，故而在对其校园伤害事故中，适用过错责任原则，由受到伤害的限制民事行为能力人及其监护人承担校园未尽到教育、管理职责的举证责任。表述方式的意义在于该法对受害人划分民事行为能力，便于对受害人分层予以不同保护。所以，受害人的规定与《解释》重视对未成年人的保护，保持了实质上的一致。

作为责任主体的校园，在承担责任的范围上比之《解释》有重大改变，由"教育、管理、保护"缩小为"教育、管理"。（第三十八条亦同）我国《教育法》和《未成年人保护法》规定校园对在校的未成年人学生负有教育、管理、保护的职责。但是，法定职责和归责职责在法律上有严格界限，《侵权责任法》的规定不仅不能看作是与《教育法》和《未成年人保护法》规定的相悖，而且应该理解为对校园伤害事故责任的坐实：划清了校园伤害事故中责任的边界，不致因强调"保护"而把所有责任归咎于校园，造成对校园归责不公平的同时，因"保护"难以界定，反致责任难以落实。

同时，校园承担责任的程度，也被明确界定。"未尽到"是排除其他中间状态如"基本未""尚未"等的否定性逻辑判断，不存在按过错大小确定受害人及其监护人与校园按比例承担责任的问题，校园承担责任的程度是全部人身损害。这应该也是《侵权责任法》相比《解释》的一大改进。

（二）推定责任原则的构成及适用

《侵权责任法》第三十八条规定："无民事行为能力人在幼儿园、学校或者其它教育机构学习、生活期间受到人身损害的，幼儿园、学校或者其它教育机构应当承担责任，但能够证明尽到教育、管理职责的，不承担责任。"这是《侵权责任法》在《解释》之外新增的一项责任原则。突出了两点：

构成要件的首个要件是受害人必须为无民事行为能力人。过错推定原则采用的前提在于侵权行为中存在双方力量的不平衡，或受害人确实无法证明对方过错的情形。《侵权责任法》之所以对无民事行为能力人适用过错推定，是基于无民事行为能力人的一般特征：身心发育不成熟，不能正确认识、判断事物和自己行为的后果。如有伤害事故发生，由无民事行为能力人或其监护人举证将难以完成，不利于对无民事行为能力人的保护。但是，《侵权责任法》对过错推定价值的肯定，不能成为这一原则适用范围扩大的依据而适用于所有的校园伤害事故。比之无民事行为能力人，限制民事行为能力人和完全民事行为能力人的身心发育已经逐渐或完全成熟，认识、判断事物和自己行为后果的能力逐渐或完全形成，基本或完全具有举证的能力。将过错推定原则适用于这两类学生，在伤害事故发生后由校园举证，不仅与法理冲突，而且必然会导致校园为避免校园伤害事故的发生，尽量减少学生的活动和学生在校的时间，从而影响学生的正常发展的后果。

其次，责任主体被推定为应当承担责任的校园。将过错推定适用于校园对无民事行为能力人的侵权，而不是无差别地适用过错责任，最大的区别在于举证责任的倒置。校园若不能证明自己尽到了教育、管理职责，则不能免责，在加大了对无民事行为能力人保护力度的同时，也加大了校园的举证难度和担责的概率。推定责任不是独立的归责原则，而是过错责任原则的一种特殊情形。比之过错责任，推定责任的核心要件仍为"过错"，仍然是以加害人具有过错作为价值判断的标准，只不过在判断过错的方式上出现了改变，采用了举证责任的倒置，由加害人来举证证明自己没有过错。因此，《侵权责任法》将其与过错责任的一般条款规定在同一条之中。所以，在伤害事故的归责中，《侵权责任法》第六条第二款不能单独作为起诉的依据，必须与特别规定的第三十八条相结合才可适用。

（三）补充责任原则的构成及适用

《侵权责任法》第四十条规定："无民事行为能力或者限制民事行为人在幼儿园、学校或者其他教育机构学习、生活期间，受到幼儿园、学校或者其他教育机构以外的人员人身损害的，由侵权人承担侵权责任；幼儿园、学校或者其他教育机构未尽到职责的，承担相应的补充责任。"在构成要件中的受害人是未成年学生，责任主体是侵权人和校园，这两个问题应无歧义。需要厘清的是校园承担的"补充责任"和相应的举证责任。

首先，校园"补充责任"的产生基于"未尽到职责"的过错，按《侵权责任法》法律体系内部评价一致性，"未尽到职责"应当理解为第三十九条所称的"未尽到教育、管理职责"。校园的过错与侵权人的致害有一定的关联，但并非直接导致致害后果的侵权行为。校园的过错责任在与侵权人的侵权责任的竞合中，明显处于从属的位置。所以，校园承担的责任应当是顺序性而非份额性的责任，是与其"未尽到职责"的程度相适应，在侵害人不能满足权利人赔偿请求的情形下"补足差额"的责任。在很多学理、学术论述或者司法解释中，补充责任也被称为补充赔偿责任，正是出于此种考虑。

其次，在举证责任上校园应当承担部分情况下"尽到管理职责"的举证责任。对于校园伤害事故的举证,《侵权责任法》只是在第三十八条规定了举证责任的倒置。但是,从《侵权责任法》规范体系的内部同一性来看,对于无民事行为能力人学生受第三人侵害,校园也应当承担已尽管理职责的举证责任,而不应由无民事行为能力学生及其监护人承担举证责任。

（四）过错相抵原则的构成及适用

《侵权责任法》第二十六条规定:"被侵权人对损害的发生也有过错的,可以减轻侵权人的责任。"过错相抵强调的是责任主体具有过错的同时,受害人也有过错,因而,应该作为一个特定的责任类型,存在于过错责任原则之中。

过错相抵的构成要件方面,最容易引起争议的是能否将无民事行为能力的学生作为有过错的被侵权人。笔者认为,应该不以无民事行为能力的学生对于侵权行为是否具有责任能力,作为否定的前提。否则,显然缺乏法律、法理和现实的依据。首先,过错相抵在法律上是一个具有普遍适用性的归责原则,《民通》《合同法》《保险法》等法律、法规及一些司法解释中普遍做出了规定,应该也适用于校园伤害事故责任的认定。其次,从法理来看,过错相抵原则的法律价值是在混合过错中,通过比较来确定加害人和受害人的过错程度、责任范围、责任承担方式,从而达到公平合理分配责任目的的原则。《侵权责任法》该条表示肯定语气的副词"也"字实质上强调了侵权人和受害人同样具有过错责任,责任应予合理分配。再则,现实中无民事行为能力人的学生,对与其年龄相应的危险行为已经普遍具有一定的识别能力,民事行为能力中已经包含了对危险的感知能力。这种情况下,不考虑无民事行为能力人的过错,让校园承担全部过错责任,显然有失公平。

《解释》第二条所做的关于过错相抵中当事人过错和责任的对应关系的细分,应该作为过错相抵原则具体适用的基本依据:"受害人对同一损害的发生或者扩大有故意、过失的,依照《民法通则》第一百三十一条的规定,可以减轻或者免除赔偿义务人的赔偿责任。但侵权人因故意或者重大过失致人损害,受害人只有一般过失的,不减轻赔偿义务人的赔偿责任。适用《民法通则》第一百〇六条第三款规定确定赔偿义务人的赔偿责任时,受害人有重大过失的,可以减轻赔偿义务人的赔偿责任。"上述规定表明,过错相抵原则的适用应注意区分三种当事人过错和责任的对应关系:受害人有故意、过失,对应于减轻或免除赔偿义务人的赔偿责任;侵权人因故意或者重大过失和受害人只有一般过失,对应于不减轻赔偿义务人的赔偿责任;受害人有重大过失,对应于减轻赔偿义务人的赔偿责任。

二 补充原则:校园伤害事故以适用无过错原则为辅

《侵权责任法》第七条规定:"行为人损害他人民事权益,不论行为人有无过错,法律规定应当承担侵权责任的,依照其规定。"保持了与《民法》第一百○六条第三款规定内容和规定方式的一致。第三十二条又规定:"无民事行为能力人、限制民事行为能力人致人损害的,监护人承担无过错责任。"可见,校园伤害事故对行为人的监护人适用无过错原则,但与校园过错引致的过错原则相比,无论伤害事故的范围还是程度都是次要的,只能作为辅助原则。那么,无过错的校园能否成为监护人,成为无过错原则中的行为人,是最为关键的问题,容易引发歧义,必须予以厘清。

无过错责任归责原则的法律价值在于过错归责原则失灵后,实现社会生活关系的衡平。体现了"有损害必有救济"的民事司法理念,反映出对社会弱势群体的特别保护。因而作为对过错责任原则"一般"的"例外",有其构建完整归责原则体系的特定意义。正是在这个意义上,英美法系又称之为"严格责任"。《侵权责任法》对无过错责任原则的规定,体现了这种法律精神和理念,强调的是某些"例外"性的特殊领域,例如高危作业、环境保护、产品责任等领域,责任主体应当具有足够的谨慎和勤勉,以避免对他人造成伤害后果。校园伤害事故是典型的一般民事侵权行为,不属于高危性质的范围,不具有"例外"性,因而法理上不具备适用无过错责任原则的逻辑必然。

正是因其为"一般"的"例外",所以适用无过错责任原则必须依据法律明确的"类型化"规定,不得随意扩大适用的范围。我国《民通》和《侵权责任法》对无过错责任原则适用范围都有"类型化"的严格规定。《侵权责任法》第七条规定了无过错责任一般原则，不能单独作为起诉的依据，具体适用要结合《侵权责任法》第三十二条至第八十九条列举的12种情况。所以，认为校园具有未成年学生监护人地位，因而应适用无过错责任的看法，实际上是不了解无过错原则的法律价值，对相关法律的误读，应该予以正谬。《侵权责任法》之所以摒弃有些法律规范性文件中的"监护"一词，重新界定校园与学生之间的关系为"教育、管理"，实际上也是对校园具有未成年学生监护人地位这一误读在法律层面的否定。

三 排除原则：校园伤害事故不得适用连带责任原则、公平责任原则

（一）校园伤害事故不得适用连带责任原则

《侵权责任法》第八条规定："二人以上共同实施侵权行为，造成他人损害的，应当承担连带责任。"规定方式同于《民通》第一百三十条，没有明确连带责任的具体内涵。但联系《侵权责任法》第十一条、第十二条的规定来看，连带责任构成的两个关键决定了校园伤害事故不得适用连带责任原则。

首先，适用连带责任原则需要法律明文规定。《侵权责任法》第十三条规定："法律规定承担连带责任的，被侵权人有权请求部分或者全部连带责任人承担责任。"侵权连带责任后果较重，需要法律明文做出规定才可以成立；法律没有规定侵权人承担连带责任，则不能要求侵权人对损害承担连带责任。《侵权责任法》规定了广义共同侵权行为的同时，还规定八种法律认为应当承担连带责任的侵权行为。在现有法律包括《侵权责任法》中，没有关于校园伤害事故应当承担连带责任的明文规定，因而，校园伤害事故不得适用连带责任原则。

其次，校园不构成"共同"侵权行为主体。"共同"是侵权者客观行为的共同还是主观过错的共同，是理解校园与其他侵权主体是否共同侵权，是否适用连带责任原则的前提。"共同侵权行为，限于意思关联共同的主观共同侵权，应以行为人之间有共同故意或

者共同过失为必要要件。即《侵权责任法》规定的共同侵权是指意思关联共同的主观共同侵权,而不包括行为关联共同的客观共同侵权。"① 可见,此处的"共同"应当理解为主观的共同联系,"共同侵权"不能理解为校园与其他侵权主体的共同侵权行为。即便校园与其他侵权主体实施了同一种行为,也只能理解为无意思联络的数人侵权。其中基本的事实逻辑是校园出于自身权益的考虑,不可能与其他侵权主体保持意思联络,形成意思关联共同的主观共同侵权。

(二)校园伤害事故不得适用公平责任原则

《侵权责任法》第二十四条规定:"受害人和行为人对损害的发生都没有过错的,可以根据实际情况,由双方分担损失。"这一概括性规定也是《民通》相应规定(第一百三十一条)同样方式的延续。学界或以此为公平责任归责原则的核心规定。即便如肯定论学者所言,那么,法律普适性的规定,是否可以适用于校园伤害事故这一特殊民事侵权领域?在《侵权责任法》实施前后都是理论上颇具争议、实务中也颇为棘手的问题。笔者认为,从法律精神、法律规定和社会现实等方面看,应持否定态度。

四 关于能否适用公平责任原则的研究

公平责任原则能否适用于校园伤害事故,一直是校园伤害事故归责原则研究和适用中争议的焦点问题之一。我国《侵权责任法》实施以来,研究和适用两方面的认识依然莫衷一是,"在我国学界,对学生伤害事故是否适用公平责任原则有较大的争议"②。

从我国相关法律演进的梳理、理论研究的述评、司法实践的评估等角度来看,我国法律既没有肯定公平责任原则的法律定位,也不存在公平责任原则适用于校园伤害事故的规定,《侵权责任法》第二十四条的法律定位只能是"分担损失"规则,而且在校园伤害

---

① 陈现杰:《共同侵权的立法规制与审判实务》,《人民司法·应用》2010年第3期。

② 孙重秀、高仁兰:《学生伤害事故责任的归责原则探析》,《临沂大学学报》2011年第4期。

事故适用中引发了众多乱象，有必要通过法律解释予以规范。根本意义上解决公平责任原则所面对的"良心公平"，应该将思路定位于法律途径之外的损害救助社会化的制度建设。

（一）公平责任原则能否适用的争议

1. 理论研究中的对立

校园伤害事故能否适用公平责任原则的争议，首先是理论研究中观点的对立。或援引《民通》第一百三十二条和《侵权责任法》第二十四条作为依据，直接做出肯定的判断，"对于某个损害事实，高校没有过错，受害学生也没有过错的情形下，可以适用公平责任原则。如体育课上，学生练习某个动作摔伤，高校和学生都没有过错，对于学生的损害，可以根据实际情况，由高校和受害学生分担损失"①。或认为应以"公平责任为补充……学校应当有条件地承担公平责任"②。与此相反，否定者或从法律上否定公平责任原则的存在，"《侵权责任法》的一个重大变化就是取消了公平责任归责原则，而将其改为分担损失"③。或直接予以否定，"对于学生伤害事故，要求学校、幼儿园等教育机构承担公平责任是不可行的"④。

2. 司法实践中的对立

争议还反映在司法实践中观点的对立上。"在现阶段的司法实践中，对于在学生伤害事故中使用公平责任归属原则，还有一定的争议。"⑤"我国司法实践中，法院在处理此种情形时，一般都会考虑到社会公平的因素而判决校方承担适当损失。"⑥

3. 地方立法的对立

深圳、辽宁、云南、福建、黑龙江、浙江等多数地方法规、规

---

① 李宜江、张海峰：《高校学生伤害事故的法律审思》，《黑龙江高教研究》2012年第7期。
② 张媛媛：《校园伤害赔偿案件归责原则之适用》，《人民法院报》2011年3月23日。
③ 李国旗、尤月成：《我国〈侵权责任法〉中的校园伤害事故归责原则探析》，《天津法学》2011年第1期。
④ 同上。
⑤ 刘芳丽、王哲先：《学生人身伤害责任归属原则》，《长江大学学报》（社会科学版）2011年第5期。
⑥ 林良钧：《学校侵权责任的应对措施》，《法制博览》2012年第2期。

章在立法权限内对校园伤害事故的责任做出规定，没有将公平责任原则作为归责的原则。上海市《学生伤害事故处理条例》第十三条和江苏省《学生人身伤害事故预防与处理条例》第三十三条则分别将"公平责任原则"和"公平原则"明确为校园伤害事故的归责原则。

（二）校园伤害事故不宜适用公平责任原则

有必要从立法演进、理论述评、适用评估等角度对校园伤害事故不宜适用公平责任原则进行分析探讨。这样，会从根本上有助于认识误区的澄清。

1. 从立法演进看，我国法律否定适用公平责任原则

问题由来表明，上述认识和适用的对立缘起于《民通》以来的法律法规，特别是对《民通》和《侵权责任法》相关条款的不同解读。溯本以求源，厘清我国法律法规自《民通》以来对校园伤害事故相关规定的脉络及其中蕴含的意图、含义，应该是解决问题的基础工作。

（1）对《侵权责任法》实施之前有关法律规定的分析

《民通》把民事责任独立成章并规定了侵权责任，由此确定了侵权责任法及其归责原则在我国民法中的相对独立地位。第一百〇六条第二款、第一百〇六条第三款、第一百三十二条分别规定了过错责任原则、无过错责任原则、公平责任原则，从而建立了我国民事责任的归责原则体系。[①] 但没对校园伤害事故归责原则做具体规定。

紧随《民通》之后1988年4月2日印发施行的《最高人民法院关于贯彻执行〈中华人民共和国民法通则〉若干问题的意见（试行）》（以下简称《意见》）规定了校园的过错责任和监护人的无过错责任。比之《民通》三种归责原则构成的体系，《意见》对校园伤害事故责任原则规定的最大不同是没有涉及校园的无过错责任和公平责任。应该理解为对在校园伤害事故中直接套用《民通》归责原则体系，把校园作为责任主体适用无过错责任和公平责任这种简

---

① 王利明：《侵权行为法归责原则研究》，中国政法大学出版社1992年版。

单做法的否定。

《最高人民法院关于审理人身损害赔偿案件适用法律若干问题的解释》是我国涉及学生伤害事故的第二个法律解释。在《意见》规定的校园过错责任和监护人无过错责任之外，新增了校园补充过错责任的情况下，却没有对校园的公平责任做任何涉及，其否定公平责任适用于高校学生伤害事故的用意，应该也是显而易见的。

(2) 对《侵权责任法》有关规定的分析

《侵权责任法》完善了《民通》构建的归责原则体系，在学生伤害事故责任归属问题上通过第三十八条、第三十九条、第四十条做出集中、明确的规定，建立了过错责任原则作为一般原则、无过错责任原则为补充的归责原则体系，但对校园承担公平责任没有做出任何规定。《侵权责任法》实施后，第二十四条成为理论界关于公平责任原则存废争论的焦点。从《侵权责任法》的规定模式、条款体例、文本构成来看，本条规定不能认定为公平责任归责原则的法律依据，更不宜作为对高校学生伤害事故适用公平责任原则的法律依据。

第一，从规定模式看。"归责原则体系内部，又采取了'一般条款＋类型化'的模式。所谓一般条款，是指在成文法中居于核心地位的、成为一切侵权请求权之基础的法律规范。所谓类型化，是指在一般条款之外就具体的侵权行为类型作出规定。"[①] 按照此模式，《侵权责任法》第二十四条规定应为"一般条款"，附属的"类型化"法定情形《侵权责任法》没有明确规定，以下三种似乎勉强可以充任：因见义勇为遭受损害（第二十三条）、完全民事行为能力人突然陷入无意识状态，如梦游、癫痫、心脏病突然发作或不受控制致人损害（第三十三条）、高空抛物致人损害且加害人不明（第八十七条）。同时，对高校学生伤害事故适用公平责任原则，并没做"类型化"规定。所以，从《侵权责任法》规定模式看，实际上已经排除了公平原则对高校学生伤害事故的适用。此结论在无过错原则的适用上可以得到佐证：《侵权责任法》在侵权归责体系

---

① 王利明：《我国〈侵权责任法〉归责原则体系的特色》，《法学论坛》2012 年第 2 期。

中，没有将高校学生伤害事故纳入校园无过错责任"一般条款＋类型化"的模式之中，对校园作为无过错责任的责任主体做出了否定。按照法律体系内部规定同一性的规则，这种做法也应该同样运用于公平原则。

第二，从条款体例看。《侵权责任法》对同类问题的规定采取的是条款"类属相连"的方式。"第二章责任构成和责任方式"的第六条至第十四条为"责任构成"，第十五条至第二十五条为"责任方式"。第二十四条在体例上显然应归属"责任方式"，而非"责任构成"的归责原则。

《侵权责任法》第四章是"关于责任主体的特殊规定"，同样从"类属相连"方式来看，其中第三十八条、第三十九条、第四十条对学生伤害事故责任主体及其侵权责任类型做了集中规定。如果将归属于"责任方式"的第二十四条与此处的三条并列，并从中演绎出适用于校园的公平原则，显然有三点误读：将公平责任方式误读为公平责任原则此其一，将一般的"责任方式"误读为"责任主体的特殊规定"此其二，将"责任方式"中公平分担方式误读为高校学生伤害事故的责任类型此其三。可见，据第二十四条而以校园为适用公平原则责任主体的认识，实在是有悖于《侵权责任法》条款体例逻辑结构及其中蕴含的立法意图。

第三，从文本构成看。法律规范实质功能的确定，在文本构成上有赖于法律规范逻辑结构的严谨。归责原则作为法律规范是通过法律文本表达的具有严密逻辑结构的行为规则。法律规则（规范）＝假定＋处理＋制裁，所谓假定是一定行为准则适用的条件，处理是行为规范本身，制裁是违反这一规范所致的法律后果。由此，《侵权责任法》归责原则的逻辑结构应该由"损害—责任—赔偿"构成。而第二十四条只是规定"受害人和行为人对损害的发生都没有过错，可以根据实际情况，由双方分担损失"。将《民通》第一百三十二条的"分担民事责任"，改为"分担损失"，用经济"损失"取代了民事"责任"，显然是对《民通》采用的归责原则的"损害—责任—赔偿"逻辑结构的否定，表明了立法者立法态度和意图的根本转变，可以视为把《民通》第一百三十二条作为归责原则的彻底摈弃。

另外，法律规范的应然有效性和实然有效性之间完全有可能产生冲突，法律的"应然有效性"并不等同于法律的"实然有效性"，只有应然有效性和实然有效性两方面的统一，法律规范的有效性才能得以体现。第二十四条使用"应当"作为"假定+处理+制裁"逻辑结构中行为主体与制裁之间的逻辑节点，体现出立法者在此的立法意图并非追求此项法律规范的有效性，为应然有效性和实然有效性之间的冲突预留了法律适用的余地，为司法实践中法院的裁判留出了自由裁量的空间。归责的宗旨是确定行为人因何种事由对谁承担责任的法定依据，这种弹性的立法态度，显然不符合强制性的归责原则的制定宗旨。

总之，《民通》以来我国立法、释法相关规定的演进表明，校园伤害事故的责任类型中从来就不包括公平责任，因而也无所谓校园伤害事故适用公平责任原则的问题。质言之，我国法律对校园伤害事故适用公平责任原则，向来持否定态度。

（3）对我国有关法规规章的分析。《学生伤害事故处理办法》（以下简称《办法》）第二十六条："学校对学生伤害事故负有责任的，根据责任大小，适当予以经济赔偿……学校无责任的，如果有条件，可以根据实际情况，本着自愿和可能的原则，对受伤害学生给予适当的帮助。"一些地方法规如《上海市中小学校学生伤害事故处理条例》对适用公平责任原则做了明确规定："第十三条对学生伤害事故的发生，当事人均无过错的，可以根据实际情况，按照公平责任的原则，由当事人适当分担经济损失。"那么，能否依据上述个别部门规章和地方法规，对校园伤害事故适用公平责任原则。笔者认为，结论只能是否定的，必须予以正谬。

首先，我国《立法法》第八条规定："下列事项只能制定法律：（八）民事基本制度……（十）诉讼和仲裁制度。"第九条规定："本法第八条规定的事项尚未制定法律的，全国人民代表大会及其常务委员会有权作出决定，授权国务院可以根据实际需要，对其中的部分事项先制定行政法规，但是有关犯罪和刑罚、对公民政治权利的剥夺和限制人身自由的强制措施和处罚、司法制度等事项除外。"教育部作为主管教育的中央国家行政机关,按《立法法》第七十一条规定,"可以根据法律和国务院的行政法规、决定、命令,在本部门的权限范围内,制定规章"。而且,"规定的事项应当属于执行法律或者国务院的行政法规、决定、命令的事项"。因此,《办法》第二十六条不能视为对民事侵权归责原则的规定,更不能视为法律依据,适用于司法实践。《办法》作为部委规章,只能作为教育行政机关的工作依据,用来约束和调整教育行业的管理事项,或在司法实践中被"参照"。《办法》第二十六条规定的内容充其量也只是校园出于社会道义在经济上的"适当帮助",而不是法律上的公平责任原则,二者的性质、适用范围和条件完全不同。

其次,个别地方法规如上海市《学生伤害事故处理条例》第十三条对适用公平责任原则做了明确规定:"对学生伤害事故的发生,当事人均无过错的,可以根据实际情况,按照公平责任的原则,由当事人适当分担经济损失。"此规定明显不妥:其一,《立法法》第六十四条规定,地方性法规只能在"第八条规定的事项外"做出规定,而无权对属于"第八条规定的事项"的"民事基本制度"和"诉讼和仲裁制度"做出规定。我国《立法法》自2000年7月1日起施行,上海市《条例》于《立法法》施行一年多后的2001年9月1日起实施,没有与《立法法》保持一致。其二,《侵权责任法》2010年7月1日施行后,经2011年11月上海市人大修正,上海市《学生伤害事故处理条例》"第十三条"作为创设性条款却依旧完整保留,应该视为疏漏:对学生伤害事故适用"公平责任原则"的规定,缺乏上位法依据;把"公平责任原则"这一学理概念直接用作法律概念,应该也缺乏上位法依据。

2. 从学界争论看,公平责任原则并不存在

联系我国民法学界对公平责任原则理论研究的发展,上述争议实际是民法学界的争论在校园伤害事故问题上的延伸和扩展。校园伤害事故能否适用公平责任原则,理论上以民法学界对公平责任原则研究为基础。

公平责任原则能否成为侵权归责基本原则的争论,在我国民法

学界由来已久。①《侵权责任法》颁布以后,"学者们对公平责任是否构成一项独立的归责原则仍然存在分歧"②。肯定者以王利明教授为代表,认为"我国侵权责任法将严格责任纳入其中,并且还将过错推定责任独立出来作为一种归责原则,此外,还规定了公平责任,这就构建了多元归责原则体系"③。否定者以杨立新教授为代表,认为"我国《侵权责任法》采纳的是二元归责原则,即过错责任原则和无过错责任原则"④。

不管争论中各方持论如何,即便观点完全对立,对公平责任原则核心内涵的认识却是基本一致的:当事人双方在对造成损害均无过错的情况下,由人民法院根据实际情况由双方当事人公平地分担损失。⑤

根本分野在于"分担损失"是否以责任为前提。肯定者认为,"在确定责任的范围时,公平责任具有补充过错责任、过错推定责任、严格责任不足的作用"⑥。否定者认为"公平责任的意义不是解决归责的问题,而是要解决赔偿数额的问题"⑦。对此,《民通》第一百三十二条的措辞是"分担民事责任",《侵权责任法》第二十四条则改为"分担损失",这可以作为"分担损失"不以责任为前提的内证。可见"《侵权责任法》的一个重大变化就是取消了公平责任归责原则,而将其改为分担损失"⑧。"从典型的适用公平责任处

---

① 《法学研究》编辑部:《新中国民法学研究综述》,中国社会科学出版社1990年版。
② 陈本寒、陈英:《公平责任归责原则的再探讨——兼评我国〈侵权责任法〉第24条的理解与适用》,《法学评论》2012年第2期。
③ 王利明:《我国〈侵权责任法〉归责原则体系的特色》,《法学论坛》2012年第2期。
④ 杨立新:《〈中华人民共和国侵权责任法〉条文解释与司法适用》,人民法院出版社2010年版。
⑤ 王利明:《侵权行为法归责原则研究》,中国政法大学出版社2000年版,第104—109页;杨立新:《侵权责任法论》(上册),吉林人民出版社2000年版,第159页对公平责任的解释。
⑥ 王利明:《我国〈侵权责任法〉归责原则体系的特色》,《法学论坛》2012年第2期。
⑦ 王卫国:《过错侵权责任:第三次勃兴》,中国法制出版社2000年版。
⑧ 李国旗、尤月成:《我国〈侵权责任法〉中的校园伤害事故归责原则探析》,《天津法学》2011年第1期。

理的案例来看,该条的实际作用是由不负侵权责任的致害人承担了一定数额的赔偿责任。"① 这可以作为"分担损失"不以责任为前提的外证。所以,"我国《侵权责任法》第24条也并非关于公平责任原则的规定,而是关于损害分担的一般性规定。它的本质在于授权法官在个案中通过衡平手段合理分配损害,以达到公平正义之目的"②。公平责任原则在既无法律规定的内证,又无司法实践的外证的情况下,充其量也只能作为归结法律责任以外社会责任的一项损害分担规则。而且,即便作为损害分担规则,也不符合"行为—损害—赔偿"这一基于法律价值的逻辑判断。"上帝的事情归上帝,恺撒的事情归恺撒",这无异于让"恺撒"承担"上帝"的责任。

3. 从司法实践看,适用公平责任原则导致乱象丛生

虽然公平责任原则存废的争论在我国民法学界至今未有定论,但"我国司法实践中,法院在处理此种情形时,一般都会考虑到社会公平的因素而判决校方承担适当损失"③。确实有不少案例,包括部分最高人民法院司法解释涉及案例和公报案例,都是通过适用"公平责任"判决的。④ 而且,由于依赖法官的自由裁量权,现实中很容易造成公平责任原则的滥用,有的法官适用公平责任原则,而有的法官并不适用。

现实中,校园伤害事故适用公平原则的弊端丛生。在校园伤害事故中,受害人一方往往将公平原则有意无意地误读为校园担责的法律依据而纠缠不休、漫天要价,不达目的誓不罢休;司法审判和行政调解中也往往因认识分歧或迫于压力而滥用公平原则,以图息事宁人。基于校园不堪事态影响的重负和无责赔偿的无奈,以至于为了避免校园伤害事故的发生,校园将可能引起事故发生的正常教育教学活动排除在外,导致校园办学秩序的扭曲。同时,在法律方

---

① 王竹、郑小敏:《我国侵权责任法上公平责任的类型化研究》,《民事审判指导与参考》2007年第4期。
② 陈本寒、陈英:《公平责任归责原则的再探讨——兼评我国〈侵权责任法〉第24条的理解与适用》,《法学评论》2012年第2期。
③ 林良钧:《学校侵权责任的应对措施》,《法制博览》2012年第2期。
④ 陈本寒、陈英:《公平责任归责原则的再探讨——兼评我国〈侵权责任法〉第24条的理解与适用》,《法学评论》2012年第2期。

面不仅混淆了过错责任原则与公平责任适用的边界，造成了适用法律的混乱，更重要的是带来实体法律上的公正缺失，损害了法律应有的价值。

（三）适用公平责任原则被否定后的路径选择

上述分析表明，我国法律对校园伤害事故适用公平责任原则向来持否定态度，学界的长期争论已经将公平责任原则证伪，公平责任原则充其量也只能作为归结法律责任以外社会责任的一项损害分担规则，而且，不管作为公平责任原则还是损害分担规则，都必然造成法律适用的混乱和实体法律的公正缺失。"私法不应成为劫富济贫、分配财富的一般工具。"① 此言从反面揭示了公平责任原则的实质。至此，公平责任原则的存废和能否适用于校园伤害事故的结论，已经是不言而喻的了。那么，如何解决公平责任原则所面对的"良心公平"？笔者认为，现实的选择是对《侵权责任法》第二十四条做出法律解释，以便在适用中予以规范，尽量减少适用的混乱；根本的办法应该是将思路定位于法律途径之外的损害救助的社会化。

1. 立法选择：《侵权责任法》第二十四条需要做出司法解释

从侵权归责原则的发展历史看，公平原则的出现实则是"建立在'扶贫济弱'的传统思想上，立法目的或在于补社会安全制度之不足，但倘不慎用，有软化侵权责任体系之虞"②。在《侵权责任法》第二十四条没做根本修改的情况下，仍存在"慎用"的问题，有必要通过相关法律解释做出具体规范。

"慎用"之一是应该在有关法律解释中明确 24 条"损失分担的规则"的法律定位。如前所述，公平责任原则和损失分担的规则都存在双方当事人之间损失分担的基本内容，但是根本分野在于"分担损失"是否以责任为前提。将"分担损失"规定为公平责任，实质是对行为人做出法律贬斥并课以民事侵权责任，而规定为"损失分担的规则"则行为人承担的只是"扶贫济弱"意义

---

① 陈本寒、陈英：《公平责任归责原则的再探讨——兼评我国〈侵权责任法〉第24条的理解与适用》，《法学评论》2012年第2期。
② 王泽鉴：《民法学说与判例研究》第六册，北京大学出版社2009年版。

上的对受害人的补偿，而并非赔偿责任。"分担损失"究竟是属于公平责任原则还是属于损失分担的规则，在性质、过程、机制上大不相同。

"慎用"之二是不得随意扩大适用范围。"分担损失"的前提是受害人和行为人对损害的发生均无过错，是在过错原则和无过错原则都不能适用后做出的选择。其本身所包含的是社会公平正义的法律精神，所承担的是一种对他人救济和扶助的社会道义而非法律责任。"分担损失"的这一本质特征决定了其适用范围应当严格限制，不得随意扩大。

"慎用"之三是严格区分作为"分担损失"根据的"实际情况"。"实际情况"应从实际损害情况、行为人能够实际负担损失的财产状况以及社会同情因素、行为人所尽义务的程度等方面细分。标准的掌握也应具有严格要求，避免司法实践中滥用自由裁量权。

"慎用"之四是扩大司法实践中"甘冒风险"的运用。"在学校体育伤害事故中，甘冒风险是指受害人明知参加某种比赛或者某种体育活动具有危险性，但仍然自愿冒险从事该活动，在危险后果发生而因此遭受损失的情况下，被告可以以此作为免责事由。"[1] 国外发达国家在处理体育伤害事故时，经常采用"甘冒风险"原则作为侵权责任的抗辩事由。"我国法律对甘冒风险没有规定，但在司法实践中，有法院在法理层面引用甘冒风险理由判决。"[2]《学生伤害事故处理办法》第六条规定"学生应当遵守学校的规章制度和纪律；在不同的受教育阶段，应根据自身的年龄、认知能力和法律行为能力，避免和消除相应的危险"。此规定类似于"甘冒风险"原则，在司法实践中应该被扩大运用。

2. 现实选择：实行损害救助的社会化

还原到公平责任原则的社会本质来看，根本上实现"扶贫济弱"这一"良心公平"自然法思想的现实选择，应该将思路定位于法律途径之外的实行损害救助的社会化。《民通》以来，我国部分

---

[1] 韩勇：《体育伤害自甘风险抗辩的若干问题研究》，《体育学刊》2010 年第 9 期。
[2] 费杰：《学校体育伤害事故民事责任免责制度》，《体育科研》2012 年第 1 期。

学者和法官所肯定的公平责任原则，本质上承载的是法律本体之外的社会责任，其功能也是社会性的救助。在我国社会保障制度由缺失到发展的过程中，作为过渡性的损害救助模式，有其特定的社会和法律价值。但随着我国社会保障制度的逐步完善，它也必将作为一个法律的历史范畴"功成身退"，由归责原则归位为民事赔偿规则或赔偿标准。取而代之的将是损害救助的社会化：由正在产生、扩大的社会保险、社会福利、社会救济等社会保障制度，特别是正在推广的校园伤害意外险、校园无过失责任险、校园强制责任险等险种构成的保险制度，实行赔偿由个人承担到社会分摊的风险转移，从而提高相对人的赔偿能力，保障受害人获得足额及时的赔偿。面对损害，公平责任原则解决谁承担责任，而社会保障制度的宗旨是损害能否被归入保障的范围。"有损害即有救济"是现代法治的一项重要原则，但原则的实现绝非法律归责原则所能承载，最终需要的是法治化的社会制度的进步。

总之，在侵权责任归责体系之外，将校园伤害事故中受害人和行为人没有过错的损害，还原为社会而非侵权责任的问题实行损害救助的社会化，应该成为符合法律精神、法律规定和社会现实的正确选择。

第三节 校园伤害事故的责任划分与处理

一 校园伤害事故的责任划分

（一）校园免责的伤害事故

归责原则和免责事由是对违反民事义务的当事人承担责任从不同角度的确定和描述，其最终结果应当是一致的或基本一致的。《最高人民法院关于审理人身损害赔偿案件适用法律若干问题的解释》第七条已经明确对校园应该承担或不承担的赔偿责任做了说明。《学生伤害事故处理办法》也明确规定，学生发生意外伤害，应根据具体情况进行归责，一些不可抗拒的意外因素造成的伤害，学校可以完全免除法律责任。

1. 不可抗拒的自然因素造成的伤害

《学生伤害事故处理办法》第十二条第一款中规定，地震、雷击、台风、洪水等不可抗拒的自然因素造成的学生伤害事故，学校不承担法律责任。上述自然因素导致的灾害已经超越了学校的职责范围，是不能预见的客观事实，不应该由学校来承担责任。

2. 来自校外的突发性、偶发性侵害造成的伤害

《学生伤害事故处理办法》第十二条第二款规定，"来自学校外部的突发性、偶发性侵害造成的"学生伤害事故，学校可不承担法律责任。这些事故往往都超过了学校的控制或防范能力，并且不能预料，不应由学校承担责任。

3. 因学生自己特殊原因造成的伤害

《学生伤害事故处理办法》第十二条第三款明确规定，"学生有特异体质、特定疾病或者异常心理状态，学校不知道或者难于知道的"，因此而造成的伤害事故，学校已经履行了相关职责，行为并无不当的，学校不承担法律责任。

4. 学生自杀、自伤事故

《学生伤害事故处理办法》第十二条第四款明确规定，学校已经履行了相关职责，行为并无不当，而"学生自杀、自伤的"安全伤害事故，学校不承担法律责任。

5. 在对抗性或者具有风险性的体育竞赛活动中发生的意外伤害事故

《学生伤害事故处理办法》第十二条第五款明确规定，学校已经履行了相关职责，行为并无不当，而学生"在对抗性或者具有风险性的体育竞赛活动中发生意外伤害的"安全事故，学校不承担法律责任。

6. 其他意外因素造成的事故

《学生伤害事故处理办法》第十二条第六款明确规定，因一些学校不可控制的、超出了学校可预见范围的意外因素造成的学生伤害事故，学校不承担法律责任。

7. 学校职责之外的学生伤害事故

《学生伤害事故处理办法》第十三条规定，下列情形下发生的

造成学生人身损害后果的事故，学校行为并无不当的，不承担事故责任；事故责任应当按有关法律法规或者其他有关规定认定。

（1）在学生自行上学、放学、返校、离校途中发生的。学校的管理范围是有限的，除非学校组织的教育教学活动延伸到校外，否则，发生的校外的伤害，学校一般不承担责任。上学、放学是指走读生，返校、离校是指住校生。

（2）在学生自行外出或者擅自离校期间发生的。自行外出是指学生在学校没有对学生的在校时间提出要求，或者学校虽有要求但得到学校允许的情况下，自己主动到学校以外活动的情形。擅自离校则是学生违反学校的有关规定，在学校不允许、不知情的情况下，离开学校管理范围的情形。因此两种情形都是学生自主脱离了学校的管理范围，学校无法对其实施管理，因而学校亦免除其责任。当然，如果学校或老师发现学校擅自离校后不及时与家长联系，以致学生受到伤害，则学校要承担相应的责任。

（3）在放学后、节假日或者假期等学校工作时间以外，学生自行滞留学校或者自行到校发生的。此时，事故虽然发生在学校内，但时间上却是学校工作时间之外，学校的教育教学活动已经结束，对学生管理和保护的职责也相应结束。因此，应当属于在学校管理职责的范围之外。但是，如果损害是因学校的设施存在不安全因素造成的，则学校亦难免其责。

（4）其他在学校管理职责范围外发生的伤害事故。

上述这四类情况，在时间与空间上都超越了学校管理职能，因此而造成的学生伤害事故，学校不承担法律责任。此外，《学生伤害事故处理办法》第十四条还规定，因学校教师或者其他工作人员与其职务无关的个人行为，或者因学生、教师及其他个人故意实施的违法犯罪行为，造成学生人身损害的，由致害人依法承担相应的责任。这类事故，学校不承担责任。

（二）校园应承担责任的伤害事故

校园应该承担责任的安全事故，是指由于校园管理不善、工作人员执行规定不到位等直接或间接原因，致使学生受到伤害的。这样的伤害事故，与校园方面存在着程度不等的因果关系，故校园应该承担相应的法律责任。

1. 校园设施隐患造成的安全事故

《学生伤害事故处理办法》第九条第一款规定，因学校的校舍、场地、其他公共设施，以及学校提供给学生使用的学具、教育教学和生活设施、设备不符合国家规定的标准，或者有明显不安全因素，而造成的学生伤害事故，学校应该承担相应的法律责任。

国家已经出台了《关于中小学危房修缮、改建工作的通知》《全国中小学校舍安全工程实施方案》《关于进一步加强中小学校舍工程质量管理工作的通知》《关于认真做好全国中小学校舍安全工程后期有关工作的通知》《中小学校建筑设计规范》《蓄滞洪区建筑工程技术规范》等一系列涉及中小学校舍、场地、教学教育、生活等安全设施的规范文件或通知。若因校园执行或贯彻不力，相关设施存在安全隐患，致使学生权益受损，校园则负有不可推卸的责任。

2. 校园管理不善而造成的伤害

《学生伤害事故处理办法》第九条第二款规定，学校的安全保卫、消防、设施设备管理等安全管理制度有明显疏漏，或者管理混乱，存在重大安全隐患，而未及时采取措施，因此造成的学生伤害事故，学校应承担法律责任。

校园安全事件和事故的频频发生，其中一个重要原因就是一些校园的安全管理工作不到位而造成的。一些教育行政部门和校园的安全工作责任并没有按照中央要求，得到具体明确的落实。校园是教书育人的场所，必须首先给学生提供一个安全健康的环境。校园应制定严格的安全管理工作制度，将校园每个岗位的安全责任，逐条细化，分解落实到人、落实到每项工作、每个环节，并张贴公布，时刻警醒，接受监督。如果因校园管理工作不善而造成学生伤害事故，应严格追究负责人的法律责任。

3. 因校园提供的饮食而造成的事故

《学生伤害事故处理办法》第九条第三款规定，学校向学生提供的药品、食品、饮用水等不符合国家或者行业的有关标准、要求，因此而造成的学生伤害事故，学校应承担法律责任。

教育部发布的《2006年全国中小学安全形势分析报告》中统计的数据表明，2006年全年发生各类学生食物中毒事故占全年各类学校突发公共卫生事故总数的31％，比2005年明显增多。其中28％是微生物性食物中毒，24％是有毒动植物中毒，9％是化学性食物中毒，39％是不明原因食物中毒。国家相继出台了一系列加强学校食品卫生安全的法律法规，要求各学校认真贯彻实施。但内蒙古、陕西等省区近年来也曾发生例如学生饮用奶中毒等食品安全事件，这表明加强学生饮食安全的管理工作十分迫切。如果学校因管理不善，向学生提供的药品、食物等不符合国家相关规定，导致学生受到伤害的，学校必须承担法律责任。

4. 教学或课外活动事故

《学生伤害事故处理办法》第九条第四款规定，学校组织学生参加教育教学活动或者校外活动，但未对学生进行相应的安全教育，并未在可预见的范围内采取必要的安全措施的，因此而造成的学生伤害，学校应承担法律责任。

教学及课外活动是校园教育教学的重要内容，但校园在组织进行相关活动之前，必须重视学生的安全，制定相关的安全保护制度或措施，防止意外发生。如果因校园管理不善，导致发生事故，按照国家规定，必须严格追究校园方面的相关法律责任。

5. 校园教职员工失职而引发的伤害事故

《学生伤害事故处理办法》第九条第五款规定，学校知道教师或者其他工作人员患有不适宜担任教育教学工作的疾病，但未采取必要措施的，因此而造成的学生伤害，学校应承担法律责任。

《中华人民共和国教师法》中明文规定，我国实行教师资格制度，遵守宪法和法律，热爱教育事业，具有良好的思想品德，具备国家规定的学历或者经国家教师资格考试合格，有教育教学能力，经认定合格的，才可以取得教师资格。《中华人民共和国教师法》同时还规定，学校或者其他教育机构应当对教师的政治思想、业务水平、工作态度和工作成绩进行考核。按照上述相关规定，学校应按照国家政策，严格聘请教师。如果在工作中发现教师或工作人员不再适宜教育教学工作，应及时采取必要措施。如果学校没有采取措施，导致发生学生伤害事故，学校应负相关法律责任。

6. 校园组织参加不当活动引发的事故

《学生伤害事故处理办法》第九条第六款规定，学校违反有关规定，组织或者安排未成年学生从事不宜未成年人参加的劳动、体育运动或者其他活动的，由此引发的安全事故，学校应承担相应的法律责任。

教育部等十部委联合制定的《中小学幼儿园安全管理办法》中明确规定，学校组织学生参加的集体劳动、教学实习或者社会实践活动，应当符合学生的心理、生理特点和身体健康状况。学校以及接受学生参加教育教学活动的单位必须采取有效措施，为学生活动提供安全保障。按照国家的规定，学校在组织学生参加各类活动时，必须按照相关的法律法规，做好安全预防工作准备，才能进行。如果违反规定，组织学生参加不适合学生身心健康的相关活动，由此引发的后果，学校必须承担。

7. 校园对学生身体状况把握不周而引发的事故

《学生伤害事故处理办法》第九条第七款规定，学生有特异体质或者特定疾病，不宜参加某种教育教学活动，学校知道或者应当知道，但未予以必要的注意的，由此而引发的伤害事故，学校应承担相应的法律责任。

学校应按照国家的相关要求，严格建立学生的个人健康档案，相关教师应熟悉掌握学生的健康档案内容。学校及其他教育机构应当根据患有特殊疾病或特异体质的学生的身心特性和需要实施教育，并为其提供帮助和便利。如果教师在工作中对此疏忽，学生患有特殊疾病去参加一些不适宜的活动，教师没有及时劝阻，由此引发的后果，学校要承担责任。

8. 校园对学生救护不力引发的事故

《学生伤害事故处理办法》第九条第八款规定，学生在校期间突发疾病或者受到伤害，学校发现，但未根据实际情况及时采取相应措施，导致不良后果加重，由此而引发的事故，学校应承担相应的法律责任。《中华人民共和国未成年人保护法》第二十四条规定，"学校对未成年学生在校内或者本校组织的校外活动中发生人身伤害事故的,应当及时救护,妥善处理,并及时向有关主管部门报告"。因此,如果学校在学生受到伤害时,未能及时采取救护措施,学校应当承担由此引发的相关后果。

9. 教师不当行为引发的事故

《学生伤害事故处理办法》第九条第九款明确规定:学校教师或者其他工作人员体罚或者变相体罚学生,或者在履行职责过程中违反工作要求、操作规程、职业道德或者其他有关规定,由此导致学生伤害事故的发生,学校应承担相应的法律责任。

《中华人民共和国义务教育法》中规定,教师在教育教学中应当平等对待学生,关注学生的个体差异,因材施教,促进学生的充分发展。教师应当尊重学生的人格,不得歧视学生,不得对学生实施体罚、变相体罚或者其他侮辱人格尊严的行为,不得侵犯学生合法权益。《中华人民共和国未成年人保护法》也规定,学校、幼儿园、托儿所的教职员工应当尊重未成年人的人格尊严,不得对未成年人实施体罚、变相体罚或者其他侮辱人格尊严的行为。学校教师应严格按照国家相关法律法规的要求履行职责,如因违反相关国家规定而造成学生伤害,学校应承担责任。

10. 校园教职工对学生监管不力而导致的事故

《学生伤害事故处理办法》第九条第十款规定,学校教师或者其他工作人员在负有组织、管理未成年学生的职责期间,发现学生行为具有危险性,但未进行必要的管理、告诫或者制止,学生因此受到伤害的,学校应承担相应的法律责任。

《中华人民共和国教育法》第四十四条规定,教育、体育、卫生行政部门和学校及其他教育机构应当完善体育、卫生保健设施,保护学生的身心健康。《中华人民共和国义务教育法》中还规定,学校建设应当符合国家规定的办学标准,适应教育教学需要;应当符合国家规定的选址要求和建设标准,确保学生和教职工安全。学校应当建立、健全安全制度和应急机制,对学生进行安全教育,加强管理,及时消除隐患,预防发生事故。《中华人民共和国教师法》中也规定,教师应当关心、爱护全体学生,尊重学生人格,促进学生在品德、智力、体质等方面全面发展;制止有害于学生的行为或者其他侵犯学生合法权益的行为，批评和抵制有害于学生健康成长的现象。根据上述法律规定，学校教职工作人员发现学生的行为具有危险，但没有及时管理或阻止时，因此造成的后果，学校应承担法律责任。

11. 未及时告知学生监护人而引发的事故

《学生伤害事故处理办法》第九条第十一款规定，对未成年学生擅自离校等与学生人身安全直接相关的信息，学校发现或者知道，但未及时告知未成年学生的监护人，导致未成年学生因脱离监护人的保护而发生伤害的，学校应承担相应的法律责任。

《中小学幼儿园安全管理办法》中已经明确规定，学校应当建立学生安全信息通报制度，将学校规定的学生到校和放学时间、学生非正常缺席或者擅自离校情况以及学生身体和心理的异常状况等关系学生安全的信息，及时告知其监护人。因此，学校应及时将学生的相关信息传达给其监护人，如果学校此项工作不到位，由此造成的后果，学校负有法律责任。

12. 校园职责履行不到位引发的其他事故

《学生伤害事故处理办法》第九条第十二款规定，学校有未依法履行职责的其他情形，而导致学生伤害的事故，学校应承担法律责任。

中小学校的安全管理工作涉及面广，包括构建学校安全工作保障体系，全面落实安全工作责任制和事故责任追究制，保障学校安全工作规范、有序进行；健全校园安全预警机制，制定突发事件应急预案，完善事故预防措施，及时排除安全隐患，不断提高校园安全工作管理水平；建立校园周边整治协调工作机制，维护校园及周边环境安全；加强安全宣传教育培训，提高师生安全意识和防护能力；事故发生后启动应急预案、对伤亡人员实施救治和责任追究等。如果校园在相关的安全管理工作中不到位，导致出现以上11类情形所未包括的伤害事故，校园也应承担相应的法律责任。

完全由校园过错造成的学生安全事故，校园应当承担全部责任；部分由校园过错造成的学生安全事故，校园应当承担部分责任。

（三）第三方承担责任的伤害事故

一些安全事故的发生，并不是由于校园或者学生本身的过错引起的，而是由二者之外的第三方当事人的过错造成的，应追究第三方当事人的法律责任。如果第三方涉及多方当事人，则要根据多方当事人在责任事故中的过错比例来追究其相应的法律责任。

《学生伤害事故处理办法》第十一条规定，学校安排学生参加活动，因提供场地、设备、交通工具、食品及其他消费与服务的经营者，或者学校以外的活动组织者的过错造成的学生伤害事故，有过错的当事人应当依法承担相应的法律责任。

（四）学生或其监护人应承担责任的伤害事故

《学生伤害事故处理办法》的相关内容规定表明，学校对学生承担的"过错责任"，是要有因果关系才能承担的。如果是学校失误，并且学校的过错行为与损害结果之间具有因果联系，学校才按过错责任比例承担相应责任。如果是未成年学生自己的个人行为致人损害，学校并无过错的，应该由学生来承担相应的责任。按照《学生伤害事故处理办法》规定，学生应承担安全事故责任的类型如下。

1. 学生违法违纪致使伤害的事故

《学生伤害事故处理办法》规定，学生违反法律法规的规定，违反社会公共行为准则、学校的规章制度或者纪律，实施按其年龄和认知能力应当知道具有危险或者可能危及他人的行为，从而导致伤害事故的发生，学生则应承担相应的法律责任。

《中华人民共和国教育法》规定，受教育者应当履行下列义务："（一）遵守法律、法规；（二）遵守学生行为规范，尊敬师长，养成良好的思想品德和行为习惯；（三）努力学习，完成规定的学习任务；（四）遵守所在学校或者其他教育机构的管理制度。"如果是因学生不遵守法规，实施危险行为导致的后果，自然应由学生本人承担。

2. 学生不听劝诫而执意实施的伤害行为

《学生伤害事故处理办法》规定，"学生行为具有危险性，学校、教师已经告诫、纠正，但学生不听劝阻、拒不改正的"，从而导致的后果，学生应承担责任。

学生实施危险行为时，学校及老师已经劝阻，但学生仍坚持己行,采取不当行为。这样导致的后果,应由学生承担。

3. 学生或其监护人隐瞒信息而导致的伤害事故

《学生伤害事故处理办法》规定,"学生或者其监护人知道学生有特异体质,或者患有特定疾病,但未告知学校的",因此导致的后果,应由学生及其监护人自己承担。

《中小学幼儿园安全管理办法》规定,"监护人发现被监护人有特异体质、特定疾病或者异常心理状况的,应当及时告知学校"。这样,学校才能对已知的有特异体质、特定疾病或者异常心理状况的学生,给予适当的关注和照顾。如果学生及其监护人不向学校告知相关信息,因此而导致的伤害,应由他们自己承担。

4. 监护人未履行对未成年人身心健康的有效监护职责

《学生伤害事故处理办法》规定,"未成年学生的身体状况、行为、情绪等有异常情况,监护人知道或者已被学校告知,但未履行相应监护职责的",因此导致的后果,属于监护人的过错行为,应该由监护人承担。

《中华人民共和国未成年人保护法》规定,父母或者其他监护人应当关注未成年人的生理、心理状况和行为习惯,以健康的思想、良好的品行和适当的方法教育和影响未成年人,引导未成年人进行有益身心健康的活动,预防和制止未成年人吸烟、酗酒、流浪、沉迷网络以及赌博、吸毒、卖淫等行为。父母或者其他监护人应当学习家庭教育知识,正确履行监护职责,抚养教育未成年人。因此,如果是因监护人未能履行监护职责而导致的伤害事故,学校不承担责任。

5. 学生或其监护人的其他过错

《学生伤害事故处理办法》规定,"学生或者未成年学生监护人有其他过错的",并因他们的过错而导致的伤害事故,学校也不承担法律责任。

二 事故责任者的处理

发生学生伤害事故后,教育行政部门或相关部门应按照国家相关法律法规,根据事件发生的原因及后果,对事故责任者给予相对应处理。《学生伤害事故处理办法》对此有明确规定。

(一) 学校负有责任的事故处理

《学生伤害事故处理办法》第三十二条规定，发生学生伤害事故，学校负有责任且情节严重的，教育行政部门应当根据有关规定，对学校的直接负责的主管人员和其他直接责任人员，分别给予相应的行政处分；有关责任人的行为触犯刑律的，应当移送司法机关依法追究刑事责任。

《学生伤害事故处理办法》第三十三条还规定，学校管理混乱，存在重大安全隐患的，主管的教育行政部门或者其他有关部门应当责令其限期整顿；对情节严重或者拒不改正的，应当依据法律法规的有关规定，给予相应的行政处罚。

(二) 教育行政部门未履行相应职责的事故处理

《学生伤害事故处理办法》第三十四条规定，教育行政部门未履行相应职责，对学生伤害事故的发生负有责任的，由有关部门对直接负责的主管人员和其他直接责任人员分别给予相应的行政处分；有关责任人的行为触犯刑律的，应当移送司法机关依法追究刑事责任。

(三) 学生负有责任的事故处理

《学生伤害事故处理办法》第三十五条规定，违反学校纪律，对造成学生伤害事故负有责任的学生，学校可以给予相应的处分；触犯刑律的，由司法机关依法追究刑事责任。

(四) 其他问题的处理

《学生伤害事故处理办法》第三十六条规定，受伤害学生的监护人、亲属或者其他有关人员，在事故处理过程中无理取闹，扰乱学校正常教育教学秩序，或者侵犯学校、学校教师或者其他工作人员的合法权益的，学校应当报告公安机关依法处理；造成损失的，可以依法要求赔偿。

三 校园伤害事故责任的追究形式

校园伤害法律关系主体实施违法行为是其承担法律责任的前提，但并不是各种违法行为都承担相同的法律后果，追究相同的责任。

根据违法主体的法律地位、违法行为的性质以及危害程度的不同，按照有关法律的规定，对学生伤害事故负有责任的当事人进行法律责任追究，要承担责任的法律形式主要有刑事责任、民事责任和行政责任等几种。

（一）刑事责任

刑事法律责任是指因触犯刑律而应承担的法律后果，简称刑事责任。刑事法律责任一般以刑事处罚的形式来体现，其主要目的在于剥夺罪犯的人身自由，这是刑事法律责任与其他两种法律责任的重要区别之一。

我国《教育法》和《义务教育法》都规定，明知校舍或者教育教学设施有危险，而不采取措施，造成人员伤亡或者重大财产损失的，对直接负责的主管人员和其他责任人员，依法追究刑事责任。新《刑法》还专门增设了"教育设施重大责任事故罪"。我国《刑法》第一百三十八条规定："明知校舍或者教育教学设施有危险，而不采取措施或者不及时报告，致使发生重大伤亡事故的，对直接责任人员，处三年以下有期徒刑或者拘役；后果特别严重的，处三年以上七年以下有期徒刑。"

在学生伤害事故中，如果当事人的行为触犯刑法，构成犯罪时，应当由有关部门追究其刑事责任。与民事责任不同的是，如果当事人触犯了刑法，即使受害人没有要求追究其刑事责任，公安、检察等司法部门也应当根据职权主动立案，进行查办。刑事责任的具体形式有死刑、无期徒刑、有期徒刑、拘役和管制等形式。

（二）民事责任

我国《民法通则》规定，侵犯公民人身权，应负民事法律责任。在校园安全事故中对学生人身权、生命健康权造成侵害的法律责任主体，应当承担相应的民事法律责任。承担民事法律责任的方式有多种，校园事故民事法律责任的承担一般以经济上的损害赔偿方式来体现，这是校园事故民事法律责任承担的重要特点之一。

按照有关法律和司法解释，当学生伤害事故给当事人造成经济和精神上的损失时，有关责任人应当对受害学生因就医治疗支出的各项费用以及因误工减少的收入，包括医疗费、误工费、护理费、交通费、住宿费、住院伙食补助费、必要的营养费予以赔偿。受害学生因伤致残的，其因增加生活上需要支出的必要费用以及因丧失劳动能力导致的收入损失，包括残疾赔偿金、残疾辅助器具费、被扶养人生活费，以及因康复护理、继续治疗实际发生的必要的康复费、护理费、后续治疗费，赔偿义务人也应当予以赔偿。受害学生死亡的，赔偿义务人除应当根据抢救治疗情况赔偿相关费用外，还应当赔偿丧葬费、被扶养人生活费、死亡补偿费以及受害人亲属办理丧葬事宜支出的交通费、住宿费和误工损失等其他合理费用。受害学生或者近亲属遭受精神损害，赔偿义务人应当根据《最高人民法院关于确定民事侵权精神损害赔偿责任若干问题的解释》支付精神损害赔偿金。

需要注意的是，教师和校园管理人员在教育教学活动中导致的学生人身伤害事故，应由校园承担民事赔偿责任。因为，教师和校园管理人员是履行和实现校园教育、管理职责的专门人员，他们在教育教学活动和学生管理过程中代表校园行使职权，其行为并非个人行为，而是职务行为。因此，因教师和校园管理人员职务行为导致的校园事故，赔偿责任应由校园承担。但是，校园在赔偿后，可以行使其追偿权，要求有过错的教师和校园管理人员承担部分或者全部的赔偿费用。

（三）行政责任

根据我国《教育法》《义务教育法》及其实施细则、《学生伤害事故处理办法》等法律法规的规定，由校园事故所引起的行政法律责任的承担方式主要有行政处分和行政处罚两种。

行政处分，有时也称"纪律处分"，是指发生学生伤害事故，校园负有责任且情节严重的，教育行政部门应当根据有关规定，对校园的直接负责的主管人员和其他直接责任人员的一种制裁。行政处分一般有警告、记过、记大过、降级、降职、撤职、开除留用察看、开除八种形式。校园因制度不严、管理不善、玩忽职守，教师因体罚或变相体罚造成学生人身伤害，又未造成严重后果的，应承担相应的行政法律后果，受到相应的行政处分。

行政处罚是指国家特定行政机关或者其他行政主体依照法定权

限和程序给予违反行政法律规范而尚不够刑事处罚的个人、组织的一种法律制裁。行政处罚的种类主要有：警告、罚款、没收非法所得、没收非法财物、责令停产停业、暂扣或者吊销许可证、暂扣或者吊销执照、行政拘留、法律法规规定的其他行政处罚。

第四节 校园欺凌事故的预防与责任追究

近年来，伴随我国经济社会的快速发展和国内外各种形势的影响，发生在学生之间尤其是中小学校学生之间的校园欺凌现象不断增多，并逐渐呈现出行为人低龄化、行为暴力化、发生普遍化、后果严重化等特点，问题的紧急性和严重性引起了政府和社会的广泛关注。

2016年3月"两会"期间，全国人大代表刘晓翠提出制定"反校园暴力法"的立法议案；时任教育部长袁贵仁在记者招待会上强调，教育部门和公安部门应当高度重视和防治校园欺凌事件的发生。2016年4月，国务院教育督导委员会办公室向各地印发了《关于开展校园欺凌专项治理的通知》，要求"各地各中小学校针对发生在学生之间，蓄意或恶意通过肢体、语言及网络等手段，实施欺负、侮辱造成伤害的校园欺凌进行专项治理"。这是针对学生欺凌进行治理的第一份文件，也是在国家层面首次将学生欺凌治理作为一个专门问题来对待，此次专项治理覆盖全国所有中小学校，规模和涉及面前所未有。2016年11月，教育部联合中央综治办、最高人民法院、最高人民检察院、公安部、民政部、司法部、共青团中央、全国妇联等部门印发了《关于防治中小学生欺凌和暴力的指导意见》，要求加强教育预防、依法惩戒和综合治理，切实防治学生欺凌和暴力事件的发生。李克强总理也多次过问校园欺凌问题，2016年6月批示要求坚决遏制校园暴力，同年11月又在第六次全国妇女儿童工作会议上要求严厉打击校园欺凌等违法犯罪行为。当前，校园欺凌已经成为威胁校园与学生安全最为突出的问题，更成为一个受到广泛关注的社会问题，重视、预防和解决校园欺凌问题已经刻不容缓。

一 校园欺凌的界定

我国现在对于"校园欺凌"的定义、构成要件、认定机构和认定程度,尚无明确法律依据,也一定程度上造成对于同一校园欺凌案件完全不同的认知结果。①可见,明确界定校园欺凌的概念,是进一步研究校园欺凌成因、法律责任、防治途径的前提,对于解决实践中发生的类似事件非常必要。

欺凌,有些国家和地区也称之为霸凌、欺负、虐凌等。校园欺凌一词最早由挪威心理学家 Dan Olweus 教授于 1978 年提出,他在其专著《学校中的攻击:欺凌者与替罪羊》一书中指出校园欺凌行为的界定应强调三个关键要素:(1)欺凌者有主观的恶意或攻击性;(2)欺凌者与被欺凌者的力量不均衡;(3)恶意行为具有重复性。因此,他认为当一个学生重复地、长期地处于来自另一学生或学生群体的负面行为中即可认为受到校园欺凌。② Dan Olweus 的研究对解决国际校园欺凌问题意义重大,受其影响,很多国家(地区)普遍为确保能够清楚识别校园欺凌行为的发生,均在教育专门法或反欺凌法中对其予以了明确界定。

英国政府教育与技能部以"伤害"为行为的根本属性,确定了校园欺凌是反复的、有意的或持续的意在导致伤害的行为。日本 2013 年通过的《欺凌防止对策推进法》则以"造成痛苦"为核心属性,侧重于从受害者在身体、心理上所遭受的攻击和所感受到的痛苦为依据确定是否构成校园欺凌。我国台湾地区 2012 年颁布的《校园霸凌防制准则》则非常详细地列举了各种校园欺凌行为:发生于校园内、外的,个人或集体,持续地以言语、文字、图画、符号、肢体动作或其他方式,直接或间接对他人贬抑、排挤、欺负、骚扰或戏弄等行为,从而使他人处于具有敌意或不友善的校园环

---

① 任海涛:《"校园欺凌"的概念界定及其法律责任》,《华东师范大学学报》(教育科学版)2017 年第 2 期。
② 向敏:《中美校园欺凌防治比较研究》,硕士学位论文,华中师范大学,2016 年。

境，或难以抗拒，产生精神上、生理上或财产上的损害，或影响正常学习活动的行为。①

美国新泽西州2010年颁布的《新泽西州反欺凌法》规定，校园欺凌是指通过书面、口头、电子工具，或者是身体动作和姿势，造成对方身体或者精神上的伤害，或者财产上的损失，或者使对方陷入人身伤害或者财产损失的恐惧，或者为对方创造了不友好的学习环境，或者实质上影响到校园的教学和管理秩序。根据该定义的规定，欺凌的方式可以多种多样，既可以是书面的、口头的，也可以是身体动作、肢体语言，还可以是通过移动电子设备、电子通信、互联网、手机来实施。欺凌的后果可能是造成对方身体或者精神上的伤害，也可能是财产上的损失，还可能是使对方陷入人身伤害或者财产损失的恐惧中，甚至包括造成对方在学校没有安全感，等等。②

尽管各国（地区）的定义从论述上有所差别，但是从内涵上看大体一致，国际上对校园欺凌的理解认识已经基本达成共识。国务院教育督导委员会办公室发布的《关于开展校园欺凌专项治理的通知》将校园欺凌界定为"发生在学生之间蓄意或恶意通过肢体、语言及网络等手段，实施欺负、侮辱造成伤害的"行为。这一界定与国外各地区的界定大体一致，也反映了理论界、实务部门及社会公众对校园欺凌的通常理解，指出了校园欺凌具有发生于学生之间的特点，也指出了欺凌的方式不只限于身体暴力，还包括语言暴力、网络暴力等具有欺负、侮辱性质的伤害行为。

鉴于此，本书认为，校园欺凌行为的构成需要满足四个要素：第一，欺凌者具有主观上的故意和过失；第二，欺凌者与被欺凌者之间在力量上存在不均衡的状态；第三，该行为在一定时间内具有持续性和反复性；第四，该行为违背被欺凌者意志并客观上

---

① 王静：《校园欺凌和校园暴力治理法治化探析》，《河北工业大学学报》（社会科学版）2016年第4期。

② 陈荣鹏、方海涛：《美国校园欺凌的法律规制及对我国的借鉴——以2010年〈新泽西州反欺凌法〉为研究视角》，《公安学刊——浙江警察学院学报》2015年第6期。

造成其身体、心理上的伤痛或财物的损失。满足这四个条件的攻击行为即为校园欺凌行为。校园欺凌不同于校园暴力与一般社会欺凌。

第一，校园欺凌有别于校园暴力。校园欺凌是校园暴力范畴内的一种特别的暴力形式，二者既有联系，又有区别。首先，校园暴力的范围要大于校园欺凌，校园暴力还包括校外人员针对校内师生人身财产及校园财产进行的暴力行为，但是校园欺凌的行为人不包括校外人员；其次，校园欺凌具有持续性和反复性，偶发性侵害不属于欺凌，而校园暴力不一定是持续性、反复性行为；再次，精神上的欺辱，如起绰号、孤立等行为属于校园欺凌，而很难归入校园暴力；最后，校园欺凌的受害人通常指的是在校学生，尤以中小学、幼儿园就读的未成年学生为主，而校园暴力的受害人可以是学生，也可以是教师。

第二，校园欺凌有别于一般社会欺凌。校园欺凌无疑属于社会欺凌的一种，但是校园欺凌与一般社会欺凌又具有明显区别。比如，校园欺凌的特征之一就是行为人大多指未成年人，这就决定了不能用处罚成年人的手段来治理校园欺凌。再如，校园欺凌的受害人是未成年人，我们就需要采取有别于以成年人为受害人的社会欺凌的防治措施。①

二 校园欺凌事故的责任划分与追究

2016年11月，有央视记者对网上近百部校园暴力视频进行了分析，并总结出校园欺凌的如下特点：（1）施暴者主要采用的暴力方式是：辱骂、推搡、扇耳光、脚踢等。这其中出现最多的暴力行为是扇耳光，占比80%；其次是脚踢，占比78%，在所有施暴视频中，有74%的施暴过程伴有语言辱骂。除了徒手施暴，有14%的施暴者使用了棍棒、砖头、板凳等工具击打受害者，其中使用棍棒的最多，占比50%。（2）暴力不仅仅是殴打和辱骂，受害者通常还会在逼迫之下遭受道歉、下跪、自扇耳光、扒光衣服等人格侮辱。校

---

① 任海涛：《"校园欺凌"的概念界定及其法律责任》，《华东师范大学学报》（教育科学版）2017年第2期。

园欺凌行为集中表现为多人对一人施暴，打人者达到3人及以上的占全部视频的70%左右，有近10%的打人者有吸烟等不良行为。（3）面对这样的欺凌与侮辱，92%的受害者选择不反抗，当个别受害者进行言语或肢体反抗时，往往会受到施暴者更加凶狠的群殴。（4）暴力欺凌发生最多的地方是在人员稀疏的空旷地带，占比近42%；其次是发生在教室里，占比29%。（5）校园欺凌大都是在围观下发生的，从视频中可以看到，有87%的施暴现场都有围观者，并且没有人出面阻止，网上流传的绝大多数校园欺凌视频是由围观者拍摄的，有些现场还伴有嬉笑、调侃甚至恶俗的解说。（6）当事人主要是女性，在遭遇暴力伤害的受害者中，男学生占15%，女学生占85%。而在施暴者当中，女性施暴者占82%左右，男性施暴者占18%。[1]

由此可见，现如今校园欺凌现象具有典型的以强凌弱、以众欺少并伴有人格羞辱等特征，然而，与欺凌视频中施暴者恶行形成鲜明对比的是，由于施暴者多未达到刑事责任年龄或者实际危害后果尚未达到刑事犯罪标准，因而绝大多数施暴者并未受到刑事追究而被教育释放，如何进行校园欺凌行为的责任划分与追究成为社会公众普遍关心的问题。参考华东师范大学法学院副教授任海涛关于校园欺凌行为法律责任的认定方法，根据行为主体的不同分为三类，即：学生作为欺凌者产生的法律责任、教师作为欺凌者产生的法律责任、对校园欺凌行为管理不力者的法律责任。[2]

（一）学生作为欺凌者所应承担的法律责任

如果欺凌者为学生，欺凌者及其监护人承担的法律责任可分为刑事责任、民事责任、行政责任三类。

1. 刑事责任

如果从犯罪构成"该当性、违法性、有责性"三阶层理论来看，校园欺凌行为有可能会触犯刑法规定的故意杀人罪、故意伤

---

[1] 《解码百部校园暴力视频：七成欺凌为多对一，九成受害者未反抗》，2016年11月（http://news.163.com/16/1125/19/C6O99EKQ000187VE.html）。

[2] 任海涛：《"校园欺凌"的概念界定及其法律责任》，《华东师范大学学报》（教育科学版）2017年第2期。

害罪、非法拘禁罪、侮辱罪、强奸罪、猥亵罪等罪名，客观上符合刑法对于以上罪名的规定，且无犯罪阻却事由（如正当防卫、紧急避险）存在，但是因大多数校园欺凌案件的涉事学生大部分并未成年，不能承担刑事责任，所以，才出现"掌掴女生100秒32次"的行为人仅仅是被学校批评教育而已。这种处理方式，不仅对当事人起不到教育作用，反而会助长校园欺凌之风，如果对于校园欺凌行为无严厉威慑，则未来社会上同类行为有不断增长的危险。

部分发达国家针对校园欺凌专门建立特别刑事法与司法体系，为欺凌治理提供有效威慑。日本针对青少年违法犯罪行为单独制定了一套比较完整的刑事立法体系和司法追诉体系，就校园欺凌而言，日本的刑事立法模式使得校园欺凌行为不仅仅停留在一个发生在校园中的学生之间的打闹、欺负、骂人等普通行为，而是可以构成刑事犯罪的行为。这对于行为人的制约和威慑作用是比较明显的，并通过与民法、行政法等前置法的协同作用，使得防止校园欺凌不仅仅停留在道德说教、校园教育层面，而有了作为保障法的刑法的全力支持。① 美国从20世纪80年代以来，在刑法中也将校园暴力定为"重罪"，对于同谋欺凌者实行"连坐"，并对校园和家长追究重责。

综上，考虑到当前问题的突出性与紧迫性，建议：一方面，可以从现行《中华人民共和国刑法》本身对校园欺凌行为进行专门规定；另一方面，可以在现行的《中华人民共和国未成年人保护法》中增加专门针对校园欺凌的内容，给欺凌者以有效威慑。

2. 民事责任

在欺凌案件中，尽管大部分欺凌者都是未成年人，但他们的行为对被欺凌者的财产和人身造成重大损害，必然会产生民事赔偿责任，根据《中华人民共和国民法通则》规定，该赔偿责任应该由他们的监护人承担。

---

① 任海涛、闻志强：《日本中小学校园欺凌治理经验镜鉴》，《复旦教育论坛》2016年第6期。

3. 行政责任

为加强对校园欺凌的防治，行政法律法规中可以规定，对欺凌者的监护人进行行政罚款。在现实中，许多家长放松对于子女的管教，或者明知子女有欺凌行为而放任不管，这种行为看似伤害他人，实则对于欺凌者与被欺凌者都有危害。若有证据表明家长管教不力，则应追究其责任，以此督促家长为防治欺凌把好第一道关口。

（二）教师作为欺凌者所应承担的法律责任

教师对学生进行欺凌的案件也不少见，媒体上经常出现教师对学生进行经常性威胁、虐待、性侵的新闻报道。这些事件中，由于行为人已经是成年人，都可以依照刑法规定之故意杀人罪、故意伤害罪、强制猥亵罪、强奸罪、虐待罪加以惩处。随着《刑法修正案（九）》的实施，凡是在幼儿园、中小学校中，教师针对学生的虐待行为都可以定为"虐待罪"。

还有部分教师经常对某一些学生进行辱骂、踢打、侮辱等，这虽然没有造成身体伤害，但是对学生的自尊心产生了严重打击，对他们的心理造成了严重伤害。教师所采取的各种教育手段应有益于学生人格之完善、心理之健康、人生之美满，若教师对学生进行欺凌，就已经与其职责相违背，故应追究其法律责任。

《中华人民共和国教师法》第八条规定的教师义务包括："关心、爱护全体学生，尊重学生人格，促进学生在品德、智力、体质等方面全面发展；制止有害于学生的行为或者其他侵犯学生合法权益的行为，批评和抵制有害于学生健康成长的现象。"由此可见，教师欺凌行为违反了教师法的相关规定。该法第三十七条明确规定了教师的法律责任，欺凌行为应属于"体罚学生，经教育不改的；品行不良、侮辱学生，影响恶劣"的情形，凡是出现此类行为将给予行政处分或予以解聘，情节严重，构成犯罪的，依法追究其刑事责任。

此外，因欺凌行为而给学生带来财产、人身损害的，除了承担以上责任外，还应该承担民事赔偿责任。

（三）对校园欺凌行为管理不力者的法律责任

据《法制日报》记者的调查发现，学校和教师因为害怕损害学校声誉而给自己带来麻烦，大量校园欺凌案件被选择隐瞒不报。①

根据《中华人民共和国教师法》，如果教师故意隐瞒校园欺凌行为，则应属于违反第三十七条第一款之规定"故意不完成教育教学任务给教育教学工作造成损失"的情形，应予以解聘。教师的"教育任务"自然包括合理处理学生之间的纠纷矛盾，如果情节严重无法处理，理应上报，不能故意隐瞒。如果校长、主管校领导、主任等人故意隐瞒欺凌行为，轻则应予以批评教育，如果严重则应依法对其追究责任。

如果父母出于自身的无知、溺爱而导致孩子产生欺凌他人的行为，应及时采取措施制止。如果父母对于子女有放纵欺凌或者故意隐瞒、逃避责任等情形存在，也应承担相应法律责任。这一点目前法律上仍为空白，应成为今后我国法律修改关注的内容之一。2016年11月，教育部联合中央综治办、最高人民法院、最高人民检察院、公安部、民政部、司法部、共青团中央、全国妇联等部门联合发布的《关于防治中小学生欺凌和暴力的指导意见》明确指出，管教孩子是家长的法定监护职责，应当依法落实监护责任，避免放任不管、缺教少护、教而不当；家长要注重家风建设，加强对孩子的管教，注重对孩子进行思想品德教育和良好行为习惯的培养，从源头上预防学生欺凌和暴力行为发生。

三　校园欺凌事故的防治

尽管已有的研究对于校园欺凌事故的法律责任进行了明确的划分与追究，但我国目前无论从立法体系、处罚力度、治理模式还是申诉渠道等方面，都不够健全。

美国、日本等国家治理校园欺凌起步较早，积累了一些成熟经验，对我国开展校园欺凌防治工作有很大的启示意义。

1. 制定防治校园欺凌的基本法律法规，构建和完善综合立法防治体系

美国、日本等国家都在立法层面对校园欺凌的防治工作提供法

---

① 陈小英：《校园欺凌事件频发　大量个案被"内部消化处理"》，《法制日报》2015年7月13日。

律支持,而我国在相关法律建设方面严重不足,对"校园暴力""校园欺凌"的关注也是近几年才出现的。2016年3月,"两会"代表提出制定《反校园暴力法》议案,虽然该议案没有被提上立法议程,但是该问题的严重性已经引起社会各界的广泛关注。我国需要颁布相关法律法规,并明确各级教育行政机构、校园、家庭以及社会的相关权利与责任,使校园欺凌防治工作更具合法性、权威性,更能得到司法支持。当然,从前面的责任划分与追究分析中可知,治理校园欺凌涉及的法律问题不是一部"反校园欺凌法"或者"反校园暴力法"就能解决的,还会涉及民事法律关系、行政法律关系、刑事法律关系等多种类、多层次、纷繁复杂的法律关系和责任,尤其针对未成年人犯罪主体,还需要对民事、行政、刑事三大法律关系协调问题进行深入研究,探讨构建、完善多层次的综合立法防治体系,如此才能够制定出有效可行的"反校园欺凌法"。

2. 采用多元主体联合治理模式,共建校园安全防卫体系

为实现反校园欺凌的目标,美国和日本政府积极发动包括社区、学区、校园、家庭等各种官方和非官方的力量参与到反校园欺凌的工作中,通过学生、学生家长、律师等专业人士共同参加的讨论工作,制定出有针对性的反欺凌、反暴力工作方案,并通过立法形式明确各主体的权责义务。《关于防治中小学生欺凌和暴力的指导意见》中也指出,建立政府统一领导、相关部门齐抓共管、校园家庭社会三位一体的防治工作机制,明确任务分工,强化工作职责;同时,为确保该机制的有效运作,还要求建立校园、家庭、社区(村)、公安、司法、媒体等各方面的沟通协作机制,畅通信息共享渠道。在《关于防治中小学生欺凌和暴力的指导意见》中,还特别强调了学生、家长、中小学校、各级综治组织、公安机关、媒体等各有关主体的责任和义务,为我国校园欺凌防治工作提供"长效机制"。

3. 强化校园在校园欺凌事故中的责任,做好预防与应对工作

校园应该成为发现、防治校园欺凌的最主要主体。《关于防治中小学生欺凌和暴力的指导意见》中对中小学校在防治学生欺凌和暴力中的责任做出了较为具体的要求,包括:(1)明确了责任主

体,校长是校园防治学生欺凌和暴力的第一责任人,分管法治教育的副校长和班主任是直接责任人;(2)要求健全应急处置预案,建立早期预警、事中处理及事后干预等机制;(3)要求积极有效预防学生欺凌和暴力,认真开展预防学生欺凌和暴力专题教育;(4)要求研制校园防治学生欺凌和暴力指导手册,全面加强针对教职工特别是班主任的专题培训,提高教职工有效防治学生欺凌和暴力的责任意识和能力,充分调动全体教职工的积极性,明确相关岗位职责,将校园防治学生欺凌和暴力的各项工作落实到每一个环节;(5)建立中小学生欺凌和暴力事件及时报告制度,发现学生遭受欺凌和暴力,校园和家长要及时相互通知,对严重的欺凌和暴力事件,要向上级教育主管部门报告,并迅速联络公安机关介入处置;(6)依法依规处置学生欺凌和暴力事件,对实施欺凌和暴力的学生及时采取批评教育、警示谈话,将表现记入学生综合素质评价档案,直至转入专门学校等措施;(7)要求对当事学生实施科学有效的追踪辅导,在欺凌和暴力事件妥善处置后,要持续对当事人(包括对实施欺凌和暴力的学生、遭受欺凌和暴力的学生及其家人)进行追踪观察和辅导教育。此外,借鉴日本的立法经验,可以在校园内设立专门防治校园欺凌的专门组织,成员由心理咨询师、律师、医师等专业人士组成,由此在应对校园欺凌问题上更加具有全面性、复合性、专业性、有效性。①

4. 注重、加强校园欺凌的数据统计工作,为防治工作提供坚实基础

从日本应对校园欺凌的历程可知,仅数据收集工作就持续了30年之久,可见校园欺凌的成功治理不是一蹴而就的,需要前期大量的基础性工作。日本的成功经验告诉我们:首先,数据统计工作必须受到重视,必须由中央政府主管部门来推行;其次,该项工作要具有连续性、稳定性,需要地方政府给予财政经费支持和人力、物力投入;而且,该项工作需要全员参与,日本在由政府推进该项工作的同时,也积极发挥了舆论媒体、社会团体、地方机构的主体参

---

① 姚建龙:《防治学生欺凌的中国路径:对近期治理校园欺凌政策之评析》,《中国青年政治学院学报》2017年第1期。

与和监督作用。

第五节　深圳校园伤害事故责任追究制度

深圳市通过法制层面的地方性法规、规章的立法、修订等活动和行政规范层面的"一岗双责、党政同责、失职追责"制度的推行，建立并强化了系统性的校园伤害事故责任追究制度。

一　通过立法，建立校园伤害事故责任追究制度

《深圳市学校安全管理条例》在"法律责任"一章，通过第五十八条至六十一条，建立了由民事、行政、刑事三大法律责任和行政奖惩共同构成的责任追究体系。按《深圳市学校安全管理条例》的要求，校园安全管理必须建立健全和全面落实安全工作责任制和事故责任追究制，包括校园举办者、政府有关部门、校园等负有校园安全管理职责的各有关方面和主体的责任。

（一）政府有关部门及其工作人员的责任追究

教育、规划、建设、公安、交通、城管、环保、文化、卫生、市场监督等政府有关部门及其工作人员，违反有关法律、法规和规章的规定，不履行安全教育、管理和保护职责的，由有关部门依法给予行政处分；构成犯罪的，依法追究其刑事责任。

（二）学校及责任人的责任追究

学校违反有关法律、法规和规章的规定，不履行安全教育、管理和保护职责的，由教育部门或者相应的行政管理部门予以警告，责令限期改正；拒不改正的，由教育部门或者相应的行政主管部门予以通报批评，并由教育部门对政府举办的学校的校长给予行政处分；对存在重大安全隐患的学校，由教育部门责令停办。

学校未按照规定履行安全教育、管理和保护职责，造成重、特大伤亡事故的，对政府举办的学校的校长以及其他直接责任人员应当给予撤职、开除公职处分；民办学校或者合作举办的学校的举办人、学校安全责任人或者其他直接责任人员五年内不得从事学校管

理事务。构成犯罪的，依法追究其刑事责任。

发生学生人身伤害事故，学校已按照有关法律、法规和规章的规定履行对学生的安全教育、管理和保护职责的，不承担赔偿责任，但法律另有规定的除外。

（三）干扰校园教育教学秩序的责任追究

侮辱、殴打学生、教职员工，干扰校园教育教学秩序的，由公安机关依法处理；构成犯罪的，依法追究刑事责任。

《〈深圳市学校安全管理条例〉实施细则》第七章"法律责任"从实施角度，通过第五十五条至五十九条，对学校、教师、学校安全管理人员、政府部门、学生监护人的违法责任的追究，做了具体规定。

二 通过修订法律规范，强化校园伤害事故责任追究制度

《深圳市人民代表大会常务委员会关于修改〈深圳市学校安全管理条例〉的决定》经深圳市第五届人民代表大会常务委员会第三十二次会议于2014年10月30日通过，广东省第十二届人民代表大会常务委员会第十二次会议于2014年11月26日批准。修改后的《深圳市学校安全管理条例》对学校、学校教职工、相关政府行政部门、学生监护人的责任追究做了更具体的规定，强化了校园伤害事故责任追究制度。

（一）强化了政府行政部门的职责

将第四条"各级人民政府应当依法履行职责，创造良好的安全环境，保障学校安全"修改为："各级人民政府（含新区管理机构，以下统称政府）及其职能部门应当依法履行对学校的安全管理职责，创造良好的安全环境，保障学校安全。政府应当建立教育、规划、建设、公安、交通、城管、环保、文化、卫生、市场监督及其他相关部门参加的学校安全管理协作机制。各有关行政管理部门在各自的职责范围内对学校安全履行相应的职责。"强化了政府行政部门的职责。同时，增加了第五条至第九条，分别明确了教育、公安、建设、卫生、市场监督等行政部门的职责。

（二）强化了校园安全多元主体的职责或义务

修改了有关学生安全管理责任的条款，强化了校园和教职工依

法对学生进行安全教育、管理和保护的职责;规定了学生的监护人应当依法履行监护职责,配合校园对学生进行安全教育、管理和保护工作;以及学生应当接受校园的安全教育和管理,遵守校园的纪律和各项规章制度,注意自身安全的保护。

三 通过构建风险责任体系,落实校园伤害事故责任追究制度

深圳市的一系列校园安全法律规范、行政规范和校园制度的制定,全面构建起政府部门、校园、相关社会组织为风险防控主体的系统。系统内形成了"权责明确、任务清晰、流程规范、管理分级"的校园安全系统管理机制,形成纵横结合的"横向到边、纵向到底"风险责任体系,保证了校园伤害事故责任追究制度的全面落实。

(一)横向风险责任体系

建立了包括教育、规划、建设、公安、交通、城管、环保、文化、卫生、市场监督及其他相关部门为主的,"横向到边"的横向风险责任体系,对校园伤害事故责任主体的分类追责,实现了全面覆盖。

(二)纵向风险责任体系

建立了市、区、街道、校园四级责任体系,实行分级管理。每一级内部,责任到人。在校园内部,设立由"安全管理领导小组—部门安全管理组—班级安全组"组成的三级安全管理机构。形成"纵向到底"的横向风险责任体系,对校园伤害事故责任主体的分级追责,实现了全面覆盖。

四 通过推行"一岗双责"制度,严格校园伤害事故责任追究制度

通过推行"一岗双责"制度,落实校园安全全员管理的同时,促使校园伤害事故责任追究制度进一步得到落实。

"一岗双责"是指某一具体岗位兼有双重责任:即该岗位的本职工作职责和安全管理工作职责。校园安全管理"一岗双责"就是在教育教学管理工作的基础上,同时承担着校园安全管理的责任,

也就是一个岗位有两种责任，每个人在完成"一个岗位的业务责任"的同时，还要承担起"安全管理的责任"。具体岗位责任人员因失职、渎职或违规、疏于管理、未恪尽职守等情况，导致本职工作任务未能顺利完成或造成安全事故的要承担相应的责任。"一岗双责"是推行全员安全管理的重要举措，其对象包括教育系统全体人员。深圳校园安全"一岗双责"制度建立健全了科学合理的工作绩效评价制度，实行党政领导干部和校园教职工安全工作"一票否决"制度，保证了安全事故责任追究制度的严格执行。

2017年6月，深圳市《学校食品安全责任书》签署工作完成，涵盖全市2500余所市属中小学及职业教育学校，区属中小学、幼儿园及职业教育学校。根据监管职责划分，市属各学校由市教育局、学校所属辖区食品监管部门、城管部门与学校共同签署，区属各学校由辖区教育部门、食品监管部门、城管部门与学校共同签署。《责任书》在过往要求校园明确负责食品安全副校长的基础上，进一步明确校园法定代表人（校长）是校园食堂食品安全第一责任人。《责任书》同时明确了校园、教育行政部门、食品药品监管和城市管理部门不履行或不正确履行食品安全职责等失职行为，造成校园食堂发生食品安全事故的，各责任主体、有关责任人员，分别依法承担相应责任。此项活动也标志着深圳市已全面落实食品安全监管的"一岗双责"制度。[①]

[①] 《深圳市〈学校食品安全责任书〉基本签署完成》，《深圳商报》2017年7月8日。

第十章　深圳校园安全管理的现实成效及优化升级

从深圳建市以来，特别是从2010年起，深圳市校园安全管理从系统治理、依法治理、综合治理、源头治理上不断加大制度和实践两个方面的创新力度，使深圳市校园安全管理工作保持良好的局面，成效显著。但要清醒地认识到，校园安全管理工作是一项长期性的基础工作，随着社会经济转型期间社会矛盾的不断凸显，校园所面临的风险将更加复杂、多样，会对校园安全管理提出更高的要求，需要不断优化、完善配套制度，进一步提升深圳校园安全管理制度建设的标准和质量。

第一节　深圳校园的基本情况

一　校园概况

据深圳市教育局官方网站"《信息公开目录》统计数据"的《2016年深圳教育事业发展基本情况》，截至2016年底，深圳市共有各级各类学校（含幼儿园）2310所，比2015年增加114所，增长5.19%。其中：公办学校（园）545所，比2015年增加20所，增长3.81%；民办学校（园）1765所，比2015年增加94所，增长5.63%。各级各类在校学生总数195.86万人，比2015年增加8.14万人，增长4.34%。毕业生44.24万人，比2015年增加2.55万人，增长6.12%。招生55.34万人，比2015年增加2.63万人，增长4.99%。教职工17.59万人，比2015年增加1.28万人，增长7.85%。

截至 2016 年底，深圳市现有高校单位 13 个，在校学生 11.23 万人；普通中小学 689 所，在校学生 130.74 万人；中等职业学校（含技工学校）24 所，在校生 7.46 万人；幼儿园 1579 所，在园儿童 46.33 万人；特殊教育学校 4 所，在校学生 970 人；工读学校 1 所，在校学生 51 人。

二 校园安全及其管理概况

校园安全是校园教育教学的基础和保障，深圳教育事业的顺利发展离不开安全的校园环境。同时，校园安全管理工作是一个涉及面广、社会关注度高、舆论敏感度强、操作难度大的系统工程。在市委市政府的高度重视下，深圳市教育管理部门始终坚持"以人为本、安全第一、预防为主、综合治理"的基本原则，结合深圳市教育系统实际情况，对校园安全工作坚持源头严格控制、过程精细管理、事后风险转移，不断创新工作措施，打造平安校园，确保了国家的各项政策措施得到较好贯彻和落实。校园安全工作保持良好局面，没有发生任何群死群伤和其他重大安全事故，校园安全事故逐年下降，保障了全市近 2000 所各类校园和 160 多万师生的安全，为深圳教育事业的发展起到了保驾护航的作用。历年来，在国务院校车检查、省政府防溺水督查等各项检查中，深圳市校园安全管理工作均受到上级部门的充分肯定。

第二节 深圳校园安全管理机制及其评价体系的实践效果及创新经验

校园安全工作线长面广，牵动千家万户，社会关注度高，关系社会稳定，深圳市教育系统清醒地认识到校园安全工作面临的严峻形势，严格按照国家、省、市等上级部门的统一部署，以创建平安校园为抓手，不断完善校园安全管理制度体系，从 2010 年起，深圳市颁布了《深圳市学校安全管理条例实施细则》等一系列制度性文件，并将深圳校园安全管理机制及其评价体系应用于工作实践中，截至 2016 年底，取得了良好的实践效果。

校方责任事故呈现显著下降态势（见图 10—1）。根据深圳市人保公司给出的校方责任险报案数据显示，2010 年深圳市政府发布并实施《深圳市学校安全管理条例实施细则》以来，深圳市校方责任险报案数量明显减少，2015 年一度减至 192 次，而 2006 年的峰值达到 1973 次。

图 10—1　2006—2016 年深圳市校方责任事故趋势图

深圳市中小学生非正常死亡事故数量也在明显减少（见表 10—1、图 10—2）。表 10—1 的数据显示，2003 年中小学生非正常死亡事故比率为 0.082%，随着 2010 年深圳颁布一系列校园安全管理政策之后，中小学生非正常死亡事故比率降至 2016 年的 0.029%，呈大幅下降态势。

表 10—1　　　　2003—2016 年深圳市学生非正常死亡率

年度	2003	2004	2005	2006	2007	2008	2009	2010	2011	2012	2013	2014	2015	2016
非正常死亡率（%）	0.082	0.067	0.057	0.054	0.046	0.046	0.043	0.035	0.034	0.033	0.037	0.041	0.037	0.029

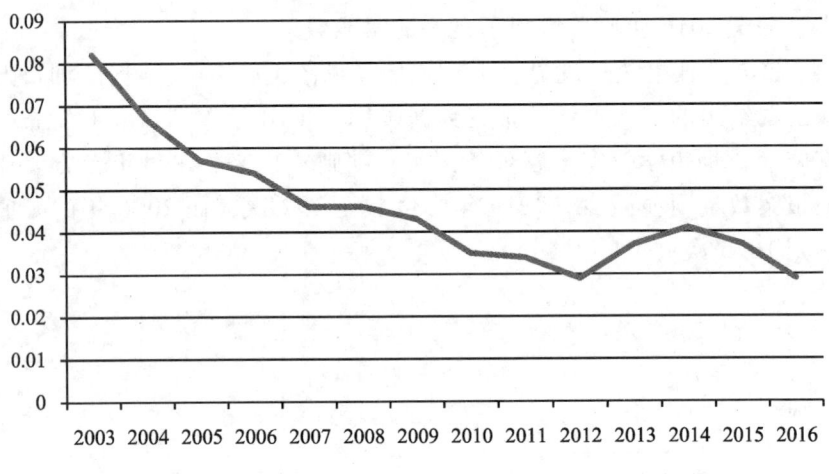

图 10—2　2003—2016 年深圳市学生非正常死亡率走势图

总的来看，经过几年的大力度改革，深圳校园安全管理制度创新实践取得了显著的成效，其中的每一项制度和具体举措，都形成了一套完整的体系和逻辑，这种独创且在实践中探索出来的经验，无论是理念上还是操作上都具有广泛的可推广性。①

一　依法管理，夯实校园安全风险防控体系的法制基础

深圳市坚持依法治校、依法管理校园安全的原则，充分发挥特区立法权优势，先后颁布实施《深圳市学校安全管理条例》及《实施细则》，以及《深圳市校车交通安全管理办法》等校园安全管理方面的法律法规，并根据工作实际不断修订完善，为深圳市校园安全风险防控体系夯实法制基础。《深圳市学校安全管理条例》明确了各部门、校园、家长及社会的职责：各相关部门依法履行对校园的安全管理职责，并建立校园安全管理协作机制；校园依法对学生进行安全教育、管理和保护；学生的监护人依法履行监护职责。

---

① 参见深圳市教育局《深圳市教育局关于中小学安全风险防控体系有关情况的报告》（2016 年 4 月）和《夯实安全基础创建平安校园——深圳市教育局 2016 年学校安全管理工作总结与 2017 年工作思路》（2016 年 12 月）。

二 落实责任,实行校园安全"一把手"工程与"一岗双责"制度

深圳市狠抓校园安全责任的落实,实行校园安全"一把手"工程与"一岗双责"制度。各级教育部门及校园的"一把手"是校园安全工作第一责任人,并按照"一岗双责、党政同责、失职追责"的要求逐层落实校园安全管理责任,实行"谁主管、谁负责",建立"横向到边、纵向到底"的校园安全责任体系。深圳市教育系统已形成新学期开学校园安全"六个一"做法:开学第一次会议部署安全工作、开学各项工作第一项检查安全、国旗下讲话第一项讲安全、上好开学第一堂安全教育课、第一次学生主题活动是安全教育活动、责任督学开学进校第一项工作是督查安全。

三 部门联动,构建校园安全齐抓共管的良好局面

深圳市充分发挥全市校园安全管理领导小组办公室的统筹协调作用,一是定期汇总全市校园安全隐患;二是将各类安全隐患按照部门职责进行分类,协同各相关职能部门开展整治;三是定期召开校园安全管理联席会议,通报全市校园安全管理情况,总结推广好的经验做法;四是定期组织各部门联合开展校车安全、消防安全、校园周边综合治理等安全专项行动;五是充分发动各方资源,形成校园长、家长、社区工作站长、辖区警长、派出所所长"五长"联动机制。市、区政府各相关职能部门依法履行对校园的安全管理职责,政府领导、部门监管、校园自主负责共筑校园安全的工作机制已初步形成。

四 强化基础,提升校园"人防、物防、技防"水平

深圳市配齐配强校园安全管理队伍,不断提升校园安全管理专业化水平。目前,市、区教育行政部门均设立学校安全管理处(科)室,全市校园都配备了安全主任,建立了专职或者兼职的安全管理队伍,有条件的校园还设立了安全管理机构。联合公安部门在全市中小学、幼儿园聘请配备了近1000名法制副校长、辅导员(校警),落实"一校一警"制度,并建立校园和辖区派出所的联络

制度。各校园严格按照幼儿园 2 名、小学 6 名、中学 10 名的标准配备专业保安员，并配齐警棍、钢叉等相应的安保装备。组建教职工、家长志愿护校队，协助做好学生上、放学的防护工作。深圳市将校园安全知识纳入教师继续教育内容，定期组织安全培训，提高校园安全管理队伍专业化水平。

深圳市投入专项经费维护校园安保设施，从升级消防设施、改造校舍围墙、校园视频监控设施、校车安装卫星定位汽车行驶记录仪、电子门禁等技防措施入手，不断提高校园安全技防水平。尤其是对校车的管理进一步加强，确保校车运行安全。

一是严把校车审批关。目前全市在用校车共 2490 辆，通过"深圳市校车使用许可审查系统"，联合市交通运输委和市公安交警局，共受理校车使用许可申请共计 4736 件（其中续办、新增、变更案件 2482 件，注销 873 件）。全市校园自有校车已 100% 安装 GPS 装置。

二是强力推进校车更新补贴。深圳市教育局会同市财委，积极落实校车更新财政补贴实施方案，审核第二批 664 辆校车补贴材料，发放校车补贴 2561 万元。全市符合 2012 年国标校车 1935 辆，占全市校车总数的 78%。

三是开展校车检查。将校车安全纳入全市开学检查的重要内容，联合市公安交警局采取日常管理与专项整治相结合，采取进校检查、集中定点检查和上路抽查等多种方式，对全市校车开展专项整治行动，实行校车安全"六严查"，市、区教育行政部门启动安全通报、约谈、警示等制度，取得明显效果。每年开展 4 次校车安全专项整治行动，共检查校车 7600 多辆次，保障校车运行安全。近几年深圳市未发生校车伤亡安全事故。

五　深化建设，全面开展校园"六无"整治工作

一是持续推进平安校园创建工作。深圳市教育局联合市综治办、公安局深化平安校园创建工作，14 所学校荣获"广东省安全文明校园"称号；每年 9 月 1 日新学年开学第一天开展"平安校园日"启动仪式暨校园安全大讲堂等主题活动，为全市新生集中宣讲安全防范常识;开展全市平安校园创建督导检查,推进200所平安校园和45所"深圳市平安校园示范校"创建工作,截至2016年底,全市平安校园达标率达95%以上,平安校园创建工作取得成效。

二是强力推进校园"六无"整治工作。联合公安、综治等部门开展"护校安园"专项工作,汇总统计全市校园平安视频建设数据,完善校园一键式紧急报警装置安装,全力抓好校园内部安全、隐患整改、法制宣传、巡逻防控、涉校违法犯罪打击等工作落实,目前全市已完成校园"六无"问题整改工作。

三是实施校园食堂"明厨亮灶"工程,提升A级食堂比例。积极参与创建食品安全示范城市,联合市食药监管局重点实施校园食堂"明厨亮灶"工程,全市校园食堂100%完成"明厨亮灶"工作。部署80所校园食堂开展"提A"工作,目前全市A级校园食堂达420家,占校园食堂总数的20%,远高于全市餐饮业整体平均水平,是全省最高的城市之一。联合市食药监管局举办第五届"学校食品安全宣传月"活动,并建立校园学生食堂校领导陪餐制度和中小学校食品安全义务督查员制度,开展校园食堂食品和食用盐安全专项督查。

四是联合城管部门开展校园周边乱摆卖专项整治行动。各街道执法队在全市600多所中小学周边200米用黄线划定禁止摆卖区域,并设立"学校周边、严管区域"等明显标志。各街道执法队加强巡查,加大执法力度,对区域内的乱摆卖行为严格查处。同时,建立由街道分管领导、食安办、监管所、社区城管分队负责人以及校园领导、安全主任和家长义工代表等人员参加的"校园周边乱摆卖整治"微信群,畅通信息交流,对校园周边流动摊贩动态开展及时的管控和整治,实现执法快速反应,取得明显效果。

六 全面排查,强力整治各类校园安全隐患

一是组织系列隐患排查整治行动。协调综治、安监、公安、消防、交通、市场监管、住建、规土、文化、城管等相关职能部门,重点开展平安校园创建、护校安园、风险点危险源、消防安全、交通(校车)、食品安全、突发事件风险排查、危险化学品、"环保油"、粉尘涉爆校办企业、禁毒等校园安全隐患排查整治行动，采取明察与暗访相结合，实地检查、听取汇报及查看相关材料等方式，检查督促校园安全隐患整治到位。

二是提高校园安全隐患排查效率。全市共2693所校园（含高校、中小学、幼儿园及培训机构）纳入"深圳市安全综合管理信息系统"，信息采集率100%，校园完成自查率100%，排查隐患2532项，已整改2437项，整改率达96%，排查整治效果显著。

三是开展安全检查督促工作落实。采取"四不两直"的检查方式，不定期组织开展校园安全检查，每次检查前不发通知，检查时直奔现场，主要检查校园安全规章制度、校园安保、消防、食品安全、校园安全隐患排查治理、安全宣传教育培训、应急演练等落实情况，并细化制定校园安全检查表，有效督促校园认真做好各项安全工作。

七 规范管理，创建平安校园等系列示范校

深圳市坚持走校园安全管理精细化、规范化、标准化之路，创建平安校园等系列示范校。通过实施平安校园三年工作计划，每年联合市综治办、公安局评审40所"市级平安校园示范校"，引领全市校园总体创建率达95%，荣获市委市政府"深圳市平安建设先进单位"荣誉称号。制定校园安全管理标准化体系，并开展2批共38所试点校园创建。部署开展50所防震减灾示范校创建，通过国家防震减灾示范城市专家组考核验收。目前120所学校被评为省级食品安全示范学校，南山区、光明新区获得省级学校食品安全示范区称号，全市中小学食堂均已达到安全量化B级以上，整体优良率达100%。系列安全管理示范校的创建，起到了良好的示范带动作用，促进了校园安全管理规范化水平。

八 注重预警，切实防范校园安全事故发生

深圳市坚持"防范胜于救灾"的理念，积极探索安全工作规律。针对校园安全事故特点，逐步建立风险预警机制：一是定期汇总分析全市校园安全事故与安全隐患的季节性、地域性及危害性等特点，举一反三，找出其中规律与应对措施，提前做好工作部署，提醒各级教育行政部门及家长做好相应防范措施。二是组织委托专业机构对市局直属学校逐一进行安全评估，形成安全评估报告，查找安全隐患与薄弱环节进行整改。三是与市气象局研究确定灾害天气预警发布机制，制定符合全市教育实际的灾害性天气防御指引，参考借鉴香港经验做法，对不同时间节点发布预警信号时校园的防御措施进行了细化。

九　完善保险，校方责任险与意外险"双险"捆绑实施

深圳市高度重视校园风险分散转移工作，不断完善校园及学生保险工作。从2006年开始实施校方责任险，并从2010年9月开始实行"双险"捆绑模式的校园安全保险机制，校方责任险保费由财政承担，学生意外伤害险保费由市区财政、教育发展基金会和学生监护人按1∶1∶1的比例承担。深圳市于2014年将校方责任险最高赔付标准从30万元提高至95万元，保费由每人每年5元提高到11.04元，为校园提供了更加有力的安全风险保障。"双险"捆绑模式可以互为补充、相辅相成，较好地承担不同情况下的校园风险。

十　创新形式，开展丰富多彩的安全宣传教育活动

主要有开展安全教育精品课程征集评选活动、安全教育实验区工作、系列专题宣传教育活动、重点开展学生防溺水宣传培训。

第三节　深圳校园安全管理制度建设的进一步优化

校园安全管理是一项具有长期性、全局性、复杂性、多样性的基础工作。虽然近些年深圳市政府多举措推出一系列制度性文件，强化校园安全基础建设，校园安全管理工作保持良好局面，但通过对当前深圳市校园安全事故发生情况及其原因进行分析，发现仍然

存在社会机制有待完善、校园内部管理缺失、学生和家长安全意识薄弱等问题，仍需进一步加强校园安全管理制度的建设。同时，由于当前的社会结构在发生变化，各类社会矛盾凸显，校园所面临的风险越来越呈现多样、突发特点，对于校园安全管理提出越来越高的要求。这就需要我们在开展工作的同时，不断优化、完善校园安全管理制度的建设，为在校师生提供安定、和谐的学习环境，为稳定社会做出应有贡献。

一　当前深圳市校园安全事故分析

（一）《深圳市中小学生伤害监测报告》分析

据深圳市疾病预防控制中心2010年的《深圳市中小学生伤害监测报告》，监测涉及深圳市20所学校（10所小学、7所初中及3所高中），总人数为27122人。具体情况统计如下（见表10—2）：

表10—2　《深圳市中小学生伤害监测报告》中人员构成及占比情况

年级	男		女		人数	构成比例（%）
	人数	%	人数	%		
小学	8280	56.6	6346	43.4	14626	53.9
初中	4908	54.2	4148	45.8	9056	33.4
高中	1856	54.0	1584	46.0	3440	12.7
合计	15044	55.5	12078	44.5	27122	100.0

（1）伤害率：共监测到学生伤害765例，伤害率为监测学生总数的3.546%。

（2）伤害性别比：其中男生629例，占被伤害学生82.2%，女生136例，占被伤害学生17.8%。

（3）伤害类型及部位：伤害类型主要是跌倒/坠落伤（64.2%）、钝器伤（15.4%）、锐器伤（7.1%）和交通伤（3.8%）；伤害部位主要以上肢（43.7%）、下肢（25.9%）和头部（25.4%）为主。

（4）伤害后果及伤害程度：伤害后果以开放伤，骨折，扭伤/

拉伤，挫伤/擦伤，分别占到 32.0%，30.7%，19.5% 和 13.7%；伤害程度以中度和轻度为主，占到 54.2% 和 42.2%。

（5）伤害发生时活动：伤害发生时活动主要以休闲活动（41.6%）和体育活动（38.4%）为主。

（6）伤害医疗费用及恢复情况：伤害的医疗费用主要在 101—500 元之间，占到 45.8%。伤害治疗后绝大多数学生（94.2%）都完全恢复。

（二）《校园双险出险报案情况表》分析

根据深圳市人保公司提供的《校园双险出险报案情况表》（2010—2016 年）和相关资料，可以从以下几个方面进行分析（见表 10—3、表 10—4）。

1. 险种类型分析

从 2010 年至 2016 年深圳市校园双险报案宗数、发生地和伤亡情况看，意外伤害险报案率均大大高于责任保险报案率，多数指标在 95% 以上。这说明意外伤害事故（包括交通伤害事故、校园意外伤害事故、溺水、食物中毒及其他意外事故等）的防控，是校园安全风险管理的重中之重。这种情况具有全球范围的普遍性，世界卫生组织调查结果是在儿童伤害中，"非故意伤害所占的比例将近 90%"[①]。

表 10—3   2010—2016 年深圳市校园双险占比情况

保单年度	险种	报案宗数占比	发生地占比		伤、残、亡占比		
			校内	校外	伤	残	死
2010 年	责任保险	0.085	0.118	0.005	0.085	0	0.032
	意外保险	0.915	0.882	0.995	0.915	0	0.968
2011 年	责任保险	0.026	0.040	0.007	0.026	0	0.02
	意外保险	0.974	0.960	0.993	0.974	0	0.98
2012 年	责任保险	0.033	0.045	0.010	0.033	0	0.016
	意外保险	0.967	0.955	0.990	0.968	1	0.984

---

① 世界卫生组织：《世界预防儿童伤害报告》，2008 年。

续表

保单年度	险种	报案宗数占比	发生地占比		伤、残、亡占比		
			校内	校外	伤	残	死
2013年	责任保险	0.027	0.045	0.006	0.027	0.235	0.151
	意外保险	0.973	0.955	0.994	0.973	0.765	0.849
2014年	责任保险	0.016	0.022	0.003	0.015	0.667	0.078
	意外保险	0.084	0.978	0.997	0.985	0.333	0.922
2015年	责任保险	0.011	0.018	0.001	0.010	0.476	0.072
	意外保险	0.989	0.982	0.999	0.990	0.524	0.928
2016年	责任保险	0.024	0.037	0.007	0.023	0.481	0.018
	意外保险	0.976	0.963	0.993	0.977	0.519	0.982

表10—4 2010—2016年深圳市校园双险各类事故占比情况

保单年度	险种	事故类型占比									
		打闹嬉戏	体育运动	意外摔伤	动物咬伤	交通事故	煤气中毒	烫伤	溺水	高坠	其他
2010年	责任保险	0.154	0.129	0.046	0.032	0	0	0.053	0	0.115	0.169
	意外保险	0.846	0.871	0.954	0.968	1	1	0.947	1	0.885	0.831
2011年	责任保险	0.025	0.021	0.028	0.003	0.034	0	0.032	0	0	0.056
	意外保险	0.975	0.979	0.972	0.997	0.966	1	0.968	1	1	0.944
2012年	责任保险	0.048	0.024	0.033	0.008	0	0	0.025	0	0	0.111
	意外保险	0.952	0.976	0.967	0.992	1	1	0.975	1	1	0.889
2013年	责任保险	0.033	0.025	0.026	0.021	0	0	0.026	0	0.467	0.250
	意外保险	0.967	0.975	0.974	0.979	1	1	0.974	1	0.533	0.750
2014年	责任保险	0.020	0.010	0.016	0	0	0.167	0.023	0	0.105	0.189
	意外保险	0.980	0.990	0.984	1	1	0.833	0.977	1	0.895	0.811
2015年	责任保险	0.037	0.006	0.008	0	0.021	0	0.013	0	0.211	0.021
	意外保险	0.963	0.994	0.992	1	0.979	1	0.987	1	0.789	0.979
2016年	责任保险	0.060	0.035	0.016	0.007	0.040	0	0.065	0	0.056	0.412
	意外保险	0.940	0.965	0.984	0.993	0.960	1	0.935	1	0.944	0.588

2. 事故地点分析

从 2010 年至 2016 年深圳市校园内外双险报案数量的占比情况可知，在所有的校园安全事故中，发生在校园内部的伤害事故数量较多，约占校园伤害事故数量的三分之二（见表 10—5）。

表 10—5　2010—2016 年深圳市校内外安全事故占比情况

保单年度	校内外报案数量占比	
	校内	校外
2010 年	0.706	0.294
2011 年	0.581	0.419
2012 年	0.640	0.360
2013 年	0.556	0.444
2014 年	0.643	0.357
2015 年	0.600	0.400
2016 年	0.569	0.431

3. 事故伤亡分析

从 2010 年至 2016 年深圳市校园安全事故伤亡情况的数据可以看出（见表 10—6），虽然事故发生中残疾和死亡的比例能够得以控制，但随着近些年各类社会矛盾凸显，校园安全事故频发爆发，事故伤亡仍然很多，需要进一步加强校园安全的管控力度。

表 10—6　2010—2016 年深圳市校园安全事故伤亡情况

保单年度	校园安全事故伤、残、亡占比		
	伤	残	亡
2010 年	0.991	0	0.009
2011 年	0.995	0	0.005
2012 年	0.9947	0.0003	0.005
2013 年	0.995	0.001	0.004
2014 年	0.995	0.001	0.004
2015 年	0.995	0.001	0.004
2016 年	0.994	0.002	0.004

4. 事故类型分析

2010年至2016年深圳市各类校园安全事故发生数据显示（见表10—7），意外摔伤、打闹嬉戏、体育运动三类在所有事故类型中比例较高，特别是意外摔伤，历年均在50%以上。联系上述"事故发生地点分析"看，校内室外活动、课间活动、走廊楼梯、宿舍和教室等作为休息与活动的场所，学生自由支配的空间较大，校园的安全防控较弱，对活泼好动的中小学生来说，容易造成意外伤害事故。在宿舍内发生的案件主要是设施设备上的不安全漏洞或未及时维护所导致的事故，比如床架结构上的松动，漏水墙壁和屋顶上的墙灰突发脱落、厕所积水滑倒等。

表10—7　2010—2016年深圳市各类校园安全事故占比情况

保单年度	事故类型占比									
	打闹嬉戏	体育运动	意外摔伤	动物咬伤	交通事故	煤气中毒	烫伤	溺水	高坠	其他
2010年	0.123	0.244	0.516	0.022	0.023	0.002	0.01	0.003	0.004	0.054
2011年	0.1882	0.1308	0.6102	0.0277	0.0109	0.0003	0.0087	0.0014	0.0016	0.0201
2012年	0.1189	0.1694	0.6649	0.0208	0.0129	0.0002	0.0064	0.0015	0.0014	0.0036
2013年	0.0960	0.1448	0.7258	0.0159	0.0076	0.0003	0.0052	0.0005	0.0010	0.0030
2014年	0.0943	0.1359	0.7344	0.0166	0.0086	0.0004	0.0051	0.0005	0.0011	0.0031
2015年	0.0860	0.1474	0.6803	0.0117	0.0086	0.0003	0.0046	0.0014	0.0011	0.0583
2016年	0.1208	0.1020	0.7570	0.0094	0.0035	0.0008	0.0022	0.0007	0.0012	0.0024

在全球范围内，道路交通事故伤害是儿童意外伤害的主因，构成15—19岁儿童首位死亡原因以及5—14岁儿童的第二位致死因素。[①] 深圳市虽然对道路交通事故的防控较好，但交通事故和动物咬伤在校外事故中的比例仍然较高，与深圳市宠物市场急速扩大和交通环境逐渐变化有密切关系。

---

① 世界卫生组织：《世界预防儿童伤害报告》，2008年。

5. 事故区域分析

据统计，2011年9月1日至2012年7月31日这一学年，原特区外的宝安、龙岗两区（原为农村）的中小学更容易发生安全事故，所发安全事故占深圳市全域的55%以上（见表10—8）。这种情况与国内其他区域大致相同，据2006年教育部的统计，全国各地上报的各类中小学学校安全事故中，27.68%发生在城市，72.32%发生在农村。农村中小学的安全事故发生数、死亡人数和受伤人数都明显高于城市，分别是城市的2.9倍、3.9倍和4.2倍。农村中小学安全事故发生的主要原因是办学条件差、基础设施不完备，另外，师生安全意识淡薄、校园安全管理存在明显漏洞也是导致事故发生的重要原因。

表10—8　　2011—2012年深圳市各区域双险出险报案情况
（2011年9月1日—2012年7月31日）

	直属	罗湖区	福田区	南山区	盐田区	宝安区	龙岗区	坪山新区	光明新区	合计
报案数量	507	1008	1198	1161	204	2856	2839	300	242	10315
占比	0.049	0.098	0.116	0.113	0.020	0.277	0.275	0.029	0.023	1

6. 校园类型分析

低年级学生更容易发生安全事故。在全国各地上报的各类中小学学校安全事故中，43.75%发生在小学，34.82%发生在初中，9.82%发生在高中。2006年小学、初中、高中事故发生数比为4.5∶3.6∶1，死亡人数比为6.6∶4.8∶1，受伤人数比为7.4∶4.7∶1。相对于高年级学生，低年级学生的生活经验和安全知识都比较欠缺，安全意识相对淡薄，自我防护能力也比较差，这是导致低年级学生安全事故多发的主要原因。①

---

①　教育部：《教育部首次发布中小学安全事故总体形势分析报告》，2007年3月26日。

据浙江省江山中等专业学校校长、党委书记蔡之青选取年龄在3岁至26岁的1.4万余件校园安全事故案例进行分析，研究发现，学生年龄差异与事故发生率显著相关。事故发生率首先是随着年龄的增加而增加，8岁（小学阶段）开始逐渐增加，12岁到17岁（初中、高中阶段）达到事故发生率的峰值，然后再随着年龄的增加和心智的成熟，事故发生率开始逐步下降。大多数校园安全事故集中在小学（约占33%）、初中（约占24%）、高中（包括普高、职高及部分无法判明学段的事故等，约占18%）这三个主要阶段。[①]（见图10—3、图10—4）

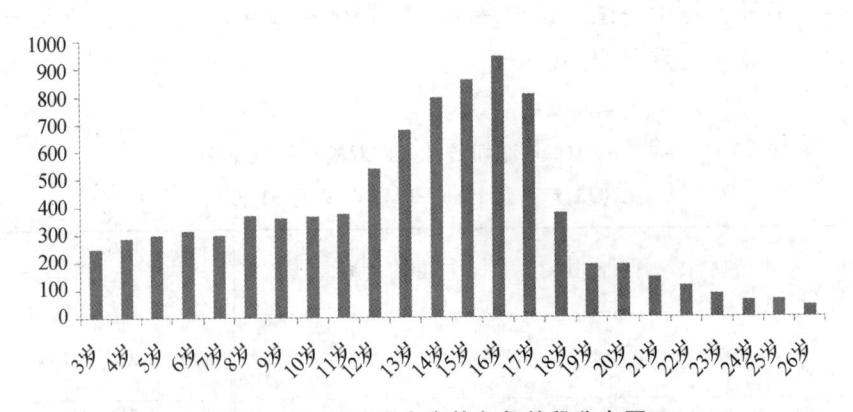

图10—3 校园安全事故各年龄段分布图

深圳市疾病预防控制中心的《深圳市中小学生伤害监测报告》对事故的校园类型所做的调查显示：小学、初中、高中的占比分别是53.9%、33.4%、12.7%，与上述全国和浙江的情况基本一致。

7. 其他类型分析

节假日是事故多发期。暑假和周末等节假日及其前后是溺水、自杀等事故的集中多发期，全年有36%的中小学生安全事故发生在暑假和节假日。另外，全年有89%的事故是发生在白天，主要有交通事故、溺水事故、校园伤害事故、踩踏事故和学生斗殴等；有

---

① 蔡之青：《调查：学校安全事故有何显著特征》，《中国教育报》2014年7月14日。

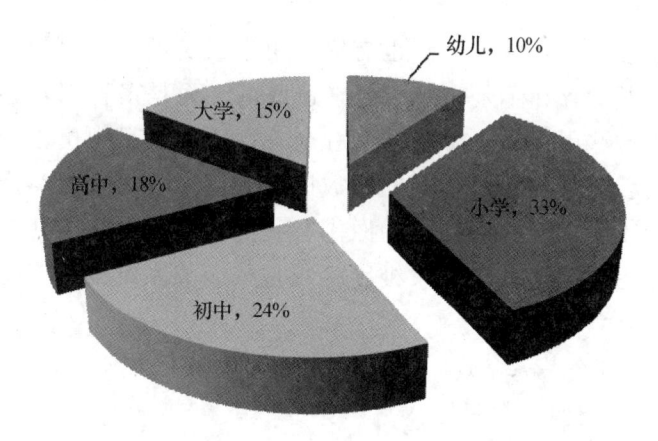

图 10—4　学生作为受害人在各年龄段的分布图

11%的事故发生在晚上，主要是山洪、暴雨、地震等自然灾害和一氧化碳中毒等事故，少数是犯罪分子在学生上下学路上或侵入学生宿舍强奸并杀害女学生。

事故地点主要集中在上下学路上、江河水库和学校及周边。有32%发生在学生上下学路上，其中以交通事故为主，也包括个别强奸、学生斗殴等事故；有39%发生在校园里，其中以校园伤害和学生斗殴为主，另外还有少数踩踏、房屋倒塌、一氧化碳中毒等事故；24%发生在江河水库和公路，其中以溺水事故为主，包括个别发生在非学生上下学路段公路上的交通事故；5%发生在学生家中，包括个别学生自杀、一氧化碳中毒、火灾等事故。

二　深圳市校园安全事故原因分析

据教育部统计，全国各地上报的各类安全事故中，10%是因自然灾害等客观原因导致事故发生，造成的学生死亡人数占全年学生死亡总数的10.84%；90%属其他各类非自然性安全责任事故，造成的学生死亡人数占全年学生死亡总数的89.16%，其中，45%的事故因学生安全意识淡薄而发生，18%的事故因校园管理问题而发生，27%的事故由于社会交通、治安等原因发生。

可见，影响校园安全的因素众多，既有人们认识上的因素，也有客观条件的限制；既有体制上的问题，也有具体工作中的漏洞；

既有不能杜绝的客观原因，也有完全可以避免的人为事故。很多教育安全问题的存在不是由单一因素造成的，而是多种因素相互作用的结果，这些因素在一个广阔的社会视角下，又呈现出不同维度的特点。这就使得校园安全问题的成因极其复杂。综合各类影响教育安全的因素，剖析其深层次的原因，我们认为可从如下几个社会性的维度考虑：一是社会关系维度，二是校园关系维度，三是学生关系维度。

(一) 社会关系维度

1. 社会结构不断变化

(1) 我国目前正处于社会发展的转型期

改革开放以来，社会的基本结构从前些年封闭式的传统计划经济模式转向开放的、逐步向市场经济过渡的模式。在改革的巨变中，各种社会动荡源源不断涌现，社会矛盾、道德冲突、价值变异不断地产生。同时，社会生态进一步失衡，基层政权组织、基层党组织不能适应社会的巨变，家庭、校园、社区等社会基层细胞的作用减弱。随着社会结构的变化，经济发展与社会和谐产生了一定的矛盾，引发了社会在一定层面上的不安定，传统的道德价值体系被破坏，新的道德价值体系还没有完全构建起来，造成道德空白。特别是近几年，各类社会矛盾日益凸显，各种不法分子将罪恶投向了防范能力最弱的在校青少年学生，校园成了这部分人泄愤的场所。因为校园是人群最密集的地方，也是防范最薄弱的环节，所以犯罪分子能够轻易得逞。

(2) 亚文化和不良的外部环境对校园产生影响

一些领域道德失范，拜金主义、享乐主义、个人主义滋长，封建迷信活动和黄、赌、毒等丑恶现象泛滥，文化事业受到消极因素的严重冲击，危害学生身心的东西屡禁不止，使学生认知产生偏差。有些学生由于意志比较薄弱，轻易接受外界的影响，面对不良现象和行为，往往缺乏辨别和判断能力而跃跃欲试。正是受这些不良亚文化的影响，一些学生价值观念发生了变化，开始一味地追求享乐、独立、自由、极端个人主义，花天酒地，拜把结盟，无视校纪校规，对法律缺乏敬畏感，导致违法犯罪中团伙作案越来越多。

2. 社会制度和机制有待完善

（1）法律法规有待进一步健全

1988年4月，公安部、国家教委、劳动人事部、财政部经国务院批准，联合印发了《关于在部分高等学校设市公安派出所实施办法的通知》，该通知是高校设立公安机构的重要依据，但却兼具了效力级别低、内容粗糙、线条简单等诸多弊病。同时由于经费支出、体制调整、管理安排的诸多因素，使得派驻高校警察的计划流产。同时，该《通知》中并没有在广大中小学派驻警察的规定。我国至今没有专门的《校园安全法》，相关规定散见于《宪法》《民法通则》《刑法》《未成年人保护法》《义务教育法》和《教师法》之中。这些法律中对在校学生合法权益保护的规定既不具体，又存在着一定空白。没有具体法律可依，取而代之的是每次重大恶性事故之后的通知与整顿，周而复始。

（2）舆论导向机制有待完善

深圳移民城市的特点决定了家庭的组织形式以"核心家庭"为主，而且离婚率较高。未成年人相对而言，缺乏家人的关爱和管教，正确的人生观、世界观的形成受到明显影响。很容易受到享乐主义、拜金主义、个人英雄主义等不良思想以及暴力等不健康因素的影响，从而步入歧途。

（3）协调机制有待进一步改善

校园安全事故所涉主体具有多样性，既包括学生、教师与校园，也包括教育行政部门、政府与家庭，存在着校园与国家协调关系、校园与社会协调关系、校园与家长协调关系。而现状是政府与各地校园、校园与社会、校园与家长之间都缺乏全面有效的协调机制。相互之间还存在渠道单一、沟通不畅的问题。其中，比较突出的是，中小学生公共安全教育演练的联动机制尚未形成，很多活动的开展往往都是由相关职能部门临时组成。如"全国消防日""防灾减灾日"开展的逃生演练和灭火演练，多为教育部门和校园临时有关部门开展，虽然在演练当时或者短期内也取得了一定成效，但由于缺乏经常性的锻炼，效果还是捉襟见肘。另外，校园所在的社区、学生生活的社区以及当地的街道办事处，也在与校园协调沟通上，难以形成一套行之有效的联动保障机制。

（二）校园关系维度

1. 校园周边环境复杂程度较高

（1）安全隐患增多

与市场经济发展同步，深圳市中小学的办学规模不断扩大，办学形式也日益多样化。后勤服务社会化过程中，引进社会竞争机制，在提高服务质量的同时，各服务实体对利润的追求与师生员工接受服务愿望之间的矛盾逐渐明显，处理不当会导致矛盾激化。而且大量的社会实体、社会成员进入校园，给管理带来难度，这些都构成校园内存在的新的安全隐患。

（2）周边环境对校园安全影响大

游戏厅、录像厅、酒吧等休闲娱乐场所，会诱导学生进行高消费，形成攀比心理，造成性格的扭曲，影响其正确的世界观、人生观、价值观的形成，特别是其中凶杀、暴力、色情因素极易成为他们日后违法犯罪的诱因。

（3）网吧危害

目前，网吧无序发展，违规接纳未成年人，超时经营，学生迷恋网吧等现象，虽经整治，但仍比较突出。网吧泛滥已经成为引起公愤的社会问题，已经危害到一代人的身心健康。

2. 校园内部安全管理缺失

（1）安全意识淡薄

由于校园所存在的危险因素远不如生产企业普遍、严重，客观上容易使校园忽视自身的安全管理。一些校园谈到安全管理时，观念还停留在治安管理的范畴，对能够导致人身伤亡、财产损失等安全方面事故的危险有害因素，缺乏系统的了解和深刻的认识，使得校园的安全教育和安全管理仍然存在薄弱环节。

（2）安全防范教育缺乏

对校园师生员工的安全教育强化不够。在以升学率为中心的绝大多数中小学校园中，校内安全、校外活动安全、卫生防疫、饮食安全、交通安全、自然灾害防范等教育在中小学课堂上仍然存在缺失。随着国家和深圳对教育安全的持续重视，虽然深圳很多中小学校相继开设了有关教育安全的课程,但是课程设置普遍比较零散,缺乏系统性和规范性,无法从形式和内容上,全面对中小学生产生影响。安全教育的课时分配不均,一般情况下,都是一个月或者半年才开设一次,而且内容大多是偏重安全知识的传授和中小学生认知能力的开发,实际演练、亲自参与的安全实践活动较少。教育安全现状调查结果也显示,大多数校园普遍反映没有自编的切合校园实际的安全教材,这也给教学课程设置和课时安排带来了一定的困难。

许多校园之所以出现治安问题,校园治安漏洞固然是主要原因,但学生对陌生人缺乏警惕性也是其遭受侵害的原因。长期以来,我们对孩子的教育大都是正面的,很少教育孩子如何识别坏人的骗术和遇到坏人如何脱身等,以致孩子们缺乏防范犯罪侵害的意识和知识。

(3) 安全管理还不能完全到位

一是应急能力不足。应急意识的单薄和应急管理理念的滞后导致应急能力的薄弱。虽然法规和制度对每学期的应急演练有明文规定,但仍有校园重视不够,针对教职工和学生的定期突发事件实战演练与训练尚不能完全落实。二是防范机制单一。虽然建立了"警校共建"的工作机制,但校园的防范主要还是依赖于校园内部的保安工作。而由于治安保卫队伍建设的投资受限,致使治安管理力量还存在一定程度的弱化。三是安全保护措施不力。体育课、课间活动以及校园组织的校外活动,仍会因为保护措施不力而引发事故。如体育课教师超出大纲对学生提出过高的要求,学生活动前准备不足,课堂上让学生自由活动而疏于管理等都会导致事故的发生。

(4) 基础设施不能完全达到安全工作的要求

校园设备设施安全直接影响校园的安全工作。设施设备失修,校舍数量和面积不达标,班级容量过大,建筑年代久远,设计不合理等基础设施不能完全达标的问题依然普遍存在。

(5) 师资素质参差不齐

在深圳市校园学位快速扩张的背景下,一些幼儿园、民办学校的师资素质参差不齐,体罚学生、侵害学生、安全工作不尽责的事情仍有发生。教育工作者这支队伍的素质仍需加强，需引起政府和社会及教育主管部门的进一步关注。

（三）学生关系维度

1. 学生自身安全意识亟待提高

（1）安全意识薄弱、自我保护能力不足

校园内外发生的许多涉及学生的意外伤害事故中，究其原因虽然各不相同，但有一个共同点，就是大多数当事学生对事故的发生缺乏必要的心理准备和自我保护意识，无法应付突发事件，面对伤害往往束手无策。不管是在家庭还是在学校，多数学生所接受的安全教育都存在不足，导致安全意识不高。甚至有些学生的一些安全意识仅仅来源于生存本能和老师及父母简单的提醒。

（2）学生的辨别能力差，易受外界影响

儿童青少年心理发育尚不成熟，辨别能力差，特别是在商品经济社会中，充斥着很多不健康、非主流文化，这使得学生不容易辨别社会生活中的好与坏，易受不良行为的影响。不良少年不仅危害他人，而且危害自身。如何减少社会中的不良行为对儿童青少年的不良影响，是国家、社会、校园保障儿童青少年健康成长的长期任务。

2. 家庭问题的多方面体现

（1）家庭模式弱点

当今的城市化进程中，深圳外来人口增多，家庭单元呈小型化的"核心家庭"居多，加之父母疲于工作，各种家庭问题层出不穷。家庭关怀的缺失给孩子造成了各种心理创伤，如单亲家庭，家庭暴力等都会给孩子的平安、健康成长留下隐患。

（2）家庭教育观念的影响

在现代文明的冲击下，过去以修身明德为核心的家庭教育观渐已式微，重智轻德的家庭教育观大行其道。中国教育科学研究院对北京、黑龙江、江西和山东四省市2万名家长和2万名小学生进行了家庭教育状态调查，结果显示，很多家长只关心孩子的健康安全、学习成绩等现实性因素，对兴趣爱好、性格养成等发展性因素的关注度较低。家长关心的问题和比例从高到低依次为：健康安全

（65.95%）、习惯养成（55.47%）、日常学习（53.58%）、人际交往（37.89%）、自理能力（33.75%）、性格养成（28.09%）、兴趣爱好（19.47%）、情绪情感（11.93%）。由此反映出我国当前家庭教育的着眼点在"成才"，明德修身的"成人"教育观退居其次。这种急功近利的家庭教育观必然会导致严重的后果，清华投毒案、复旦投毒案、"马加爵事件"、药家鑫撞人杀人案、楚雄紫溪中学学生宿舍惨案、李刚之子李启铭醉驾肇事案，以及近期发生的中国传媒大学学生李斯达杀害女同学案等学生恶性案件频发，学生斗殴事件、自杀事件不绝于耳，且呈现低龄化趋势，从特定角度看，我国青少年在社会转型时期出现的道德失范、心理失衡等问题无不与家庭教育的缺失或急功近利的家庭教育观密切相关。①

（3）家庭安全教育的缺失

家长安全意识薄弱，对孩子安全问题的认识不足，缺乏对孩子进行各种安全教育，如如何辨别各种社会危害，如何进行自我保护等。

（4）家长教育程度的影响

家长是孩子生活的老师，一般来说，家长的受教育程度越高，对孩子的思想道德、品格情操、文化素养方面的要求越高。家长对孩子的要求是孩子健康成长的关键因素，而家长对孩子的要求也是和自己的文化水平有关的。有相当一部分外来务工的家长教育程度偏低，不能不说是造成其子女安全意识淡薄的一个重要原因。

3. 有效预防安全灾害的行为习惯尚未形成

在教育安全形势复杂的情况下，深圳大多数中小学校都对安全知识进行了必要的学习和传授，并且学校作为安全教育的施教方，对相关知识的传授也显现了一定的安全效果。但是，这对于中小学生预防灾害的行为习惯的养成，还存在其不足之处。预防灾害的安全行为习惯的养成，还有待校园、老师以及学生家长、共同努力，创造环境来培养这方面的能力，帮助中小学生养成好的行为习惯。

---

① 《关于家庭教育的几点思考》，2015年10月20日，教育部政府门户网站。

三 深圳校园安全管理制度建设的拓展性

历经多年创新实践，深圳校园安全管理制度的建设取得了显著的成效，但比照广大群众的期盼与诉求，正如国务院办公厅《关于加强中小学幼儿园安全风险防控体系建设的意见》所指出的："还存在相关制度不完善、不配套，预防风险、处理事故的机制不健全、意识和能力不强等问题。"比照国外的先进标准，还需要不断突破和创新。

(一) 系统管理制度方面

"党政同责"管理体制之下的校园安全管理主体地位仍需进一步明确，市级层面的协调机制也需要进一步加强。

1991年3月21日，中共中央成立中央社会治安综合治理委员会，作为协助党中央、国务院领导全国社会治安综合治理工作的常设机构。2011年9月16日，中央社会治安综合治理委员会更名为中央社会管理综合治理委员会。综治委是协助党、政府领导社会治安（管理）综合治理工作的常设机构。其主要任务是：贯彻执行党的基本路线、方针、政策和国家法律，根据国民经济和社会发展的总体规划及社会治安形势，指导和协调社会治安综合治理工作。

2006年4月10日，根据《国务院关于实施国家突发公共事件总体应急预案的决定》（国发〔2005〕11号）和中编办《关于增设国务院办公厅国务院应急管理办公室的批复》（中央编办复字〔2005〕47号），国务院办公厅设置国务院应急管理办公室，承担国务院应急管理的日常工作和国务院总值班工作，履行值守应急、信息汇总和综合协调职能，发挥运转枢纽作用。地方各级人民政府相应成立应急管理办公室，负责本行政区域各类突发公共事件的应对处置工作。深圳市应急管理办公室2008年3月28日成立，具体职能是：承办市政府向上级人民政府和有关部门报送的紧急重要事项；办理市政府、市突发公共事件应急委员会有关应急工作的决定事项，督促落实市领导有关批示、指示，承办市政府应急管理专题会议、活动和文电等工作；协调、组织有关方面研究提出市应急管理的政策、规定和规划建议；协助市领导处置特别重大和重大突发公共事件,协调指导特别重大和重大突发公共事件相关工作;负责指导各镇(街道)、市政府各部门应急体系、应急信息平台建设,协调和督促检查相关应急管理工作;承办市政府、市突发公共事件应急委员会交办的其他事项。

综治委与应急办工作性质不同,分属党、政序列,没有上下隶属关系,难以发挥现行体制便于统筹协调、调动社会资源的独特优势。二者主要职责不相关联,综治委负责社会治安综合治理的指导和协调,应急办则主要负责本行政区域各类突发公共事件的应对工作。二者都不能成为校园安全管理的责任主体,中央综治委的预防青少年违法犯罪工作领导小组、校园及周边治安综合治理工作领导小组设在教育部,具体负责领导小组的日常工作,但深圳市没有对应的设置;而应急办的主要工作制度是工作会议、值班、信息收集、信息上报、检查督查等制度,制度安排上就不具备校园安全管理主体的资格。

深圳市政府虽然设立了校园安全管理领导小组、学校综合治理领导小组的两个办公室,由主管副市长或副秘书长任组长,相关政府部门为成员,但是机构附设在市级教育部门,具体工作由市级教育部门的处室承担,工作机制受到体制内工作程序的层层制约,难以具备校园安全管理主体的资格。市级教育部门校园安全管理的主体资格实际上被弱化。

公共安全管理是运用系统的方法,确认、分析、评价、处理和监控公共安全风险的全过程,它要求把风险管理与政府公共管理的方方面面有机地结合在一起,在政策、规划、资源的管理方面有效地实施风险的防范与管理,预防和降低危机所带来的损失:

第一,确立高层治理、协调机制首先需要确立市级层面校园安全管理的主体;

第二,制定并推行系统的应对战略和政策规划,将校园安全管理纳入市级公共安全管理的制度性安排中;

第三,形成校园安全危机管理的制度化而非运动式应对,用以避免当危机爆发时,临时成立一个班子,采用政治动员、人海战术,在短期内控制危机的做法;

第四,强化应急管理机构建设,尽快形成分级响应、属地管理、信息共享、分工协作的应急组织管理体系。这是进一步提高政府处置校园安全管理突发事件、保障校园安全能力的组织保障。

因此,必须明确学校安全管理主体地位,按照责权对等原则进一步明确教育部门安全工作的职责及边界,推进政府各部门"党政同责、一岗双责、失职追责"制度的全面落实。

(二)依法管理制度方面

1. 通过立法,完善校园伤害中校园与学生之间关系的关键问题

(1)立法明确校园与学生之间不存在"保护关系"

本书第五章第二节"校园与学生之间的法律关系"分析,2010年7月1日起实施的《侵权责任法》第三十九条规定:"限制民事行为能力人在学校或者其他教育机构学习、生活期间受到人身损害,学校或者其他教育机构未尽到教育、管理职责的,应当承担责任。"此处对学校义务的规定,与《学生伤害事故处理办法》的"教育、管理、保护"相比,缩小为"教育、管理",彻底否定了一直以来争讼不已的学校对学生是否存在监护职责的问题。[①]同时,也说明了校园与学生之间不存在"保护关系",只存在"教育、管理关系"。

但是,长期以来,我国义务教育制度发展中逐渐形成的公众对公立学校的社会性信赖,加之诸如校园与学生之间并不存在"保护关系"之类的问题,并没有得到相关教育法律规范明确予以规定,以至于公众普遍认为校园负有学生在校期间所有活动的保护责任。校园为避免或减轻责任,自然会取消或减少具有危险性的活动,如某些体育项目或课外实践活动等,使得正常的教育教学活动受到限制甚至破坏。不在立法层面明确校园与学生之间不存在"保护关系",只存在"教育、管理关系",就很难从根本上解决这一问题。

(2)立法明确校园伤害事故不宜适用公平责任原则

本书第九章第二节"校园伤害事故责任追究制度的构成及其适用"做出"我国法律对校园伤害事故适用公平责任原则,向来持否

---

① 《学生伤害事故处理办法》第五条第二款:"学校对学生进行安全教育、管理和保护。"

定态度"的结论性判断。但在现实中,校园伤害事故能否适用公平原则也始终争讼不已。在校园伤害事故中,受害人一方往往将公平原则有意无意地误读为校园担责的法律依据而纠缠不休、漫天要价;司法审判和行政调解中也往往滥用公平原则,以图息事宁人。造成校园不堪事态影响的重负和无责赔偿的无奈。以致为了避免校园伤害事故的发生,校园将可能引起事故发生的正常教育教学活动排除在外。从根本上解决这一问题,只能有赖于立法层面的明确规定。

2. 进一步完善校园安全保险保障的制度安排

(1) 扩大保险保障的范围

在校园伤害保险制度规范中,校方责任险和学生人身意外伤害保险中规定了大量的免责情况。校方责任险仅对校园在学生伤害事故中因其过失实施了侵权行为或法律规定的无过失行为引起的赔偿负责。意外伤害险的投保范围相对较宽,但也难分担全责。从意外伤害保险的承保范围来看,主要针对非故意的意外原因引起的伤害事故的赔偿,一般将被保险人的故意行为,如打架、酗酒、斗殴、自杀等造成的死亡或残疾都排除在保险范围之外,由于疾病所导致的死亡和残疾也不在责任范围之内。

2008年4月3日教育部、财政部、中国保险监督管理委员会联合发布的《关于推行校方责任保险,完善校园伤害事故风险管理机制的通知》对校方责任保险的责任范围做了概括规定,即校方责任保险基本范围包括因校方责任导致学生的人身伤害,依法应由校方承担的经济赔偿责任。并提出具体可参照《学生伤害事故处理办法》规定的事故责任类型,由各省、自治区、直辖市结合当地实际情况确定。对赔偿范围则规定,各省、自治区、直辖市应参照自2004年5月1日起施行《最高人民法院关于审理人身损害赔偿案件适用法律若干问题的解释》规定的项目,结合当地实际情况予以确定。在这种责任和赔偿范围宽泛规定的背景下,各地都对校方责任险和学生人身意外伤害保险规定了大量的免责情况。但是,人保公司可以在未来的工作中,通过积极推进扩大免责范围、提高保险金额、附加校方"无过失"保险等方式,予以完善。

（2）提高保险金额

保险费率应与保险种类、保险期限、保险金额相关联。总体上要做到权利与义务对等，一方面对保险人来说，其收取的保险费应与其承担的风险相当；另一方面对被保险人来说，其负担的保险费应与其获得的保障相当。

根据学生意外险赔偿限额的规定，意外伤害的最高赔偿限额为10万元，附加医疗费最高补偿限额为1万元。由于这种受到意外伤害限额及医疗责任限额的约束，很多重大意外伤害损失无法得到有效补偿。在2011—2015年度，深圳市发生意外事故最终造成被保险人死亡的案件294件，最终赔款达到和超过10万元的有266件，达到11万元的有13件。在36件被保险人最终残疾的案件中，赔款额达到或超过10万元的有4件。赔款额为1万元的案件有1842件，占比2.93%，但对应的赔款额为1842万元，占总赔款额的14.58%。因此，合理提高学生意外险和附加医疗保险的保险金额，对于保障严重意外伤害事故受害学生和家庭的利益势在必行。

这方面，可以借鉴加拿大中小学生伤害事故保险采取"相互保险公司"的做法。为了增强校园的责任感，加拿大的"地方教育局互助保险公司"针对不同的投保者收取不同的保险费用，对于事故率低的校园适当地减少保险金额，相反的就会提高保险金额。这种模式有较好的示范作用，可以督促校园主动加强风险防范，积极改善学生安全教育宣传工作。

（3）附加校方"无过失"保险

同时，也可以采用组合保险的形式来扩大范围，开发附加险，对校园无过错的行为进行赔偿，充分保障学生的利益。可以借鉴近年来湖北、福建、厦门等地区的做法，在以校方责任保险为主险的基础上，推行增设"校方无过失责任保险条款"为附加险。附加校方"无过失"保险，即学生在校活动中，不因校园过失而因自然灾害、学生特异体质、特定疾病导致猝死，或人身伤害、来自校内外的突发性侵害，或学生自身行为导致学生人身伤害和财产损失，也由保险公司赔偿，给予学生充分保障。

（三）综合管理制度方面

1. 进一步完善校园安全风险防控重点的监管

（1）抓实校车运行安全工作

校车安全是教育部门牵头的一项安全监管工作，各级教育部门和校园必须全力以赴认真抓好。各级教育行政部门应加强政策宣传，督促相关校园抓紧办理校车更新换代。同时，还应与公安部门合作采取进校检查、上路检查、联合督导等方式，实行校车安全"六严查"，确保所有在用校车符合2012年国家标准，保障校车运行安全。

（2）严查非法校外午托机构

目前经深圳市各区教育行政部门许可的校外午托机构共178家，接纳1.2万人。而据城管部门统计，全市非法校外午托机构达6000多家，接纳16万多人，正规的校外午托机构占比不到3%，接纳的学生仅占校外午托学生数的7.5%，校外午托机构安全严重困扰深圳市城市安全。按照深圳市委、市政府城市管理治理年工作部署，各级教育部门应联合城管部门开展非法校外午托机构和幼儿园专项整治行动，制定、完善加强义务教育阶段学生午托管理实施方案。①

2. 进一步完善校园安全风险防控的宣传教育

（1）学生与家长风险防范意识有待增强

校外以及校园内非教学时段发生学生意外事故的增多，反映了一些学生和家长风险防范意识的薄弱，不能完全了解自己周围的风险。因此加强学生的安全教育和安全意识，不仅仅需要校方和社会各界积极的风险教育宣传，更需要学生和家长的积极配合。学生及家长保险意识的进一步提高对于校园风险防范体系的完善具有基础意义。

（2）预防为主的心理健康教育与咨询有待增强

据统计，近年深圳市学生非正常死亡事故排前三位的原因是交通事故、溺水事故与自杀，从统计数据看，交通事故、溺水事故都有很大程度的下降，但学生自杀人数没有显著下降。自杀是一个非

---

① 《关于中小学安全风险防控体系有关情况的报告》，深圳市教育局，2016年4月。

常复杂的社会现象，学生自杀一般是由于学习压力、家庭危机、感情问题、精神疾病或经济压力等多种原因导致心理、精神崩溃，在找不到其他方式解脱的情况下，才选择的过激方式。教育行政部门非常重视学生自杀问题，出台了相关保障政策，切实加强学生心理健康教育，建立以预防为主的学生心理健康教育、咨询、干预工作体系，同时辅之以巡查防护、应急处置、保险理赔、法律咨询等工作。

（3）校方（教师）的保险维权意识有待增强

随着学生家长的保险意识不断加强，在学生安全事故的处理中，索赔诉求多元化逐渐凸显。但部分校园（教师）面对家长的索赔，对自己依法应承担的责任缺乏明晰的判断，表现在如下几个方面：第一，做"二传手"，将家长对校园的诉求不加任何意见，直接转给保险公司处理；第二，对自身责任不做任何判断，又希望保险公司给予足额经济赔付；第三，对自身在校园事故中的责任虽有所判断，但原因与责任承担方面缺少一致性或明确性，例如笼统写承担管理责任等；第四，偏离依法和解轨道，造成校园利益受损，特别是赔偿金额较大的案件，保险公司即使全额赔偿后，仍然达不到校园支付给家长的和解费用，使校园蒙受损失。因此，校园（教师）的维权意识尚有较大提升空间。

3. 进一步增强中小学安全教育教学科研力量

自教育部 2007 年出台《中小学公共安全教育指导纲要》以来，各相关职能部门都在积极推进安全知识"进校园、进课堂"。但由于安全教育教学科研力量不足，且缺乏校园安全教育方面国家统一教材的具体指导，导致中小学安全教育的规范性、实效性不够理想。

进一步创新校园安全教育新途径、新方法，需要从国家层面出台相关政策，增强中小学安全教育教学科研力量，编制统一的系列国家教材，并明确师资、教材、课程、考核等方面的要求。与此同时，深圳市需要通过构建有效的安全教育管理体制机制和安全教育体系，逐步完善政府、社会、校园、学生和家长安全宣传教育机制。

（四）源头管理制度方面

1. 进一步完善校园安全风险防控专业服务

2017年4月25日国务院办公厅发布《关于加强中小学幼儿园安全风险防控体系建设的意见》，提出探索建立校园安全风险防控专业服务机制。积极培育可以为校园提供安全风险防控服务的专业化社会组织。采取政府购买服务等方式，鼓励、引导和支持具备相应专业能力的机构、组织，研发、提供校园安全风险预防、安全教育相关的服务或者产品，协助教育部门制定、审核校园安全风险防控预案和相关标准，组织、指导校园有针对性地开展专项安全演练、预防和转移安全风险等工作。2009年以来，随着深圳市校园风险转移制度的实施，校园安全风险防控专业服务机制已经建立起来。但从近几年的情况看，仍需从以下三方面予以完善。

（1）加强学生伤害事故处理机构的工作机制

在目前的校园安全事故处理中，校园成为处理学生伤害事故的主体之一，在与家长的协调中，面临巨大的压力；保险公司因其事故处理当事人的特殊身份，而不具有公信力，在案件协调中很被动，往往会使学生和家长对事故处理公正与否产生怀疑和担心。因此，容易引发争论与矛盾，增加了案件处理的难度与成本，也使相关各方的声誉受到影响，影响社会和谐稳定。基于此，深圳市教育局在2012年成立了深圳市学校安全法律服务中心，主要负责指导校园用法律法规规范校园安全管理行为，协助校园处理安全管理方面的重大法律事项，为校园安全事故处理提供法律指导意见，同时研究探讨校园风险管理的相关法律和制度建设。经过近几年的工作实践，学生伤害事故处理机制有所改善，但还需要进一步加强。

（2）加强第三方校园安全风险评估机制

《关于加强中小学幼儿园安全风险防控体系建设的意见》提出，健全校园安全预警和风险评估制度。教育部门要会同相关部门制定区域性校园安全风险清单，建立动态监测和数据搜集、分析机制，及时为校园提供安全风险提示，指导校园健全风险评估和预防制度。要建立台账制度，定期汇总、分析校园及周边存在的安全风险隐患，确定整改措施和时限；在出现可能影响校园安全的公共安全事件、自然灾害等风险时,要第一时间通报校园,指导校园予以防范。

健全校园安全预警和风险评估制度,必须从根本上实现三个转变,即"由经验式向科学型转变、由行政式向专业型转变、由自由式向规范型转变"。其中,专业化是重中之重,是核心所在,可通过委托安全专业机构开展第一批校园风险评估工作的经验,逐步探索建立从第三方专业角度查找校园风险隐患的校园安全风险评估机制。

近年来,虽然深圳市在第三方校园安全风险评估机制运作方面,做出了大量工作,取得了显著的成效,但在贯彻2017年国务院《关于加强中小学幼儿园安全风险防控体系建设的意见》文件精神的背景下,仍需围绕制度化、常规化、科学化、专业化的要求进一步加强。

(3) 加强报案与案发时间的衔接

报案时间与案发时间存在较长的间隔,原因包括责任事故和意外事故本身的处理周期较长、某些案件责任判定的复杂性和敏感性、小额案件免查勘等多方面的原因。若报案周期过长,可能造成事故责任认定证据缺失,无法准确确定责任归属和损失大小,还可能造成保险公司配备理赔资源和其他资源的安排相对滞后、影响到案件的处理,也会因为信息滞后影响到风险数据建立和风险改善措施的安排,需要各方在合同后续履行期间加强这一方面的沟通。

2. 进一步强化校园安全风险防控的地方特色

深圳地处东南沿海,是地域狭小的人口大市、经济大市。迈入新的发展阶段,各种自然的和社会的、传统和非传统的风险矛盾交织并存,城市公共安全面临的问题依然突出。根据深圳市政府组织开展的全市公共安全风险评估结果,深圳市公共安全总体风险处于中等偏高水平,在洪涝灾害、地质灾害、火灾事故、交通事故、生产安全事故、重大传染病疫情[①]、严重暴力犯罪案件、恐怖袭击事件和群体性事件等方面,仍面临较高风险。鉴于此,深圳市公共安

---

① 重大传染病疫情是指某种传染病在短时间内发生、波及范围广泛,出现大量的病人或死亡病例,其发病率远远超过常年的发病率水平的情况。

全管理机制包括校园安全风险防控机制的构建，必须根据地方的自然环境、人文环境和社会环境的特点予以完善，突出重点区域、地点、时段、事故类型的防控。

附件 深圳校园安全管理评价指标体系的框架模型

类别		评定项目	分值(分)	否决项	自评(分)	初审(分)	评定(分)	评分标准
一、主体合法（40分）		1. 证照齐全，办学条件符合标准许可范围。	20	0				不符合要求的不达标。
		2. 教育教学活动符合核准、许可范围。	20	0				不符合要求的不达标。
		小计	40					
二、安全预防体系（810分）	（一）安全组织机构（70分）	1. 中学、中心校以上学校设置学校安全管理专门机构、配备专门安全管理人员。并按规定配备专职保安员。在年级、班级设立学生安全员。	30	0				未设置专门安全机构或配备专门安管人员的扣30分。未按规定配备保安员的扣10分，未设立年段、班级学生安全员的扣10分。
		2. 明确学校以校长为核心的各部门、各年级段、各班级、各岗位安全职责，层层签订安全责任书。	15					未明确安全职责的少一项扣5分；未签订安全责任书的少一级扣5分，每少1人扣1分。

续表

类别		评定项目	分值(分)	否决项	自评(分)	初审(分)	评定(分)	评分标准
二、安全预防体系(810分)	(一)安全组织机构(70分)	3. 制订并实施学校安全工作学年度计划。	5					未制订学年度安全工作计划的扣5分，有计划未实施的扣3分。
		4. 保证安全管理的资金投入。学校有设立安全管理专项经费，有安防设施、设备配置维护经费、安全教育培训经费等。	20					未设立安全专项经费的扣20分；"三项"安全专项资金缺一项扣10分，投入不足的扣5分。
		小计	70					
	(二)安全管理制度(130分)	1. 建立并实施安全管理制度。主要包括学校安全工作管理制度、岗位安全责任制度、安全目标管理与奖惩制度、安全工作检查制度、隐患排查与整改制度、安全事故应急救援预案与演练制度、与有关部门的学校安全工作协调制度、学校集体活动安全管理制度、学生安全信息通报制度、教学安全制度、建筑安全管理制度、消防安全管理制度、水电气安全管理制度、交通安全管理制度、卫生和饮食安全管理制度、宿舍安全	60					缺项的扣10分，未实施、未评估的每项扣5分。

续表

类别		评定项目	分值(分)	否决项	自评(分)	初审(分)	评定(分)	评分标准
二、安全预防体系(810分)	(二)安全管理制度(130分)	管理制度、实验室管理制度、校车管理制度、门卫制度、治安管理制度、安全知识宣传教育与制度、安全工作档案制度等,落实安全管理工作。学校应每年至少一次对规章制度的执行情况进行检查评估。	60					缺项的扣10分,未实施、未评估的每项扣5分。
		2. 按有关规定制定并实施特殊岗位安全操作规程。安全操作规程在相应岗位张贴。学校应每年至少一次对操作规程的执行情况进行检查评估。	10					没有安全技术操作规程的扣5分,内容不全的扣3分。未张贴的扣2分,未评估的扣3分。
		3. 学校应对在校内实施作业许可证管理的动火作业、进入受限空间作业、破土作业、临时用电作业、高处作业等危险性作业,要严格履行审批手续,对有关施工单位提出安全管理的规范要求,并公示其相应的作业许可证。	10					有一项未经审批作业的扣10分。
		4. 安全管理档案内容齐全。(1)安全责任制资料。(2)安全管理机构设立、人员任命、履职考评情况等材料。(3)安全	20					未建立安全工作档案的扣20分,内容不全的扣5分。

续表

类别		评定项目	分值(分)	否决项	自评(分)	初审(分)	评定(分)	评分标准
二、安全预防体系(810分)	(二)安全管理制度(130分)	规章制度资料。包括安全管理、安全检查、事故处理、隐患整改、安全教育、工作计划等。(4)校内安全设施"三同时"资料。包括安全预评价报告、初步设计、竣工验收等。(5)安全检查资料。包括历次（本单位和上级）安全生产检查记录,关键部位、专项安全检查记录等。(6)安全及事故隐患整改资料。包括安全及事故隐患登记,应急防范措施、整改方案、结果等。(7)安全宣传教育资料。包括安全宣传教育计划,参加政府有关部门组织的安全生产月、安全教育周（日）、知识竞赛活动记录。(8)安全培训资格资料。包括主要负责人及安全管理人员参加安全培训、持证记录,教职员工安全教育记录,特种作业人员培训、考核、持证上岗记录等。(9)事故管理资料。包括事故上报、登记记录,事故调查、处理、结案材料,落实整改措施材料等。(10)设施、设备资料。包括设施、设备台账,	20					未建立安全工作档案的扣20分,内容不全的扣5分。

续表

类别		评定项目	分值(分)	否决项	自评(分)	初审(分)	评定(分)	评分标准
二、安全预防体系(810分)	(二)安全管理制度(130分)	设备使用完好情况，检维修记录等。(11)重大危险源管理资料。(12)应急救援管理资料。(13)职业健康资料。包括职工劳防用品配发、使用情况，个人职业健康监护档案等。	20					未建立安全工作档案的扣20分，内容不全的扣5分。
		5.校安工程和有关建设项目、学校场所对外承包或租赁的，应与承包、承租单位签订专门的安全生产管理协议，或者在承包合同、租赁合同中约定各自的安全生产管理职责。	10					未签订协议的扣10分；未明确安全责任的扣5分。
		6.学校主要负责人和领导班子成员应落实轮流带班制度，并对学校校车、学生宿舍、食堂、危化品实验室重点部位、关键环节和校内在建工程等实施安全监督检查。	20					未建立带班制度的扣5分，无检查记录的扣5分，记录不全的扣5分。
		小计	130					
	(三)建筑和教学设施、设备安全管理(100分)	1.新建、改建、扩建工程的安全设施必须执行"三同时"制度，按规定完成安全生产条件论证(含设立审查)、安全预评价报告备案、安全设施设计审查及安全设施竣工验收等。	20	0				2007年以后新、改、扩建项目未执行"三同时"制度的定为不达标；未完全落实"三同时"制度的扣20分。

续表

类别		评定项目	分值(分)	否决项	自评(分)	初审(分)	评定(分)	评分标准
二、安全预防体系(810分)	(三)建筑和教学设施、设备安全管理(100分)	2. 建筑工程须经消防部门认可。	5					未经消防部门认可的扣5分。
		3. 学校建筑与周边建(构)筑物防火距离符合国家规定标准；消防通道畅通；消防水源充足；教学楼、学生宿舍楼安全疏散通道、楼梯、安全出口、消防安全标志设置符合国家规定的标准。	10					不符合要求的每项扣5分。
		4. 对危化品仓库、校内在建工程等危险设施或危险场所进行危险辨识与安全评估，及时登记建档、报备。并对危化品室等重点部位和重大危险源实施有效监控，设置明显的安全警示标志。	10					未辨识、评估的扣10分，未建档、备案、有效监控和设置警示标志的各扣5分。
		5. 特种设备按行政许可要求进行使用登记，特种设备及安全附件定期鉴定或校验，在用特种设备及安全附件均在有效期内。	10					现场检查每一处不合格扣5分。
		6. 电气设备选用布置和临时电线架设符合电气规程标准。配电房安全用具齐备且定期检验合格。	5					现场检查每一处不合格扣5分。
		7. 安全设备必须进行经常性维护、保养，并定期检测，保证正常运转。维护、保养、检测应做好记录，并由有关人员签字。	5					未按规定执行的每处扣5分。

续表

类别		评定项目	分值(分)	否决项	自评(分)	初审(分)	评定(分)	评分标准
二、安全预防体系(810分)	（三）建筑和教学设施、设备安全管理(100分)	8. 电气接地、防雷设施经检测合格。	5					未检测的扣5分，不合格的每一处扣3分。
		9. 学校红线图内无出租、出借用作从事有毒有害、易燃易爆等危险品的生产、经营场所。	10					违规出租、出借扣10分。
		10. 不在校外租赁存在安全隐患的建筑物作为校舍。	20	0				发现在校外租赁存在安全隐患的建筑物作为校舍的评为不达标。
		小计	100					
	（四）宿舍管理(30分)	1. 学生住宿区应设有能监控到所有宿舍的管理室，在学校相关主管部门和保卫处的指导下成立学生宿舍安全管理组，并配备足量的管理员。每个宿舍设宿舍长，配合宿舍管理员做好住宿生的各项管理工作。	10					不符合要求的每项扣5分。
		2. 学校应建立寄宿生信息档案。实行晚点名和定时查铺制度。加强对女生宿舍的安全管理和生活辅导。严禁无关人员进入学生宿舍。	10					不符合要求的每项扣5分。

续表

类别		评定项目	分值(分)	否决项	自评(分)	初审(分)	评定(分)	评分标准
二、安全预防体系(810分)	(四)宿舍管理(30分)	3. 学生宿舍应实行夜间巡查，认真落实宿舍管理24小时值班制度，值夜班时不得睡觉。小学寄宿生必须安排生活管理人员夜间陪同住宿。学生宿舍内不得设置超市、饭店等经营性场所。	10					不符合要求的每项扣5分。
		小计	30					
	(五)安全宣传、教育和培训管理(115分)	1. 学校主要负责人、安全管理人员具备相应安全知识和管理能力，保安员和保卫干部经培训合格后任职。	10					主要负责人或安全管理人员没有培训合格证的扣5分，保安员和保卫干部未经培训的扣5分。
		2. 特种作业人员经培训合格持证上岗。	10					未持证上岗的扣10分，部分未持证上岗的扣5分。
		3. 开展全员安全教育，对新教职员工进行安全教育，对相关人员进行转岗教育；教育培训的课程、课时安排符合规定。	20					未进行安全教育的扣10分，有人员缺漏的扣5分。查培训记录，不符合的扣5分。

续表

类别		评定项目	分值(分)	否决项	自评(分)	初审(分)	评定(分)	评分标准
二、安全预防体系(810分)	(五)安全宣传、教育和培训管理(115分)	4. 学校采用新技术、新设备的应对有关人员进行专门的安全教育培训。	5					未进行培训的扣5分,有人员缺漏的扣3分。
		5. 开展学校安全保卫干部安全培训,每年轮训一遍。培训计划、内容等应符合规定要求。	10					未每年轮训的扣10分,有人员缺漏的扣5分,有培训但无培训计划或内容不符合规定的各扣5分。
		6. 组织开展"全国中小学生安全教育日""学校安全教育周"和"消防安全宣传日"等专项安全教育活动,营造良好的安全文化氛围,有校园安全读物。	10					未开展安全宣传活动的扣10分;未征订有关安全报、刊的扣5分。
		7. 认真贯彻《中小学公共安全教育指导纲要》,结合本校实际,将安全和法制教育纳入教学内容、列入教育计划,形成教育制度,贯穿日常教学中,每学期安全教育不少于10课时。按学期制订安全教育工作计划,并分年段、分内容、分时段组织实施。每学期有安全教育工作总结,有安全教育宣传材料或图片音像资料。	10					教育无计划扣5分,未形成制度扣3分,课时未达到要求的扣3分,无总结材料的扣3分。

续表

类别		评定项目	分值(分)	否决项	自评(分)	初审(分)	评定(分)	评分标准
二、安全预防体系(810分)	(五)安全宣传、教育和培训管理(115分)	8. 根据环境、季节变换适时深入开展防火、防震、防病、防盗和交通、游泳、卫生、治安等方面的安全教育。	10					教育不落实扣10分，落实不到位酌情扣分。
		9. 认真落实"全国中小学生安全教育日""学校安全教育周"和"消防安全宣传日"等专项教育活动，有计划方案，活动师生安全意识明显增强。	10					专项教育活动未落实扣20分，落实不到位酌情扣分。
		10. 每学期请法制副校长（辅导员）或相关安全专业技术人员到校上安全教育课（讲座），且安全教育效果明显，师生知晓消防、交通、治安、防震、防溺水、防自然灾害等安全和法制教育内容。	10					查看讲课教案（提纲）记录，无记录扣5分；并抽样调查，按师生知晓情况酌情扣分。
		11. 安全宣传氛围浓厚，有安全宣传标语，有固定的安全宣传栏、专刊等，校园安全教育宣传内容丰富、形式多样。	10					检查资料，实地查看，酌情扣分。
		小计	115					
	(六)校外活动安全管理(20分)	1. 学校组织学生到校外集体活动组织校外安全活动，必须编写活动方案，内容必须包括临时应急预案，报主管领导审核，安全主任批准。	10					无临时预案的扣5分，未经批准组织校外活动的扣5分。

续表

类别	评定项目	分值(分)	否决项	自评(分)	初审(分)	评定(分)	评分标准
（六）校外活动安全管理（20 分）	2. 学校组织的校外大型活动，应当将安全方案报送教育行政部门或相应的行政主管部门备案。超过1000人以上的大型集体活动，应当按照《大型群众性活动安全管理条例》的规定报活动所在地公安机关批准。	10					未报备案未经公安机关批准的扣 10 分。
	小计	20					
二、安全预防体系（810 分）（七）消防安全管理（50 分）	1. 学校应当落实消防安全管理组织机构及职责，成立义务消防队。	10					未落实组织机构的扣 5 分，未成立义务消防队的扣 5 分。
	2. 学校应当建立消防安全管理制度，保障疏散通道、安全出口畅通，并设置符合国家规定的消防安全疏散指示标识和应急照明设施，疏散指示标志的安装位置应在腰部以下。	10					无消防安全管理制度的扣 5 分，其他缺项酌情扣分。
	3. 学校应当配置消防装备、器材，并组织教职员工开展消防业务学习和灭火技能训练，提高预防和扑救火灾的能力。	10					未配备消防器材的扣 10 分，未组织培训的扣 5 分。

续表

类别		评定项目	分值(分)	否决项	自评(分)	初审(分)	评定(分)	评分标准
二、安全预防体系（810分）	（七）消防安全管理（50分）	4. 学校消防安全责任人、专（兼）职消防安全管理人员，组织有关部门的人员，每月进行一次防火安全检查。根据不同季节对消防安全重点部位进行日常防火巡查，并做好巡查记录。	10					未组织安全检查的扣10分，未做好记录的扣5分。
		5. 专（兼）职消防安全管理人员定期对消防设施和器材进行维护保养、更换，保持防火门、防火卷帘、喷淋设施完好有效。并做好检查保养记录。	10					未做好保养维护的，每一项扣5分。
		小计	50					
	（八）食品与卫生安全管理（55分）	1. 食堂从业人员每年进行一次健康体检和法律法规、食品安全相关知识培训，在取得健康证明和培训合格证明后方可上岗工作。	10					未组织培训的扣5分，无健康证明或健康证明不全的扣5分。
		2. 学校食堂要建立健全食品、食品原料、食品添加剂和食品相关产品的采购查验、索证索票制度，健全完善采购记录。	10					无制度的扣5分，记录不完善的醒悟扣分。

续表

类别		评定项目	分值(分)	否决项	自评(分)	初审(分)	评定(分)	评分标准
二、安全预防体系(810分)	（八）食品与卫生安全管理(55分)	3. 建立食品留样制度，每个品种要取不少于100克的样品，按品种分别盛放于清洗消毒后的密闭专用容器内，并放置在专用冷藏设施中，在冷藏条件下存放48小时以上，并记录留样食品名称、留样量、留样时间、留样人员、审核人员等。	10					无制度的扣5分，无留样的扣5分。
		4. 学校内的食品经营场所，应当取得食品流通许可证或相应的营业执照，不得无证、照或超范围经营。	5					无证或超范围经营的扣5分。
		5. 学校（独立校区）应当至少配备1名具备医师资格的卫生专业技术人员。寄宿制学校，应当至少配备2名卫生专业技术人员，其中至少1名具备医师资格。	10					无配备的扣10分，配备不完善的酌情扣分。
		6. 建立学生健康档案，组织学生定期体检。幼儿园与小学在入园、入学时要查验入园儿童和入学学生的预防接种证。幼儿入园、新生入学要提交体检证明。	10					未建立档案的扣10分，档案不完善的酌情扣分。
		小计	55					

续表

类别		评定项目	分值(分)	否决项	自评(分)	初审(分)	评定(分)	评分标准
二、安全预防体系(810分)	(九)交通安全管理(30分)	1. 建立校车安全管理制度。校车应当取得校车使用许可证,方能投入使用。学校要掌握接送学生车数量、车辆所有人、驾驶人、运行时间、核载人数、行驶路线、报废年限等基本信息。	20					无校车许可证使用校车的,扣20分,资料不全的一项扣5分。
		2. 校内主要道路设置限速标识和限速带。学校门口及周边道路要设置完善的警告、限速、慢行、让行等交通安全标识,在校园门前道路上施画人行横道线,保持校门口交通秩序良好。	10					未设置的扣10分,设置少一项扣5分。
		小计	30					
	(十)学校治安管理(60分)	1. 学校应当聘任公安、司法行政、法院、检察院等部门的工作人员兼任法制副校长、法制辅导员。	10					未聘请的扣10分。
		2. 学校应为保安员依法履行职责提供必要的条件,配备警笛、防割手套、短胶护卫棍、护卫棍(长度150厘米)、钢叉(长度200厘米)、防身喷雾等防护装备和通信器材。	10					配备每少一项扣5分。

续表

类别	评定项目	分值(分)	否决项	自评(分)	初审(分)	评定(分)	评分标准
二、安全预防体系(810分)	（十）学校治安管理(60分)	3. 学校应当按照广东省地方标准 DB44/T834—2010《中小学校和幼儿园安全防范工程技术规范》在主要出入口等场所、内部重要部位采取相应的技术防范措施，按规定安装视频监控装置。视频监控系统应24小时进行图像记录，保存时间应不少于30天。	10					未安装的扣10分，记录不完善的扣5分。
		4. 学校应当建立健全门卫管理制度、值班巡逻制度、学生接送制度。	10					制度未建立的扣10分。
		5. 建立校园及周边治安整治协调工作机构，主动邀请、配合综治、公安等部门维护校园及周边安全。	20					未建立机构的扣10分，配合不积极的扣10分。
		小计	60					
	（十一）实验室、计算机教室和图书室安全管理(30分)	1. 实验室有完善的安全管理制度，并粘贴上墙。	10					未有制度的扣10分，未上墙的扣5分。
		2. 计算机教室应当建立完善的管理制度和相应的登记记录表册。	10					未有制度的扣10分，登记表册不全的扣5分。
		3. 图书室、阅览室均应配置2个及以上的干粉灭火器。建立图书室安全管理制度。	10					未有制度的扣10分，未上墙的扣5分。
		小计	30					

续表

类别		评定项目	分值(分)	否决项	自评(分)	初审(分)	评定(分)	评分标准
二、安全预防体系(810分)	（十二）运动安全管理(20分)	体育设施必须安装牢固，保证安全，符合有关质量安全标准。学校应当定期组织相关人员对体育运动场地、体育器材进行检查，发现安全隐患及时整改。严禁使用存在安全隐患的体育设施和娱乐设备。	20					每一项不符合扣5分。
		小计	20					
	（十三）自然灾害安全管理(20分)	学校应当结合本校及周边环境情况，在安全教育周期间对师生进行防灾减灾安全教育、生存自救演习，使师生熟悉学校及周边安全环境，增强师生防灾、自救、互救能力。	20					未定期进行教育、演习的扣20分。
		小计	20					
	（十四）安全隐患排查治理管理(80分)	1. 建立隐患排查工作机制，确定各部门和人员隐患排查治理和监控职责。	10					没有建立隐患排查工作机制的扣10分。
		2. 设立隐患治理专项资金，建立资金使用制度，实行专款专用。	10					未建立专项资金使用制度的扣5分，安全费用未用于隐患治理的扣5分。
		3. 建立安全隐患定期排查和整改制度。定期开展安全隐患排查，对排查出的事故隐患按照措施、责任、资金、时限和预案"五到位"的要求，及时整改到位。	15					未建立隐患定期排查制度的扣15分，未定期排查并登记建档的扣10分，落实不到位的扣5分。

续表

类别		评定项目	分值（分）	否决项	自评（分）	初审（分）	评定（分）	评分标准
二、安全预防体系（810分）	（十四）安全隐患排查治理管理（80分）	4. 建立重大隐患整改报告制度。对查出的重大隐患，应制定整改方案、落实整改资金、明确整改期限、指定专人负责、采取监控及应急措施，并及时向安全监管监察部门和教育主管部门报告。对政府挂牌督办的需要停课治理的重大隐患应及时治理。在治理完成后应对治理结果进行安全评估。符合安全条件的，应当向安全监管监察部门和教育主管部门提出恢复教学的书面申请，经安全监管监察部门和教育主管部门审查同意，方可恢复教学活动。	15					存在重大事故隐患的评为不达标，并应按要求制定治理方案，限期整改。
		5. 建立事故隐患报告和举报奖励制度。对发现、排除和举报事故隐患的有功人员应给予物质奖励和表彰。	10					未建立制度的扣10分，未表彰、奖励的扣5分。
		6. 建立隐患排查治理统计季分析和月报送制度。每月报送一次隐患排查治理统计表；每季、每年对本单位事故隐患排查治理情况进行统计分析，统计分析表应由主要负责人签字，并分别于下一季度15日前和下一年1月31日前向教育主管部门报送书面统计分析表。	10					未建立制度的扣10分，未按时报送的扣5分。

续表

类别		评定项目	分值(分)	否决项	自评(分)	初审(分)	评定(分)	评分标准
二、安全预防体系（810分）	（十四）安全隐患排查治理管理（80分）	7. 建立预防自然灾害导致安全事故灾难的制度。按照有关法律、法规、标准的要求对可能发生的自然灾害进行排查治理，采取可靠的预防措施，制定应急预案并实施演练。在接到有关自然灾害预报时，应当及时向各部门、年段、班级发出预警通知。发生自然灾害可能危及人员安全的情况时，应当采取撤离人员、停止上课、加强监测等安全措施，并及时向教育主管及其他有关部门报告。	10					无预案的扣10分，未实施演练扣5分。
		小计	80					
三、应急救援体系（60分）		1. 建立健全应急管理体系。在学校主要负责人领导下，设置或明确应急管理领导机构、办事机构，配备人员开展应急管理工作。	10					未建立应急管理体系的扣10分。
		2. 建立完善的安全动态监控及预警预报体系，每季度进行一次安全风险分析。发现事故征兆，要立即发布预警信息，落实防范和应急处置措施。	5					未落实的扣5分。

续表

类别	评定项目	分值(分)	否决项	自评(分)	初审(分)	评定(分)	评分标准
三、应急救援体系（60分）	3. 编制应急预案。根据应急管理有关规定，编制内容简明、实用、及时、有针对性的应急预案。	10					未编制应急预案的扣10分，不符合规范要求的扣5分。
	4. 加强预案管理。根据有关法律、法规、标准的变动情况，应急预案演练情况，以及学校教学条件、设备状况、课程设置、人员、外部环境等的变化情况，及时评估和补充修订完善预案。应急预案至少每三年修订一次，预案修订情况应有记录并归档。学校按照"分类管理、分级负责"的原则报当地教育主管部门和有关单位备案，并告知应急预案相关单位。建立与教育主管部门和关联单位应急联动机制。	10					未及时评估和补充修订完善预案的扣5分，未报当地教育主管部门和有关单位备案，或告知相关单位的各扣5分。
	5. 开展预案演练。组织开展预案演练。加强对演练情况的总结分析，不断改进应急管理工作。要针对学校事故易发环节，每学期至少组织开展一次以上预案演练。	10					未开展演练的扣10分。

续表

类别	评定项目	分值(分)	否决项	自评(分)	初审(分)	评定(分)	评分标准
三、应急救援体系（60分）	6. 应急队伍建设。中心校以上学校、幼儿园应建立专、兼职安全应急救援队伍。其他学校、幼儿园要指定兼职应急救援人员。应根据预案实施的需要，建立必要的应急救援指挥机构和专兼职的应急救援队伍。学校安全关键岗位的教职员工要掌握应急处置方法。	10					未建立应急救援组织的扣10分，相关人员未熟练掌握应急处置方法的扣5分。
	7. 应急物资保障。落实应急物资储备。做到数量充足、品种齐全、品质可靠。	5					物资品种、数量不齐全的扣3分，品质失效的扣3分。
	小计	60					
四、善后处置体系（90分）	1. 建立事故台账。内容包括事故时间、类别、经过、救援过程、人员伤亡及经济损失情况、事故处置情况等内容。	10					未建立事故台账的扣10分，内容不完整的扣5分。
	2. 事故发生后，事故报告应当及时、准确、完整，不得迟报、漏报、谎报或者瞒报。	10					迟报、漏报、谎报或瞒报、拖延不报的扣10分。
	3. 按"四不放过"原则分析事故原因，吸取事故教训，落实防范和整改措施。落实情况应接受工会和教职工的监督。	10					未按"四不放过"原则吸取事故教训、落实整改措施的扣10分。

续表

类别	评定项目	分值（分）	否决项	自评（分）	初审（分）	评定（分）	评分标准
四、善后处置体系（90分）	4. 当年无发生重大以上安全事故；无发生校内师生死亡的责任事故。	20	0				发生重大以上安全事故或师生校内死亡的责任事故直接评为不达标。
	5. 当年无发生较大安全事故。	20					发生较大安全事故的扣20分。
	6. 当年无发生一般安全事故，无师生在校内受重伤。	10					发生一般安全事故或师生在校内受重伤的扣15分。
	7. 当年无发生因安全问题引发的群体性治安事件。	10					有发生的扣10分。
	小计	90					
	总计	1000					

评分说明：

1. 各评定项目通过查阅资料或现场核查等方法确定评定分值。

2. 各评定项目扣分至零分为止，不计负分。

3. 学校没有涉及的评定项目，按缺项处理，在评分栏中注明"缺项"。

评定得分＝实际得分／（1000－缺项分）×1000。

4. 达标确定：总分≥900分的为安全管理达标示范校园；总分≥600分的为安全管理达标；总分＜600分为不达标；有否决项不符合的，为不达标。

序号	总得分	评估安全等级
1	≥900	达标示范
2	≥600	达标
3	<600	不达标
4	有否决项	不达标

参考文献

1. 蔡之青：《调查：学校安全事故有何显著特征》，《中国教育报》2014年7月14日。
2. 曾庆欣：《国外学校体育伤害的防范处理对我国的启示》，《河北师范大学学报》（教育科学版）2011年第8期。
3. 常爱芳：《论学生伤害事故赔偿制度存在的困境和出路》，《黑龙江省政法管理干部学院学报》2008年第3期。
4. 陈本寒、陈英：《公平责任归责原则的再探讨——兼评我国〈侵权责任法〉第24条的理解与适用》，《法学评论》2012年第2期。
5. 陈荣鹏、方海涛：《美国校园欺凌的法律规制及对我国的借鉴——以2010年〈新泽西州反欺凌法〉为研究视角》，《公安学刊——浙江警察学院学报》2015年第6期。
6. 陈现杰：《共同侵权的立法规制与审判实务》，《人民司法·应用》2010年第3期。
7. 陈小英：《校园欺凌事件频发 大量个案被"内部消化处理"》，《法制日报》2015年7月13日。
8. 褚宏启：《论学校在行政法律关系中的地位》，《教育理论与实践》2000年第3期。
9. 《法学研究》编辑部：《新中国民法学研究综述》，中国社会科学出版社1990年版。
10. 费杰：《学校体育伤害事故民事责任免责制度》，《体育科研》2012年第1期。
11. 付小均：《高等院校中的契约关系》，《理论学习月刊》1998年第6期。

12. 龚贵寒：《试论国家标准的法律性质》，《内蒙古农业大学学报》（社会科学版）2010年第5期。

13. 《关于加强法律解释工作的决议》，1981年6月，中国人大网。

14. 《关于家庭教育的几点思考》，2015年10月20日，教育部政府门户网站。

15. 《国外如何维护校园安全》，《海南日报》2013年10月8日。

16. 《国外校园安保措施一览》，2009年12月22日（http://edu.163.com/09/1222/16/5R5AUOGT00293L7F.html）。

17. 国务院：《行政法规制定程序条例》（国务院第321号令），2001年11月。

18. 国务院：《生产安全事故报告和调查处理条例》（国务院令第493号），2007年4月9日。

19. 国务院：《关于加强中小学幼儿园安全风险防控体系建设的意见》（国办发〔2017〕35号），2017年4月。

20. 韩勇：《体育伤害自甘风险抗辩的若干问题研究》，《体育学刊》2010年第9期。

21. 胡桃子、张媛媛：《治理理论与中国行政改革》，《中外企业家》2009年第12期下。

22. 黄开宇：《美国如何加强校园安全管理》，《教育》2011年第27期。

23. 纪宝成：《从"非典"防控看高校的危机管理》，《中国高教研究》2003年第8期。

24. 姜强：《侵权责任法的立法目的与立法技术》，《人民司法应用》2010年第3期。

25. 姜晓萍：《国家治理现代化进程中的社会治理体制创新》，《中国行政管理》2014年第2期。

26. 蒋少荣：《略论我国学校的法律地位》，《高等师范教育研究》1999年第3期。

27. 教育部、财政部、中国保监会：《关于推行校方责任保险完善校园意外伤害事故风险管理机制的通知》，2008年4月。

28. 教育部、公安部、司法部、建设部、交通部、文化部、卫生部、工商总局、质检总局、新闻出版总署：《中小学幼儿园安全管理办法》（教育部令第23号），2006年。

29. 教育部：《教育部首次发布中小学安全事故总体形势分析报告》，2007年3月26日。

30. 教育部：《学生伤害事故处理办法》，2002年9月。

31. 教育部中国教师发展基金会，国家教师科研专项基金管理办公室：《关于组织申报国家教师基金"十二五"规划重点科研课题〈全国校园安全事故防范、应对及处理问题研究〉子课题、实验区校的通知》，2011年9月1日。

32. 《解码百部校园暴力视频：七成欺凌为多对一，九成受害者未反抗》，2016年11月25日（http：//news. 163. com/16/1125/19/C6O99EKQ000187VE. html）。

33. 李国旗、尤月成：《我国〈侵权责任法〉中的校园伤害事故归责原则探析》，《天津法学》2011年第1期。

34. 李静蓉、雷五明：《论学校与学生的行政法律关系》，《武汉金融高等专科学校学报》2001年第1期。

35. 李凌、章雨飞：《校园安全风险防控如何为学校"松绑"？》，《中国教育报》2017年6月9日。

36. 李昕：《论校园安全保障的制度现状与立法完善》，《首都师范大学学报》（社会科学版）2011年第3期。

37. 李宜江、张海峰：《高校学生伤害事故的法律审思》，《黑龙江高教研究》2012年第7期。

38. 李兆燕：《国内外高校危机管理理论研究现状的比较分析》，《科教文汇（上旬刊）》2012年第1期。

39. 林良钧：《学校侵权责任的应对措施》，《法制博览》2012年第2期。

40. 林小昭：《中国人口密度版图：深圳上海东莞居前三　珠三角最密集》，《第一财经日报》2017年5月19日。

41. 林洲、梁沛华、袁珊、简福爱、陈佳文：《美国、日本学校危机管理经验与启示》,《科技传播》2010年第7期。

42. 刘冬梅:《试论高等学校的法律地位》,《教育评论》1998年第1期。

43. 刘芳丽、王哲先:《学生人身伤害责任归属原则》,《长江大学学报》(社会科学版)2011年第5期。

44. 柳京淑:《韩国学校事故处理探析》,《比较教育研究》2005年第7期。

45. 陆芬芳:《高校校园安全管理的问题及对策研究——以S大学为例》,硕士学位论文,华东理工大学,2013年。

46. 马怀德:《公务法人问题研究》,《中国法学》2000年第4期。

47. 穆康德:《美三大机构联手出炉百年校园安全报告》,《青年参考》2010年5月25日。

48. 倪洪涛、韩玉亭:《国外高校安保制度的比较及借鉴》,《西南政法大学学报》2013年第1期。

49. 倪洪涛、韩玉亭:《论英国大学安全治理模式及其对我国的启示》,《山东警察学院学报》2012年第5期。

50. 牛志奎:《从诉讼案例看日本学校事故责任的归责原则——池田小学外来伤害事件》,《外国教育研究》2012年第5期。

51. 庞本:《论高等学校学生工作中的法律问题》,《中央政法管理干部学院学报》2000年第6期。

52. 彭远汉:《用保险防范化解校园安全风险》,《中国保险报》2017年5月10日。

53. 秦惠民:《高校管理法治化趋向中的观念碰撞和权利冲突——当前诉案引发的思考》,《现代大学教育》2002年第1期。

54. 《全国各地启幕2006中国少年儿童平安行动》,《新安全》2006年第4期。

55. 任海涛、闻志强:《日本中小学校园欺凌治理经验镜鉴》,《复旦教育论坛》2016年第6期。

56. 任海涛:《"校园欺凌"的概念界定及其法律责任》,《华东师范大学学报》(教育科学版)2017年第2期。

57. 深圳市教育局：《关于报送 2015 年学校安全工作有关资料的函》（深教函〔2016〕36 号），2016 年 1 月。

58. 深圳市教育局：《关于报送 2016 年学校安全管理工作总结与 2017 年工作要点的函》，2016 年 12 月。

59. 深圳市教育局：《关于报送平安校园创建工作总结和 2015 年工作计划的函》，2015 年。

60. 深圳市教育局：《关于中小学安全风险防控体系有关情况的报告》，2016 年 4 月 5 日。

61. 深圳市教育局：《关于做好新学期学校开学安全工作的通知》，2017 年 2 月 10 日。

62. 深圳市教育局：《夯实安全基础创建平安校园——深圳市教育局 2016 年学校安全管理工作总结与 2017 年工作思路》，2016 年 12 月。

63. 深圳市教育局：《深圳市教育局 2015 年及"十二五"工作回顾》，2015 年。

64. 深圳市教育局：《深圳市教育局关于中小学安全风险防控体系有关情况的报告》，2016 年 4 月。

65. 深圳市教育局"务虚会材料"，2010 年。

66. 深圳市人民政府：《深圳市公共安全白皮书》，2013 年 11 月。

67. 深圳市人民政府：《深圳市学校安全管理条例实施细则》（深圳市人民政府令第 215 号），2010 年 1 月。

68. 《深圳市〈学校食品安全责任书〉基本签署完成》，《深圳商报》2017 年 7 月 8 日。

69. 世界卫生组织：《世界预防儿童伤害报告》，2008 年。

70. 苏万寿：《学校对受教育者实施处分的性质与法律救济》，《华北水利水电学院学报》（社会科学版）1999 年第 3 期。

71. 孙重秀、高仁兰：《学生伤害事故责任的归责原则探析》，《临沂大学学报》2011 年第 4 期。

72. 唐钧、龚琬岚：《学校公共安全的现状与风险防控策略》，《中国机构改革与管理》2016 年第 10 期。

73. 唐钧：《社会治理的四个特征》，《北京日报》2015年3月2日。

74. 王静：《校园欺凌和校园暴力治理法治化探析》，《河北工业大学学报》（社会科学版）2016年第4期。

75. 王利明：《侵权行为法归责原则研究》，中国政法大学出版社1992年版。

76. 王利明：《我国〈侵权责任法〉归责原则体系的特色》，《法学论坛》2012年第2期。

77. 王卫国：《过错侵权责任：第三次勃兴》，中国法制出版社2000年版。

78. 王泽鉴：《民法学说与判例研究》第六册，北京大学出版社2009年版。

79. 汪震：《"国家治理"一词溯源》，《秘书工作》2014年第1期。

80. 王竹、郑小敏：《我国侵权责任法上公平责任的类型化研究》，《民事审判指导与参考》2007年第4期。

81. 《为学校幼儿园"过重安全责任"减负他国安全责任如何划分》，2017年5月6日（http：//edu.qq.com/a/20170506/023126.htm？pgv_ref = aio2015&ptlang = 2052）。

82. 向广宇、闻志强：《日本校园欺凌现状、防治经验与启示——以〈校园欺凌防止对策推进法〉为主视角》，《大连理工大学学报》（社会科学版）2017年第1期。

83. 向敏：《中美校园欺凌防治比较研究》，硕士学位论文，华中师范大学，2016年。

84. 《校园安全 要加压也要松绑》，《人民日报》2017年5月5日。

85. 徐甲：《新加坡校园荣誉志愿特警制度及对我国的启示》，《铁道警官高等专科学校学报》2012年第1期。

88. 徐志勇：《英国校园安全管理的特点及其对我国的启示》，《外国中小学教育》2012年第4期。

87. 杨立新：《〈中华人民共和国侵权责任法〉条文解释与司法

适用》，人民法院出版社 2010 年版。

88. 杨立新：《侵权责任法论》上册，吉林人民出版社 2000 年版。

89. 杨延：《惩罚严厉活动纵情看新加坡学校如何在严格和宽松中间进行平衡》，《上海教育》2005 年 6 月 1 日。

90. 姚建龙：《防治学生欺凌的中国路径：对近期治理校园欺凌政策之评析》，《中国青年政治学院学报》2017 年第 1 期。

91. 于亨利：《高校学生管理中的法律关系探析》，《西安电子科技大学学报》（社会科学版）2001 年第 4 期。

92. 俞可平：《国家治理现代化的若干问题（上）》，《福建日报》2014 年 6 月 8 日。

93. 张媛媛：《校园伤害赔偿案件归责原则之适用》，《人民法院报》2011 年 3 月 23 日。

94. 郑波：《中外学校体育伤害事故处理方式比较研究》，《体育世界》（学术版）2012 年第 2 期。

95. 中国系统工程学会：《钱学森系统科学思想研究》，上海交通大学出版社 2006 年版。

96. 中国驻韩国使馆教育处：《韩国加强学校周边交通安全管理》，《基础教育参考》2011 年第 5 期。

97. 《中华人民共和国安全生产法》，2014 年 8 月 31 日，中国人大网。

98. 《中华人民共和国道路交通安全法》，2011 年 4 月 22 日，中国人大网。

99. 《中华人民共和国侵权责任法》（中华人民共和国主席令第 21 号），2009 年 12 月 26 日，中央政府门户网站。

100. 《中华人民共和国食品安全法》（中华人民共和国主席令第二十一号），2011 年 4 月 24 日，中央政府门户网站。

101. 周彬：《直论学校与学生之间的法律关系》，《教学与管理》2001 年第 10 期。

102. 周恒阳：《犯罪成立体系比较研究——对我国犯罪构成的反思与重构》，硕士学位论文，河南大学，2005 年。

103. 朱晓斌：《美国学校危机管理的模式与政策》，《比较教育研究》2004 年第 12 期。

104. 最高人民法院：《关于审理人身损害赔偿案件适用法律若干问题的解释》，2003 年 12 月。

105. Dan Olweus, *Bullying in School: Evaluation and Dissemination of the Olweus Bullying Prevention Program*, American Journal of Orthopsychiatry, 2010.

106. Herbert S. Denenberg and J. Robert Ferrari, *New Perspectives on Risk Management: The Search for Principles*, Journal of Risk and Insurance, 1966.

107. Steven Fink, *Crisis Management: Planning for Inevitable*, American Management Association, 1986.